商业秘密法

原理、规范与案例

郑伦幸　聂鑫　陈庆　等◎著

知识产权出版社
全国百佳图书出版单位
—北京—

图书在版编目（CIP）数据

商业秘密法：原理、规范与案例／郑伦幸等著．—北京：知识产权出版社，2024.6

ISBN 978-7-5130-9363-7

Ⅰ.①商…　Ⅱ.①郑…　Ⅲ.①商业秘密—保密法—研究—中国　Ⅳ.①D923.404

中国国家版本馆 CIP 数据核字（2024）第 095062 号

责任编辑：刘　江　　**责任校对：**王　岩
封面设计：杨杨工作室·张冀　　**责任印制：**刘译文

商业秘密法：原理、规范与案例
郑伦幸　聂　鑫　陈　庆　等　著

出版发行：知识产权出版社有限责任公司　**网　　址：**http://www.ipph.cn
社　　址：北京市海淀区气象路 50 号院　**邮　　编：**100081
责编电话：010-82000860 转 8344　**责编邮箱：**liujiang@cnipr.com
发行电话：010-82000860 转 8101/8102　**发行传真：**010-82000893/82005070/82000270
印　　刷：天津嘉恒印务有限公司　**经　　销：**新华书店、各大网上书店及相关专业书店
开　　本：720mm×1000mm　1/16　**印　　张：**18.75
版　　次：2024 年 6 月第 1 版　**印　　次：**2024 年 6 月第 1 次印刷
字　　数：292 千字　**定　　价：**98.00 元
ISBN 978-7-5130-9363-7

本书受南京理工大学“本科教学改革与建设工程”以及
江苏高校“青蓝工程”项目资助

前　言

随着新技术、新业态、新模式的快速发展，商业秘密已成为很多企业、科研院所等创新主体安身立命之本，是最为核心、最具竞争力的无形财富。加强商业秘密保护，对于优化营商环境，激发市场主体活力和创造力，推动我国经济创新发展、高质量发展，提升国家整体竞争力具有重要意义。党中央、国务院高度重视商业秘密保护工作。党的十九届四中全会明确提出要“加强企业商业秘密保护”，中央办公厅、国务院办公厅2021年印发的《知识产权强国建设纲要（2021—2035年）》要求“制定修改强化商业秘密保护方面的法律法规”。2020年发布的《关于新时代加快完善社会主义市场经济体制的意见》中明确指出要加强商业秘密保护。2019年印发的《关于强化知识产权保护的意见》中提出要“探索加强对商业秘密、保密商务信息及其源代码等的有效保护”。我国2019年新修正的《反不正当竞争法》更是集中围绕商业秘密内容以及法律责任，进行了全面完善和细化。这些都为新时期商业秘密保护提供了新的遵循和指引。

为尝试回应新时期商业秘密保护的新问题、新理论与新要求，本书以“基础理论—权利构成—权利保护—权利救济”的逻辑结构展开对商业秘密法律制度相关问题的介绍与探讨。第一章从商业秘密定义、商业秘密保护的理论基础、商业秘密的立法目的以及我国商业秘密立法模式及沿革四个方面介绍商业秘密法相关的基础理论问题。第二章至第四章分别对商业秘密构成要件秘密性、价值性以及保密性的内涵、认定等问题进行讨论。第五章至第七章围绕侵犯商业秘密行为认定以及例外展开讨论，并聚焦于商业秘密保护的重点领域，即人才流动过程中的商业秘密保护，介绍竞业限制、不可避免披露原则等制度。第八章则从民事、行政、刑事三方面，探讨侵犯商业秘密的法律救济及责任承担问题。

本书编制的特点主要体现在以下三方面：一是素材新颖。本书在商业秘密相关问题的介绍与讨论中，引入了国内外最新的商业秘密法律规范、学者著述以及典型案例。二是内容丰富。本书将商业秘密的法律规范、理论原理、典型案例相结合，力图呈现商业秘密法律制度在规范、理论与实践层面的“多重面孔”。三是注重衔接。本书将典型案例穿引到商业秘密制度的相关问题讨论之中，并在案例分析中专门设置有“案例导引”与“评论与思考”部分，以一问一答的方式，延伸读者对商业秘密法律制度相关问题的思考，强化商业秘密理论与实务之间的过渡与衔接。

本书由郑伦幸、聂鑫、陈庆共同编写，写作分工具体如下：郑伦幸撰写第一章、第二章、第三章，聂鑫撰写第四章、第七章，陈庆撰写第五章、第六章、第八章。另外，硕士研究生尹志强、郑徐辉华、陈超、于泓凯、吴一凡、骆思宇、唐青、连震、施明轩参与了本书案例、资料的搜集与编译工作。拘于水平所限，本书在内容及文字表述上，错漏在所难免，欢迎读者朋友们批评指正。

2024 年 4 月

目　录

第一章　商业秘密法概述

商业秘密作为知识产权的主要类型之一，不仅是企业在市场竞争中获得竞争优势的重要工具，对于产业经济的发展和国家国际竞争力的提升也意义重大。美国全球战略研究所曾提出："美国最主要的知识产权是商业秘密，商业秘密是美国的立国之本。"❶ 在人才流动、商业交往过程中产生的一系列侵害商业秘密的不正当竞争行为在减损商业秘密市场价值的同时，对正常的市场竞争秩序也带来极大的威胁。如何通过有效规制商业秘密侵权行为，保护商业秘密权人的合法利益，维护市场公平的竞争秩序，已成为世界各国面对的共同问题。

第一节　商业秘密的定义

一、商业秘密的概念

虽然对商业秘密的保护由来已久，甚至部分学者将其保护历史最早追溯到古罗马时代的"收买奴隶之诉"（action servi corrupti），❷ 但是直至现在，各国对商业秘密的概念，并未能形成共识。综观国际协定以及各国商业秘密立法，其概念主要是通过"概括主义""列举主义""概括列举主义"三种方

---

❶ 张玉瑞．详解商业秘密［M］．北京：金城出版社，1997：3.

❷ "收买奴隶之诉"主要用于保护奴隶主的利益，禁止第三人通过收买的方式使奴隶泄露他们主人的秘密商业信息。该收买行为一经认定，法律规定第三人将承担赔偿责任，赔偿金额是奴隶主因泄露而遭受损失的2倍。A. Arthur Schiller. Trade Secrets and the Roman Law：The Actio Servi Corrupti［J］. Columbia Law Review，1930，30：837.

式进行表述：（1）“概括主义”方式是通过对不同商业秘密类型共有特征的抽象，通过法律定义的方式界定商业秘密的内涵和特征。大陆法系国家通常采用“概括主义”，如《日本不正当竞争防止法》第2条第3款规定：“商业秘密是作为秘密管理的生产方法、销售方法以及其他对经营活动有用的技术上或者经营上未被公知的信息。”（2）“列举主义”方式是全面列举商业秘密所涉及的各种内容、类型。“列举主义”常见于英美法系国家。如英国并没有商业秘密的成文法，只是在长期的司法实践中，英国法官形成对于商业秘密不同的代表性意见。例如在 Saltman Engineering v. Campbell Co. 一案中，格瑞额勋爵将商业秘密界定为一种非公共财产和共有知识。这一认识为商业秘密设定了一个最低的标准和门槛。❶（3）“概括列举主义”是指在列举商业秘密类型的同时，抽象概括出商业秘密的一般性特征，是“概括主义”与“列举主义”的结合。如《美国统一商业秘密法》将商业秘密定义为：“各种形式与形态的财务、商业、科学、技术、经济或工程信息，包括图案、计划、汇编、编程装置、公式、设计、原形、方法、技术、流程、程序、编程或编码，不论其为有形或无形，亦不论其系如何以物理的、电子的、图形的、照相的或是文字的方式储存、汇编或记忆，只要其符合：A. 该信息由于并非公知，或不会被因该秘密的披露或适用而获经济价值的他人以合理手段轻易探知，因而具有现实上或潜在的独立经济价值；B. 该信息的所有人已采取合理措施，以保护该信息的秘密性。”❷

我国《反不正当竞争法》第9条第4款将商业秘密界定为：“不为公众所知悉、具有商业价值并经权利人采取相应保密措施的技术信息、经营信息等商业信息。”而关于何为技术信息和经营信息，《最高人民法院关于审理侵犯商业秘密民事案件适用法律若干问题的规定》第1条将其解释为：“与技术有关的结构、原料、组分、配方、材料、样品、样式、植物新品种繁殖材料、工艺、方法或其步骤、算法、数据、计算机程序及其有关文档等信息，人民

---

❶ 孔祥俊．商业秘密保护法原理［M］．北京：中国法制出版社，1999：109.

❷ Uniform Trade Secrets Act With 1985 Amendments［EB/OL］．［2024－02－14］．https：//wipolex-res. wipo. int/edocs/lexdocs/laws/en/us/us034en.pdf.

法院可以认定构成反不正当竞争法第九条第四款所称的技术信息。与经营活动有关的创意、管理、销售、财务、计划、样本、招投标材料、客户信息、数据等信息，人民法院可以认定构成反不正当竞争法第九条第四款所称的经营信息。”由此可见，我国立法采用的亦是“概括列举主义”，即一方面通过“概括主义”的方式对商业秘密的内涵和外延进行界定，另一方面通过“列举主义”的方式尝试明晰商业秘密的客体范围。

从目前对于商业秘密三种定义方式来看，“列举主义”虽然便于人们清晰和直观了解商业秘密所包含的类型和对象，但是由于商业秘密的客体有不断扩张的趋向，对于商业秘密对象的罗列难以穷尽，是随着社会生产力的发展，社会分工不断细化，经营活动中的行业不断增加，商业秘密保护范围的扩大已成为共识。特别是在数字时代，人类的智力成果越来越多地以数字形式快速在全球范围内表达和传播，商业秘密的范畴也必定会出现技术信息与经营信息无法涵盖的其他需要保护的商业信息，因此，该种定义方式不利于人们对于商业秘密内涵与外延的整体性把握，容易被“淘汰”。而“概括主义”则是相较于“列举主义”的另一个极端，虽然通过对于商业秘密类型共性的凝练和抽象，人们较为整体性把握商业秘密的内涵与外延，但是难以让人们直观认识典型的商业秘密类型，不利于司法实践中对于商业秘密类型的界定。[1]“概括列举式”由于兼具概括式和列举式的优势，同时弥补了两者的缺陷，故此，应是较为理想的对于商业秘密的定义方式。

典型案例：阿尔塔维恩公司诉柯尼卡美能达系统实验室案[2]

（一）阅读导引

商业秘密是不为公众所知悉的技术信息、经营信息等商业信息。如果技术信息或商业信息中包含一部分公知信息，甚至该信息就是公知信息的简单

---

[1] 吴汉东．知识产权基本问题研究：总论［M］．2版．北京：中国人民大学出版社，2009：4-5.

[2] Altavion，Inc. v. Konica-Minolta System Laboratory，Inc.，2008 WL 2020593（N. D. Cal. 2008）.

组合和排列，是否能受到商业秘密法的保护？相对抽象的设计概念本身能否成为商业秘密客体？

（二）基本情况

本案原告阿尔塔维恩是一家小公司，发明了一种数字冲压技术，解决了困扰多功能打印机行业多年的问题。被告柯尼卡美能达系统实验室（以下简称“柯尼卡实验室”）是一家从事研发的公司，该公司主要生产多功能打印机和其他具有打印、扫描和复印功能的设备。

在技术许可的洽谈过程中，阿尔塔维恩公司与包括柯尼卡实验室在内的几家多功能数码复合机制造商，分享了其对于数字冲压技术的基本概念。由于在谈判中柯尼卡实验室表现出对获得阿尔塔维恩公司数字冲压技术许可的极大兴趣，因此，阿尔塔维恩公司在与柯尼卡实验室签署保密协议，要求柯尼卡实验室承诺保护阿尔塔维恩公司对于数字冲压技术专有权益的前提下，向柯尼卡实验室透露了最先进的数字冲压技术概念。但双方最终还是谈判破裂，没有达成许可交易。在获悉关于数字冲压技术最为先进的概念后，柯尼卡实验室通过分析该设计概念，轻易发现了对解决其自身问题可行的解决方案。基于此，阿尔塔维恩公司向法院起诉柯尼卡实验室盗用了其对于数字冲压技术的商业秘密。

经过审理，初审法院针对原告的诉请，认定被告柯尼卡实验室盗用了原告阿尔塔维恩公司在双方谈判时披露的商业秘密。因为双方的谈判是围绕阿尔塔维恩公司的发明嵌入柯尼卡实验室的多功能数码复合机的可能性而展开，并且双方签订了保密协议。谈判失败后，柯尼卡实验室申请了包含其数字冲压技术的专利，在其11项专利和专利申请中披露了阿尔塔维恩公司数字冲压技术的内容。

初审判决做出后，柯尼卡实验室随即向美国加州法院提出上诉。在上诉中，柯尼卡实验室提出：初审法院认定其盗用阿尔塔维恩公司整个数字冲压技术概念的事实并不属实。另则，阿尔塔维恩公司的数字冲压技术不能作为商业秘密受到保护，因为想法和设计概念不能成为商业秘密保护的客体，并且阿尔塔维恩公司没有表明这些想法和设计概念具有保密性或独立的经济价值。经过审理，上诉审法院最终还是做出了维持原判，驳回了柯尼卡实验室上诉请求的判决。

（三）争议焦点及分析

1. 由公知领域要素组合而成的信息能否受到商业秘密法的保护

审理本案的法院认为，即使阿尔塔维恩所拥有的技术信息的部分或全部要素来源于公知领域，但如果它具有秘密性并且具有独立的经济价值，则组合信息仍可以成为商业秘密客体，受到法律保护，只要信息持有人对公有领域要素信息进行了有效、成功和有价值的整合。

商业秘密保护的客体不受任何特定类别或形式的限制，这与有资格获得专利或版权保护的客体形成区别，后者的客体类型必须是法定的，而商业秘密保护的客体可以包括任何用于商业活动的公式、模式、装置或信息汇编等信息，该商业信息“可以是一种化合物的配方，也可以是一种制造、处理或保存材料的过程，一种机器或其他设备的模式或客户名单，只要该保密信息可以让持有人有机会获得相对于不了解或使用该商业秘密竞争对手的竞争优势”。正如《美国统一商业秘密法》将商业秘密定义界定为：“各种形式与形态的财务、商业、科学、技术、经济或工程信息，包括图案、计划、汇编、编程装置、公式、设计、原形、方法、技术、流程、程序、编程或编码，不论其为有形或无形，亦不论其系如何以物理的、电子的、图形的、照相的或是文字的方式储存、汇编或记忆，只要其符合：A. 该信息由于并非公知，或不会被因该秘密的披露或适用而获经济价值的他人以合理手段轻易探知，因而具有现实上或潜在的独立经济价值；B. 该信息的所有人已采取合理措施，以保护该信息的秘密性。”❶

2. 关于数字冲压技术的设计概念能否成为商业秘密客体

本案中诉争的商业信息是一组关于数字冲压技术的设计概念或想法，而不是一组具体的产品或公式。柯尼卡实验室的上诉理由认为：“专利法可以保护关于技术的想法，但商业秘密法并不保护这种想法。实际上，商业秘密保护的更多应是一种具体事实信息，例如客户偏好或矿藏位置信息等。”

❶ Uniform Trade Secrets Act With 1985 Amendments [EB/OL]. [2024 - 02 - 14]. https://wipolex-res.wipo.int/edocs/lexdocs/laws/en/us/us034en.pdf.

对此，上诉法院主审法官认为，虽然商业秘密保护的客体可以是可授予专利的设备或工艺，但可专利性不是商业秘密的先决条件。新颖性、实用性和创造性仅是可专利性的必要条件，而不是商业秘密保护的必要条件。商业秘密可以是现有技术中明确预期的装置或过程，也可以仅仅是对机器或装置的机械改进。广义上，商业秘密保护的客体范围包括任何可用于工业和商业目的的未专利思想，将商业秘密保护扩大到明确可授予专利的发明并不与公开的专利政策相冲突。未获专利的思想或信息的所有者应当受到法律保护，以防止其智力成果被盗用，因为这是他思想的原始产品。换言之，商业秘密保护的不是或至少不完全是想法或事实本身，而是更倾向于保护向他人传达（披露）想法或事实的信息的权利。

本案中，根据抽象程度，所涉信息可以区分为三个层级。最为抽象层级的信息是阿尔塔维恩公司关于条形码的一般想法，即该条形码允许对文档进行自我认证并识别更改。这一层级的信息由于过于抽象，不具有个性特征，并且原告阿尔塔维恩公司在没有保密协议的情况下披露给其他交易对象，故此，不能成为商业秘密的客体而受到保护。最为具体层级的信息是阿尔塔维恩公司执行数字冲压技术的算法和源代码。该信息具有直接的实用性与价值性，并且阿尔塔维恩公司未向任何交易对象进行披露，无疑可以成为商业秘密的客体。处于以上两个层级中间的就是数字冲压技术的设计概念，该技术信息具有一定的技术特征，相对于公有领域信息，满足最低限度的差异性，并且根据案件事实，阿尔塔维恩公司并未将此类信息披露给柯尼卡实验室以外的其他任何人，因此，可以成为商业秘密客体，柯尼卡实验室盗用该秘密设计概念（单独和组合）可以为阿尔塔维恩公司的索赔提供根据。

（四）评论与思考

对于公知领域要素组合构成的商业信息，只要信息持有人对公有领域要素信息进行了有效、成功和有价值的整合，并且满足商业秘密的秘密性、价值性与保密性的要求，则该信息也可以成为商业秘密的客体，受到法律保护。本案原告阿尔塔维恩公司基于公共领域的要素组合，形成关于数字冲压技术的设计概念，这无疑需要广泛的研究、试验和试错，并花费大量精力、时间和金钱。虽然每个特征和组成部分本身都来自公共领域，但统一的过程、设计和操作，以及独特的组合为企业提供了竞争优势。柯尼卡实验室盗用阿尔塔维恩公司的诉争商业秘密会帮助其节约从公知信息中提取技术所耗费的时间和费用，对其商业秘密构成侵犯，属于不正当竞争行为，应当被法律所禁止。

在科技领域，公有技术是开发新技术的基础，很多新技术的研发都是在已有公知技术基础上的累积式创新，如牛顿所言“如果我看得更远，那是因为我站在巨人的肩膀上”。我国《最高人民法院关于审理侵犯商业秘密民事案件适用法律若干问题的规定》第4条也作了类似的规定：“将为公众所知悉的信息进行整理、改进、加工后形成的新信息，符合本规定第三条规定的，应当认定该新信息不为公众所知悉。”

典型案例：特兰德斯公司诉阿特金森公司案[1]

（一）阅读导引

商业秘密所保护的商业信息是否包括计算机程序信息，构成系统模块的计算机程序能否成为商业秘密保护的客体？

（二）基本情况

特兰德斯公司是涉案计算机程序的所有者，该程序旨在解决快速交通系统设计和建造中常见的问题。通过该程序，特兰德斯公司设计出一套“隧道系统”（tunnel system）。特兰德斯公司一般不会许可用户直接使用这套系统软件，而是为其提供隧道系统服务并向他们提供相应的结果。然而，1987年11月，特兰德斯公司向华盛顿市区公共交通运输管理部门（Washington Metropolitan Area Transit Authority，以下简称“华盛顿交通部门”）颁发了使用隧道系统软件的许可证。许可协议中对软件的使用和传播提出了严格的要求。根据该许可协议，华盛顿交通部门的承包商只有在特兰德斯公司明确书面批准的情况下才能操作该系统。当承包商停止与华盛顿交通部门合作时，该承包商的许可证也将一并终止。

---

[1] Trandes Corp. v. Guy F. Atkinson Co.，996 F. 2d 655（4th Cir. 1993）.

1988—1990年，华盛顿交通部门与阿特金森公司签订合同，建造华盛顿地铁绿线的一段（以下简称“绿线项目”）。华盛顿交通部门在项目实施时雇用的一名工程师作证说，隧道系统的副本保存在施工现场的拖车中，可供任何进入华盛顿交通部门拖车的人使用。几名证人作证说，华盛顿交通部门的员工向阿特金森公司员工提供了用户手册、输入数据文件、隧道系统密码以及如何访问和使用该系统的指示。此外，阿特金森公司雇用的现场工程师安东尼·西弗尼作证说，他的主管罗伯特·霍茨曼在工地上向他介绍了隧道系统软件。罗伯特·霍茨曼向他保证，阿特金森公司和特兰德斯公司国内公司“在某个地方”有许可协议，但暗示可能存在不当行为，并警告他不要公开该软件正在使用的事实。安东尼·西弗尼于1989年6月至1991年8月在阿特金森公司的绿线项目工作。在离开之前，他对他的接任者罗伯特·怀特进行了软件培训，并与怀特讨论了他对该软件在没有许可证的情况下使用的看法。罗伯特·怀特作证说，罗伯特·霍茨曼后来给了他一份软件副本，说“每家公司都需要一个”。最后，还有证据表明，在阿特金森公司拥有的隧道系统手册和打印输出中，发现了一份打印件，打印件内容中华盛顿交通部门作为授权用户的名称已被抹去，取而代之的是阿特金森公司的名称。

（三）争议焦点及分析

本案争议的主要焦点之一在于构成系统模块的计算机程序能否成为商业秘密保护的客体。针对原告特兰德斯公司的起诉，阿特金森公司不否认其员工在未经华盛顿交通部门同意的情况下使用了隧道系统软件和输入数据文件，但其认为，构成系统模块的计算机程序是用“目标代码”编写的，这是一种人类无法理解的计算机语言，即使是最有经验的计算机黑客也无法理解，因此，隧道系统不能成为商业秘密保护的客体。

审理本案的法院认为，计算机程序和用户参考手册等内容可构成商业秘密保护的客体，理由如下：构成隧道系统模块的计算机程序是用目标代码编写的，这一事实并没有改变该软件作为商业秘密的性质。有充分的证据证明，虽然隧道系统的组件，即模块和构成每个模块的计算机程序，是用目标代码编写的，普通用户无法理解，但这些组件的设计、使用和相互关系是原创的，并为特兰德斯公司提供了快速运输行业的竞争优势。一个既定的原则是，商业秘密可以以特征和组成部分的组合形式存在，即使每个特征和组成部分本身都属于公有领域，但只要其统一了流程和操作，以独特方式进行组合，为信息拥有人提供了竞争优势，就是一个可受商业秘密保护的客体。如上文所述，2016 年美国联邦《保护商业秘密法案》在对商业秘密的定义中也明确将“程序、编程或编码”列为保护客体。

（四）评论与思考

对于计算机软件的保护，既可以选择著作权的方式，也可以采用商业秘密的方式。以商业秘密的方式保护计算机软件，优势在于可以将保护延伸至计算机软件的开发思想，而这是著作权保护无法做到的。但劣势在于相关软件的源代码一旦被泄露，整个计算机软件就会丧失受到商业秘密保护的基础，这一法律风险对于计算机软件的开发者而言是巨大的。故此，实践中，商业秘密保护更适宜是计算机软件组合式保护中的补充形式，而非主要方式。

二、商业秘密的性质

法律关系建立的目的是保护被法律所认可的利益。因此，法律关系客体所承载的合法利益，是立法保护的前提。而法律制度的设计会因保护客体性质的不同而存在差异，故明晰法律关系客体的法律性质是法律保护制度设计的起点。商业秘密保护制度亦是如此，商业秘密的性质决定了立法保护的出发点，直接关系到商业秘密制度的具体设计。综合目前学界围绕商业秘密性质的讨论和争议，主要聚焦在商业秘密是属于权利还是法益？如果性质属于权利，商业秘密是财产权抑或人格权？

关于商业秘密是权利还是法益，很早就引发了学界的关注与讨论。赞成商业秘密是法益的学者认为，我国《反不正当竞争法》所保护的利益具有模糊性和不确定性，由《反不正当竞争法》通过禁止性规定予以保护的商业秘密等，具有模糊性，边界不清晰，范围不确定等特征，通常构不成权利而只是一种不甚确定的法律利益。❶ 另有观点认为，商业秘密的内容通常处于隐匿

❶ 郑友德，胡承浩，万志前．论反不正当竞争法的保护对象——兼评“公平竞争权”[J]．知识产权，2008（5）：37.

状态，其权利界限根本无法明确划定，属于从来没有，也不能通过划定产权而得到保护的财产。此结论来源于《反不正当竞争法》中，对商业秘密的保护来源于第9条列举的经营者不得实施侵犯商业秘密的禁止性规定，对商业秘密权的定义也是通过概括式的方式进行，因为其权利界限无法明确划定，继而通过划定产权而获得的绝对权利就不存在，故只能将其认定为法益而非权利。❶ 赞成商业秘密是权利的学者认为，商业秘密所有人对所拥有信息没有排他性、专有性占有和使用权利，他人通过自行开发研制或反向工程获得相同的信息可以自由披露或利用，商业秘密所有人无法进行干涉，故此，商业秘密之上并不存在拟制的所有权。❷

对于法益，可以区分为广义和狭义的理解。广义上的法益可以泛指一切受法律保护的利益，包括权利、权力、弱保护法益、放任自由利益等。❸ 权利当然也被包含于广义法益的概念之内，龙卫球教授就曾指出："权利仅限于指称名义上被称为权利者，属于广义法益的核心部分，其余民法上的利益均称其他法益。"❹ 而狭义的法益是于权利之外存在的，法律主体享有的受法律保护的利益，是一个和权利相对应的概念。❺ 而权利是指依照法律的规定，合法法律关系中的主体可以自由决定为某种行为或不为某种行为的认可和保障。法律中的权利是一个和义务相对应存在的概念，是指法律关系主体在支付某种法定的义务的同时依法享有的某种利益，一旦法律关系主体的合法权利受到侵害时，其有权向人民法院或者有关机关请求保护。权利和法益的主要区别在于权利可以被主体积极行使，而法益只能消极被动地行使，在法益未被侵犯之前，民事主体没有相应的请求权。❻ 换言之，权利具有能动性，而法益相对消极和被动。依照这样的划分，我们反观《反不正当竞争法》中提及的

---

❶ 张五常．经济解释——张五常论文选［M］．北京：商务印书馆，2000：343.

❷ 徐卓斌．商业秘密权益的客体与侵权判定［J］．中国应用法学，2022（5）：211.

❸ 史玉成．环境法学核心范畴之重构：环境法的法权结构论［J］．中国法学，2016（5）：297.

❹ 龙卫球．民法总论［M］．北京：中国法制出版社，2002：121.

❺ 李岩．民事法益的界定［J］．当代法学，2008（3）：20.

❻ 胡滨斌．质疑"商业秘密法益论"［J］．上海交通大学学报（哲学社会科学版），2010（5）：25.

商业秘密“权利人”进可交易转让其商业秘密，退可自行使用其商业秘密并获取经济收益，甚至在美国商业秘密案例中权利人对于他人可能存在的侵权行为可以基于不可避免披露原则请求申请法院发布禁令，这些行为都体现了积极和主动的特征，因此，本书认为，将商业秘密归类于权利更为合适。

关于商业秘密是财产权还是人格权，英美学者多持财产权学说或准财产权说。财产权说认为，商业秘密权和专利权、著作权、商标权一样均为人类智力劳动成果，在性质上归属于无形财产权，与有形财产一样具有价值，权利人可以进行占有、使用、收益和处分；准财产权说认为，商业秘密权虽具有类似于财产的性质，但对它的保护依据来源于竞争法，而不是财产法，同时因为商业秘密权不具有明确的排他性和独占性，故应认定其为准财产权。[1]德国学者多认为商业秘密权属于人格权，认为商业秘密权是从人格权中衍生出来的权利。作为商业秘密权利人，可以自由决定是否要公开商业秘密，以及何时要公开商业秘密，以不正当手段获取或公开他人的商业秘密首先就是侵犯他人人格权的行为。吴汉东教授也指出：“不正当竞争行为所侵害的并不是与人格权相分离的存在于外部的权益，而是附着于人格的利益。这里的人格并不是权利主体的人格，而是作为客体的人格权益，即具有人格性质的营业活动才是反不正当竞争法所保护的对象。”[2]

商业秘密的“人格权说”强调了商业秘密权区别于普通财产权的人格属性。但商业秘密权与人格权也有着本质的区别：（1）人格权的客体是作为人这一主体与生俱来的人格性权益，包括人身自由权、生命健康权、隐私权等，而商业秘密权的客体则包括具有经济属性的技术信息和经营信息；（2）人格权是一种不能转让、放弃或继承的权利，而商业秘密权是具备可转让、可交易、可继承属性的一种私有财产。故此，虽然商业秘密权和其他的知识产权类型一样具有财产权和人格权的双重属性，但如果将商业秘密权界定为人格权，就会与现代知识产权理念存在冲突。

---

[1] 付慧姝，陈奇伟．论商业秘密权的性质［J］．南昌大学学报（人文社会科学版），2005（2）：77-78.

[2] 吴汉东．知识产权的私权与人权属性［J］．法学研究，2003（3）：45.

此外，商业秘密权财产权认定面临挑战的还有其“相对排他性”。这种相对排他性体现为商业秘密权不是一种绝对权，商业秘密权利人不能排除与阻碍他人通过合法途径获得与其相同的商业信息；这和财产权中权利人有权排除他人对自己行使所属财产占有、使用、收益、处分权的妨碍与干涉是不一致的。因此，严格意义上，商业秘密权既不能完全归属于人身权，又不能完全归属于财产权，而在民事法律体系中并不具备这样一种性质模糊的第三种权利。❶ 但是本书认为，如果非要为商业秘密权划出一条泾渭分明的界限，将其定位为财产权更为合适，因为商业秘密权作为一种权利，其客体是可供交易的技术信息或经营信息，其客体的财产属性决定了该权利的财产权属性。

第二节　商业秘密保护的理论基础

全面梳理商业秘密侵权规制的理论基础，对构建科学完整且逻辑清晰的商业秘密保护制度至关重要，同时对指导商业秘密侵权认定司法实践也有着积极意义。从商业秘密侵权规制的理论基础的发展来看，有学者指出，从法律发展史上来看，商业秘密保护的发展经历了三个阶段——合同保护阶段、侵权行为保护阶段及产权保护阶段。❷ 同时，因为商业秘密保护客体的特殊性，导致出现前面几种理论不能完全涵盖的情况，因此，亦有反不正当竞争理论作为前几种理论的兜底和补充，以此形成对商业秘密全面的保护。

一、合同理论

对于商业秘密的保护，早期都是依据合同理论而展开。因为当时还未出现专门的商业秘密保护法，对于商业秘密的保护大多是通过行为人违反对权利人的合同义务来追究其违约责任。合同理论通过合同来保护商业秘密权利人的利益，其实质在于运用违约责任预防和制裁商业秘密侵权行为，这和司

---

❶ 王利民．论知识产权是单一财产权［J］．辽宁师范大学学报（社会科学版），1999（3）：21.

❷ 唐昭红．商业秘密研究［A］//民商法论丛（第6卷）．北京：中国法制出版社，1997：726-732.

法界所确立的商业秘密为相对权、对人权有着重要关系。[1] 在保密合同存在的情况下，义务人不能超过权利人许可的使用范围自己使用或者将该信息泄露给他人，如果义务人违背保密合同的约定，则需要承担相应的违约责任。最早的保密合同理论，源自英国衡平法上的信托关系。其中的典型案例就是1851年Morison v. Moot案，在该案中莫里森（Morison）的父亲发明了一种药，并将药品配方告诉了他的合伙人穆特（Moot），双方通过合同约定穆特不得将该药品配方告知他人，但穆特在和莫里森父亲的合伙结束后，违反合同约定擅自将该配方告诉了自己的儿子让其进行营利性利用。法官认为，穆特的儿子是在穆特违反保密关系的前提下获取的药品配方，穆特的行为违反了合同和信义，因此，法院在判决中发布禁令禁止穆特的儿子使用该药品配方。[2]

以合同理论作为保护商业秘密理论基础的优势在于：（1）随着合同理论在商业秘密保护领域的发展，商业秘密保密合同的“合同”不仅包括明示保密合同，还包括基于诚信理论通过判例认可的默示保密合同，此种对“合同”的扩大解释可以增加相对人构成保密义务的依据，有利于对商业秘密权利人的保护；（2）当双方当事人因商业秘密侵权发生合同纠纷时，由于诉讼双方依据的法律关系是双方的合同关系，故只要合同双方当事人之间存在法律认可的有效保密合同，发生纠纷时的救济就具有起诉对象明确、举证难度较低、责任判认定清晰等优势，权利人获得救济的成功率也相对较大。

然而，合同理论也存在以下几个方面缺陷：（1）保护方式的附属性。商业秘密保护制度的主要目的在于建构对商业秘密的全面保护。在合同理论的框架下，诉讼中首要关注的是双方当事人之间的合同关系是否合法存在，至于商业秘密权是否存在，反而成了附属性的考量因素，故此，合同理论并不能赋予商业秘密权主体性的保护地位，不能符合商业秘密保护要求。（2）保护结果的不确定性。明示保密合同的认定相对简单，但随着保护范围扩大所增加的默示保密合同认定则主要依据法官自由心证，而人不是机器，不同的

---

[1] 吴汉东，胡开忠．走向知识经济时代的知识产权法［M］．北京：法律出版社，2002：368.

[2] Melvin F. Jager. Trade Secret Law Hand Book［M］. New York：Clark Board Company Ltd.，1983：125.

法官在面对不同案件时不免因为自身经验以及法律理解等原因作出大相径庭的判决，从而产生同案不同判的问题。（3）保护主体的局限性。受到“合同相对性原则”的限制，合同效力只及于签订合同的双方当事人，即便法律上的默示合同以其无限的忠诚义务补充了明示合同或事实上的默示合同的有期限的使用商业秘密的权利，使保密成为涉及商业秘密的雇佣关系或其他关系的相对人的一项强制义务，从而大大扩充了合同理论的保护范围，并增强了合同理论的保护力度，但保护商业秘密的合同理论依然存在显见的缺陷——它无法对抗第三人侵犯商业秘密的行为，甚至在一般的雇佣关系中，该理论亦存在很大的局限性。❶ 例如，雇员将雇主的商业秘密告知第三人，第三人明知该商业秘密的所有权人不是雇员而是雇主仍进行了恶意使用，但基于合同理论，雇主只能追究与其有保密合同关系的雇员责任，恶意的第三人却可以逃脱法律的惩罚，与商业秘密立法维护市场正当交易秩序的目标背道而驰。

二、侵权理论

商业秘密保护的侵权理论产生于20世纪初。该理论认为商业秘密保护建立在信任关系基础上，不管有无保密合同的存在，相对人对商业秘密权利人存在保密关系，对通过业务得知或取得的秘密负有保密义务，如果其破坏该保密关系，即视为侵权。❷ 该理论在美国曾经一度得到广泛运用，并直接体现在1939年《美国侵权行为法重述》之中，该法第757条规定：“未经允许，在下述情形下披露或使用他人的商业秘密的，需对该他人负责：1. 以不正当方法获取秘密的；2. 其泄露或使用已构成违反其与告知秘密者之间信赖关系的；3. 第三人获知秘密，明知其为秘密，而第三人仍以不正当方法或以违背对他人保密责任而泄露的；4. 取得秘密时，已被告知其为秘密，且其泄露是因错误所致的。”❸

侵权理论克服了合同理论中保护主体范围的局限性，不再刻意强调双方

---

❶ 吴汉东，胡开忠．走向知识经济时代的知识产权法［M］．北京：法律出版社，2002：370.

❷ 张玉瑞．商业秘密法学［M］．北京：中国法制出版社，1999：239.

❸ 张玉瑞．商业秘密法学［M］．北京：中国法制出版社，1999：240.

当事人之间的合同义务，而是将侵权责任的主体扩大到了侵犯权利人合法权利的不特定主体，具有一定的优势和价值。但是通过侵权理论来保护商业秘密也存在弊端，主要体现在：（1）基于侵权理论的侵权损害赔偿责任是行为人因侵权而造成的他人财产、人身和精神的损害，依法应承担的以给付金钱或实物为内容的民事责任方式。对商业秘密侵权行为的救济请求只能是行为人的侵权行为已经对权利人造成实际损害时方能提出，换言之，损害赔偿责任的承担以产生实际的损害结果为前提，是一种事后救济。但对于商业秘密权利人来说，一旦实际损害产生，就有可能导致其不可挽回地失去市场竞争优势的后果，这种事后救济手段对权利人而言并不尽如人意。（2）法院对于侵权损害赔偿责任的判定也非常复杂，通常会受到诸多因素的影响，如损害赔偿范围的确定、损害赔偿额的计算、侵权人的经济状况和支付能力等，以上因素都有可能成为商业秘密权利人获得充分救济的风险因素。

三、财产权理论

商业秘密保护的财产权理论是以商业秘密属于财产权为理论的预设前提。财产权确立的核心作用在于可以帮助人们对某种财产的占有和使用引起相互认可的行为关系，从而形成市场的交易预期。洛克在《政府论》中提到：“既然劳动是劳动者无可争议的所有物，那么对于这一有所增益的东西，除了他以外就没有人能够享有权利。”❶ 可见劳动是人们取得经其加工的信息收益的基础，商业秘密保护的财产权理论的合理性就在于在权利人付出劳动和获得收益之间构建一种平衡机制。通过财产权制度肯定商业秘密权利人的劳动成果可以激励其进行持续性的研发，在满足权利人经济收益的同时亦可增加社会技术成果总量。

长久以来，财产权理论一直在英美法系国家的司法实践中发展和延续，并在美国 1979 年《统一商业秘密法》和英国 1981 年《保护秘密权法》中，被立法予以正式确认。世界贸易组织制定的《与贸易有关的知识产权协定》

❶ 洛克．政府论：下篇［M］．叶启芳，瞿菊农，译．北京：商务印书馆，1964：18.

明确将商业秘密作为“非公开信息”纳入知识产权的范畴。[1]

基于财产权保护理论，一方面商业秘密属于财产权的现代观念得到论证和认可，另一方面保护方式的附属性问题也得到解决，在财产权保护理论的框架下，审查商业秘密权的有效性一般作为获得救济的准入性条件被设置，权利人首先需要向法官证明自己拥有受到法律认可的商业秘密权，在此基础之上再进一步证明他人对自己财产权的侵犯，最终获得法律认可从而得到相应的赔偿。但是财产权理论亦有难以克服的理论缺陷。一旦将商业秘密归类于有效财产作为获得法律救济的前提，就有可能忽略商业秘密的重要立法目的——维护公平正当的交易秩序。因为如果权利人存在权利瑕疵就会导致商业秘密权不能被认法律可，那么相对人所有的不正当获取行为都会因权利不具有正当性而成为合法行为。这在无形中就会增加权利人的保护难度，为了日后获得相关法律救济，权利人可能不得不一再提高“合理保密措施”的门槛来维持其信息的秘密性，从而增强产权划分的可能性。产权界定的主要意义就在于正名定分，一旦其界定成本高于权利人因界定产权获得的收益，产权界定则会失去意义。此外，商业秘密自身所固有的“排他性不足”以及“公示问题”，即商业秘密不具备所有权的强排他性，对于他人合法的独立研发、反向工程均“排他不能”，且因为其具有秘密性特征，不满足传统物权所有或变动的公示要求，不利于交易安全，这也是很多学者认为其不应归类于产权的理论依据。

四、反不正当竞争理论

商业秘密的反不正当竞争理论起源于德国，最初仅局限于大陆法系国家适用，而后在世界范围内不断被拓展，逐渐发展成为国际上被普遍认可的主流理论。综观世界各国对商业秘密保护的现状，可以发现，对商业秘密的法律保护除了仅有的几个国家和地区采用商业秘密保护的专门立法外，大都被纳入反不正当竞争法的保护中。1909 年德国实施的《反不正当竞争法》开创

---

[1] 吴汉东．知识产权基本问题研究：分论［M］．2 版．北京：中国人民大学出版社，2009：595.

了用反不正当竞争法理论保护商业秘密的先河，该法第17条对基于雇佣关系和采取其他不正当手段获取商业秘密的情况进行了规定。该理论着眼于非法获得商业秘密行为的不正当性，未经许可使用或披露他人商业秘密的行为损害了公平竞争的市场秩序，必须加以禁止。❶

以反不正当竞争理论保护商业秘密的优势主要体现在：（1）该理论是从社会总体经济利益出发，既保护了个案中的消费者和竞争者的利益，又为社会整体公平合理的交易环境提供了保护，高度契合了商业秘密法立法目的。我国有学者认为："反不正当竞争理论不仅注重对单个消费者或竞争者特定权益的保护，而且更加注重对消费者、竞争者的整体乃至社会总体经济利益的保护。该理论使商业秘密所有人处于更为主动的地位，具有比侵权行为理论更先进、更具可操作性的特点，从各主要大陆法系国家的司法实践情况来看，对商业秘密实行反不正当竞争保护比其他方式进行保护更为有效。"❷（2）该理论和美国商业秘密保护中的义务理论不谋而合。美国大法官霍姆斯说过："信任关系是商业秘密诉讼的出发点。"❸ 商业秘密和道德的关系超乎寻常的密切，甚至"维护商业道德水准"被定位为商业秘密保护的最终目的。为了满足维护市场交易正当秩序的要求，道德这一高于底线化立法要求的价值规范成为构建商业秘密法律保护机制的必然选择。而欺诈、胁迫、盗窃等侵害商业秘密的不正当手段之所以遭到反不正当竞争法的禁止，不仅因为它们侵犯了权利人的合法利益，更重要的原因还在于他们违反了人们长期以来所构建的道德规范和伦理价值判断。

需要注意的是，商业秘密形态包罗万象，实践中不同权利人对其法律保护的需求也是多样的。针对当前日益频繁的信息交互与人才流动的现实场景，基于不同理论各自存在的优势与局限，任何单一理论模式下的商业秘密保护方式，都难以满足综合性、多元化的商业秘密保护需求。故此，对商业秘密

---

❶ 周作斌．商业秘密保护理论的价值审视［J］．理论导刊，2009（12）：109.

❷ 冯晓青，杨利华．知识产权法热点问题研究［M］．北京：中国人民公安大学出版社，2004：516.

❸ 商业秘密诉讼中的特殊抗辩［EB/OL］．［2024-02-13］．http：www.govgw.com/show-m.asp？id=2365522.

保护的理论选择，我们不应采取“非此即彼”的态度，而是应以兼容性、开放式的理论架构，建立和宽容系统性的商业秘密保护制度体系。

第三节　商业秘密法的立法目的

一、维护市场商业道德

“法律乃是我们道德生活的见证和外部沉淀。”❶ 商业秘密作为一类特殊的知识产权，与道德有着密切的联系。如果允许经营者的雇员或者竞争对手，违背其意愿，以不正当的手段获取其通过诚信经营和时间、经费投入产生的商业秘密或者未经许可披露、使用其商业秘密，必然是对人与人之间信任关系以及商业道德的损害，不仅助长了不劳而获，而且会阻碍市场竞争的有序开展。故此，从促进商业交易中的公平秩序，尊重商业道德，建立令人尊敬的商业道德规范以维护良好的竞争秩序角度，有必要建立商业秘密立法。❷ 商业秘密立法一方面能在明示合同缺失的情形下，提供公平交易规则，从而稳定商业交易中市场主体之间的关系；另一方面，还能通过提供制度框架的方式，鼓励商业交易活动中市场主体之间的信息自由流动，增加信息生产和效率。

从各国实然层面的立法例来看，虽然商业秘密立法的方式多样，但大多数国家是利用反不正当竞争法的框架，实现对于商业秘密的保护。其目的正是通过禁止侵害商业秘密的不正当竞争行为方式，彰显对“正当”和“诚实”行为的正面评价，从而维系市场竞争的道德底线。❸ 如《美国反不正当竞争法重述》第 39 节评论 a 称：“保护商业秘密保护了若干利益。早期判例强调违反保护义务而获得竞争优势的不正当性。通过对侵占商业秘密民事责任的追究，禁止被告出于恶意而不当得利，是原告免于遭遇不正当竞争。保护商业秘密规则的进一步发展，形成了更加广阔的正当竞争规则的一部分。”

---

❶ 吕世伦．现代西方法学流派［M］．北京：中国大百科全书出版社，2000：421.

❷ 徐瑞．商业秘密的保护与限制［J］．知识产权，2015（1）：82-85.

❸ 谢晓尧．论商业秘密的道德维度［J］．法律科学（西北政法学院学报），2002（3）：85.

《美国统一商业秘密法》更是直接指出：商业秘密法被广泛声明的主要目的之一是“维护商业道德的水准”。我国对商业秘密予以保护的《反不正当竞争法》第2条第1款同样也表达了立法者的道德申明：“经营者在市场交易中应当遵循自愿、平等、公平、诚实信用的原则，遵守公认的商业道德。”

二、激发创新者创新活力

商业秘密保护的是技术信息或经营信息等商业信息，该信息具有经济学意义上“公共产品”的属性。公共产品的概念最早见于萨缪尔逊的《公共支出的纯粹理论》，在该书中其提出并部分解决了公共产品理论的一些核心问题，并在文中将纯粹的公共产品定义为：每一个人对这种产品的消费并不减少任何他人也对这种产品的消费。与私人产品相比，公共产品具有两个方面的特性：（1）非竞争性，一个人对公共产品的消费并不减少其他消费者的消费；（2）非排他性，排除没有付费的消费者消费公共产品的成本非常之高，以至于没有企业愿意提供这种产品。❶ 基于此，商业秘密信息一旦公开或者包含商业秘密信息的产品售出，非常容易被他人“搭便车”，生产者就难以获得生产商业秘密信息的价值，直接导致私人市场过少地生产商业秘密信息产品。换言之，任由市场的自由交易终究难以避免公共产品的生产效率低下。市场机制在提供公共物品方面是失灵的，决定了政府干预与介入的必要性，而干预的方式之一就是建立和保护信息产权。根据比较利益学说观点，在一个知识相对分散的社会里，要使生产专业化的统筹协调得以顺利进行，则必须运用有关各种情势的资源，使人们可转让的私权得到保障。

商业秘密立法就是防止竞争对手或雇员通过不正当手段对经营者拥有的商业秘密信息“搭便车”的制度保障机制，以让其通过相对独占性的占有与使用，产生收益、回收研发成本，体现了对商业秘密开发人劳动成果的尊重和承认，也鼓励人们在市场竞争中积极创造和取得竞争优势。《美国反不正当竞争法重述》第39节评论a称：“实践证明，由于对成功的创新提供了回报

---

❶ 罗伯特·考特，托马斯·尤伦．法和经济学［M］．3版．施少华，姜建强，等译．上海：上海财经大学出版社，2001：37.

机会，因而使用秘密保护是促进开发投资的良好工具。”

三、增进社会整体福祉

商业秘密立法本质上是一种信息协调扩散机制。该机制的主要目标在于增加高价值产品的易获得性，并使此类产品的生产成本下降，在机制的运行过程中不仅需要寻求私人利益与公共利益间的平衡，也需要公共利益之间的平衡，以至于这种公共利益间的平衡在对私人利益产生作用时，不至于引起整个社会的巨大反弹和影响，使整个社会处于相对平衡的状态。这正是建立协调扩散信息制度的初衷与意义所在。

对商业秘密进行立法保护，也不乏部分学者持质疑的态度，他们认为商业秘密作为一种“公有产权”，其收益最终应当拿出来由大家共享，让此福利惠及社会更多的人。事实上，公有产权与私有产权之间明显存在一定的界限。以上学者所强调的是，即使该商业秘密对个人财产的贡献再大，其持有人也不应该忘记其所依靠的社会资源的支持与制度的保驾护航，是整个社会的发展带动了商业秘密的繁荣。因此，商业秘密的持有人或者拥有者更应该对社会心存感恩、有所回报，尤其是该商业秘密的权利人能通过掌握的商业秘密进一步更新技术，发展对全社会有利的新技术时，就更加需要造福社会，否则视为对权利的一种滥用。

商业秘密立法在制度设计过程中实则已将社会的整体福祉利益作为重要的立法目的融入了制度内容之中：一方面，如前文所述，商业秘密立法内生有一种激励机制，该激励机制不仅有助于经营者在市场竞争中积极创造和取得竞争优势，巩固和获取自身利益，作为对那些付出精力、心血的经营者劳动付出的一种回报。与此同时，更为重要的是为全社会提供一种强大的动力，通过激励人们去发明创造与披露的方式，增加技术或经营等商业信息的社会整体存量，以提升整个社会的福祉。《美国反不正当竞争法重述》第 39 节评论 a 称：“由于不鼓励有用信息的无谓囤积，方便了向雇员、代理人、被许可方和其他应用商业秘密人的披露，商业秘密保护规则同时还促进了对知识的有效利用。”另一方面，商业秘密立法还设计有权利的限制制度，对于他人通过合法的方式，获得与商业秘密权利人相同的商业秘密信息，如独立研发、反向工程、观察公开或公开陈列的产品、公开出版物等，商业秘密权利人不能干涉，以保证社会公众对商业秘密信息的合理利用空间。

第四节　我国商业秘密立法的模式及沿革

在我国，商业秘密立法确立、发展与完善的进程是与改革开放、社会主义市场经济的发展密切相关的。改革开放以来，一方面，经济主体在市场经济竞争中的经济效益观念、自主法治意识都得到了极大的提升，越来越多的企业都意识到商业秘密能够为自身带来巨大的经济效益和竞争优势，商业秘密作为无形财富，在市场经济竞争中扮演着越来越重要的角色；另一方面，在日益激烈的竞争中，侵犯商业秘密的行为也越来越多，不仅影响企业的生存与发展，同时也对市场商业道德与正常竞争秩序构成严重威胁。正是在这一背景之下，我国加强和完善商业秘密立法的呼声日益高涨。

一、我国商业秘密立法的模式

关于我国商业秘密条款的立法模式，学界一直存在争议，主要体现为以下两方面：

（1）商业秘密专门立法模式。持商业秘密专门立法观点的学者认为：①专门立法模式利于体系化构造。我国目前以《反不正当竞争法》为主要框架规定商业秘密保护，仅从不正当竞争的视角对商业秘密进行规制，不能完全地反映出商业秘密制度的全貌。[1] 此外，目前商业秘密立法规定散见于《民法典》《劳动合同法》《刑法》等法律法规和司法解释之中，缺乏系统性梳理和体系化构造，相关条款之间难免存在不协调、不一致的突出问题。②专门立法模式利于细致化建构。不以专门立法形式进行商业秘密立法，会导致商业秘密立法条款过少，相关规定不够深入细致。虽然2019年4月新修订的《反不正当竞争法》将侵权主体范围扩大，不再仅限于经营者，但是缺乏关于商业秘密案件审理程序的规定，例如商业秘密侵权案件中法院级别管

[1] 孔祥俊．商业秘密保护法原理［M］．北京：中国法制出版社，1999：17-18.

辖应如何确定，是否有制度能确保庭审中商业秘密不会被法官和当事人二次泄露，以及惩罚性赔偿缺乏细化金额的规定等。❶

（2）《反不正当竞争法》为主，其他部门法为辅的立法模式。坚持目前立法模式学者的理由如下：①从立法成本而言，修法的成本远远小于立法的成本。2019 年修订后的《反不正当竞争法》对于商业秘密保护已有相对详细的规定，并且相关部门法中也有关于商业秘密的规定，都可以对《反不正当竞争法》的规定起到补充作用。如《民法典》合同编第 501 条的规定将合同对方当事人保守商业秘密的义务法定化；《刑法》第 219 条的规定为商业秘密权利人提供了刑事保护。《劳动法》第 22 条、第 102 条以及《劳动合同法》第 23 条、第 24 条的规定明确用人单位可以通过与劳动者约定保密义务或者竞业限制的方式，保护单位的商业秘密。②规范与维护市场良性竞争秩序是《反不正当竞争法》的应有之义，与商业秘密保护的目的紧密契合。《反不正当竞争法》第 1 条就开宗明义地指出："为了促进社会主义市场经济健康发展，鼓励和保护公平竞争，制止不正当竞争行为，保护经营者和消费者的合法权益，制定本法。"采用《反不正当竞争法》立法框架设置有关商业秘密条款符合规制市场竞争行为的内在需要。③《反不正当竞争法》不仅具有私法属性还兼具公法属性，将商业秘密纳入《反不正当竞争法》的调整范围，利用公力救济和私力救济相结合的救济模式，可以最大限度地保护商业秘密，而制定专门的商业秘密法可能因为调整范围单一，无法凸显出商业秘密在市场竞争中的重要性。

对于以上两种模式的取舍，本书认为，新形势下商业秘密保护已成为全球贸易的入门准则和重要关切，加强商业秘密保护不仅关乎我国市场竞争秩序和商业道德的规范，还是优化外商投资环境，推动高水平对外开放的迫切需要。立法成本的考量与评估本然应随着立法对象的重要性提升需要动态调整，我国既有商业秘密立法的模式选择，更多是基于当时民法典制定尚待时日，专门立法理论准备不充分的现实妥协与考量。❷ 该模式已与当下商业秘密

---

❶ 黎聪．中国商业秘密立法发展及反思［J］．中国专利与商标，2019（2）：68-81.

❷ 马一德．为何要制定商业秘密保护法［N］．光明日报，2021-01-02（6）.

重要性，以及经济高质量发展、科技强国战略不相匹配，已滞后于各国商业秘密专门立法的国际立法潮流。❶ 此外，商业秘密的专门立法也并不意味着完全将商业秘密相关立法条款完全抽离于现有各部门法之外，只是通过更加体系化、细致化的立法构造为商业秘密保护提供更为周延、有序、逻辑自洽的保护而已。有鉴于此，商业秘密的专门立法是我国未来商业秘密立法的趋势所向，该模式既符合我国规范市场秩序，维护商业道德，完善知识产权法律体系的内生需求，又能起到表明中国加强商业秘密保护决心的外在宣示作用。

二、我国商业秘密立法的沿革

我国商业秘密法的发展主要历经了三个时期和阶段：（1）发轫期（1978—1993 年）。该阶段时间跨度为改革开放后至《反不正当竞争法》颁布前。在这一时期，随着改革开放的不断深入，社会对商业秘密的认知不断刷新，很多立法都不可避免地涉及商业秘密保护，如 1987 年 11 月 1 日实施的《技术合同法》是我国第一部为商业秘密提供保护的立法。1991 年实施的《民事诉讼法》中第一次正式出现商业秘密这一用语。（2）确立期（1993—2015 年）。1993 年 9 月 2 日公布的《反不正当竞争法》标志着我国商业秘密立法的正式确立。同时 1999 年施行的《合同法》也在多处使用了“技术秘密”“商业秘密”的概念，规定了泄露或不正当使用商业秘密的合同法责任。随着全国法院大量商业秘密保护案件的受理，为解决商业秘密立法的应用问题，最高人民法院也在这一时期相继出台《关于正确处理科技纠纷案件的若干问题的意见》《关于审理技术合同纠纷案件适用法律若干问题的解释》《关于审理不正当竞争民事案件应用法律若干问题的解释》等司法解释。（3）完善期（2015 年至今）。该阶段是 2015 年我国开始着手《反不正当竞争法》的第一次修订至今。在这一时期，面对新时期商业秘密保护的新特点和新要求，我国商业秘密立法正式进入调整完善期。《反不正当竞争法》有关商业秘密的条款分别于 2017 年、2019 年历经两次修订。为进一步细化商业秘密民事案件

❶ 目前，美国、法国、荷兰、丹麦、德国、瑞典、泰国等都调整了既有的立法模式，以专门法形式保护商业秘密。

法律适用，最高人民法院还于2020年专门公布施行了《关于审理侵犯商业秘密民事案件适用法律若干问题的规定》。如前文所述，我国目前主要是以《反不正当竞争法》规定商业秘密保护，其他少量规定散见于《民法典》《劳动法》《劳动合同法》《刑法》《民事诉讼法》等相关立法和司法解释之中，因此，下文将重点介绍我国《反不正当竞争法》关于商业秘密条款的确立和发展。

（一）商业秘密立法的确立

党的十四大以来，明确我国经济体制改革的目标是建立社会主义市场经济体制。随着市场经济的蓬勃发展，不正当竞争行为也愈发频繁，在这样的时代背景下，亟须颁布一部调整市场竞争秩序的法律。1987年国务院法制局和工商行政管理局等七部门成立联合小组，开始了反不正当竞争法的立法起草工作，并于1993年9月2日最终由第八届全国人民代表大会常务委员会第三次会议通过。

1993年通过的《反不正当竞争法》第10条、第25条专门设置了商业秘密条款。我国商业秘密立法由此正式确立。该法第10条首先明确了商业秘密的概念为“不为公众所知悉、能为权利人带来经济利益、具有实用性并经权利人采取保密措施的技术信息和经营信息”，规定了被视为侵犯商业秘密的三类侵权行为，具体包括：“以盗窃、利诱、胁迫或者其他不正当手段获取权利人的商业秘密”“披露、使用或者允许他人使用以前项手段获取权利人的商业秘密”“违反约定或者违反权利人有关保守商业秘密的要求，披露、使用或者允许他人使用其所掌握的商业秘密”。“第三人明知或者应知前述所列行为，获取、使用或者披露他人的商业秘密，视为侵犯商业秘密。”第25条规定了侵犯商业秘密行为的行政责任：“监督检查部门应当责令停止违法行为，可以根据情节处以一万元以上二十万元以下的罚款。”

然而，1993年的《反不正当竞争法》并没有专门规定侵犯商业秘密行为人的损害赔偿责任，仅在第20条规定了不正当竞争行为主体的损害赔偿责任，即“经营者违反本法规定，给被侵害的经营者造成损害的，应当承担损害赔偿责任，被侵害的经营者的损失难以计算的，赔偿额为侵权期间因侵权所获得的利润；并应当承担被侵害的经营者因调查该经营者侵害其合法权益的不正当竞争行为所支付的合理费用。被侵害的经营者的合法权益受到不正当竞争行为损害的，可以向人民法院提起诉讼”。

（二）商业秘密立法的第一次修订

《反不正当竞争法》自 1993 年颁布实施以来，对鼓励和保护公平竞争，保障社会主义市场经济健康发展，发挥了重要作用。随着市场经济的持续发展，新的业态、商业模式不断出现，相关立法规定也逐渐暴露出一些问题。❶ 具体到商业秘密立法，表现为：（1）对实践中出现的扰乱市场竞争秩序、明显具有不正当性质的侵犯商业秘密行为，《反不正当竞争法》第 9 条列举不充分，不能给司法实践中法官对侵犯商业秘密行为的认定提供明晰的指导；（2）对不正当竞争行为的治理和救济机制还不够完善。民事损害赔偿制度在关于商业秘密赔偿金额中的作用有待进一步加强，行政处罚措施有待进一步完善，需要加强事中事后监管，完善民事责任和行政处罚有机联系，并以刑事责任为最后惩戒手段的法律责任体系。2017 年 11 月 4 日第十二届全国人民代表大会常务委员会第三十次会议审议通过《反不正当竞争法》的修订。2017 年的《反不正当竞争法》对商业秘密条款主要作了如下修订。

（1）完善商业秘密的定义。2017 年《反不正当竞争法》第 9 条第 3 款将商业秘密的定义界定为：“不为公众所知悉、具有商业价值并经权利人采取相应保密措施的技术信息和经营信息。”相较于 1993 年旧法的规定，新法将商业秘密构成要件的“经济利益、具有实用性”修改为“具有商业价值”，删除了“实用性”的规定。修改的原因在于：立法机关原来认为实用性是商业秘密的应有之义，构成商业秘密的信息必然具有实用性，但是随着经济社会的发展，某些不具有实用性的商业信息逐渐呈现出商业价值，具有了商业秘密保护的价值。如在技术研发中单纯记录实验过程的一些实验数据，甚至是实验失败的数据，对于信息生产者来说，可能并不具有实用性，难以发挥实

---

❶ 关于《中华人民共和国反不正当竞争法（修订草案）》的说明——2017 年 2 月 22 日在第十二届全国人民代表大会常务委员会第二十六次会议上［EB/OL］．［2023-12-07］．http：//www.npc.gov.cn/zgrdw/npc/xinwen/2017-11/07/content_ 2031329.htm.

际的作用，但是其可能对于其竞争对手而言，能够减少研发投入的成本，因此，具有商业价值。对此情况，根据新法规定，就可能成为新法界定的商业秘密保护对象。

（2）完善不正当手段获取权利人商业秘密的行为方式。2017年《反不正当竞争法》在对“以不正当手段获取权利人商业秘密”的行为方式完善中：①将旧法规定的“利诱”替换为了“贿赂”。旧法规定的“利诱”一词并非专门的法律用语，存在理解中语义的模糊性，该利益诱惑既可包括金钱诱惑，也可能是情感或虚构价值的诱惑。而“贿赂”一词，作为法律术语，意蕴更加明确，是指以给予他人财物或其他利益的方式，谋取权利人商业秘密的行为。②新增了“欺诈”的行为列举。鉴于“欺诈”也是常见的获取权利人商业秘密的不正当手段方式，此次修法将其从“其他手段”的一般规定中予以专门列举，以便司法实践中对于此类型侵犯商业秘密行为的认定。

（3）提高法定赔偿金额。2007年2月起施行的《最高人民法院关于审理不正当竞争民事案件应用法律若干问题的解释》第17条规定：“侵犯商业秘密行为的损害赔偿额，可以参照确定侵犯专利权的损害赔偿额的方法进行。”而《专利法》第65条规定的法定赔偿金额上限为100万元。此次修法不仅将司法解释的相关规定上升到法律层面，还将法定赔偿金额上限由100万元增加到300万元。2017年《反不正当竞争法》第17条第3款规定：“因不正当竞争行为受到损害的经营者的赔偿数额，按照其因被侵权所受到的实际损失确定；实际损失难以计算的，按照侵权人因侵权所获得的利益确定。赔偿数额还应当包括经营者为制止侵权行为所支付的合理开支。”第4款规定：“经营者违反本法第六条、第九条规定，权利人因被侵权所受到的实际损失、侵权人因侵权所获得的利益难以确定的，由人民法院根据侵权行为的情节判决给予权利人三百万元以下的赔偿。”

（三）商业秘密立法的第二次修订

自2017年商业秘密条款的第一次修订后，间隔不到两年，2019年4月23日第十三届全国人民代表大会常务委员会通过对《反不正当竞争法》中涉及商业秘密的条款的第二次修订（以下简称“新法”），此次立法修订的动因主要源于内外两方面：内在方面，在制度运行中，商业秘密条款暴露出了一定程度的缺陷，无法适应我国经济发展的实际需要。有必要通过商业秘密条款的修订，解决实践中存在的问题。如在商业秘密定义表述中，将商业秘密客体的商业信息限定为技术信息与经营信息，范围过于狭窄。权利人举证证明商业秘密正当性，存在侵权行为的证明责任压力过大等。外在方面，此次修订也受到了中美知识产权谈判的推动与影响。长期以来，美国都诟病我国商业秘密保护力度不足，指责我国长期利用合资、并购、电子入侵等方式窃取美国的商业秘密。2017 年随着美国决定对中国开展“301 调查”，又拉开了新一轮中美贸易战的序幕。商业秘密保护问题亦是此次美国对中国发起贸易战的重要口实。中美双方于 2019 年在第七轮的贸易磋商谈判中，围绕技术转让、知识产权保护等问题取得实质性进展，并最终达成《中美经贸协定》。此次商业秘密条款的修订也是我国对于提高商业秘密保护力度谈判成果的落实举措。此次修订内容主要包括商业秘密的定义、商业秘密侵权行为、侵权主体、行政责任、损害赔偿、举证责任等八方面。

（1）进一步完善商业秘密的定义。在新法第 9 条规定：“本法所称的商业秘密，是指不为公众所知悉、具有商业价值并经权利人采取相应保密措施的技术信息、经营信息等商业信息。”新法将商业秘密定义中的“技术信息和经营信息”修改为“技术信息、经营信息等商业信息”，增加了兜底性的表述，扩大了商业秘密的客体范围，从而使得不在技术信息和经营信息范畴内的其他商业信息在符合商业秘密构成要件下也能获得商业秘密的保护。

（2）新增侵犯商业秘密行为类型。本次修订还进一步丰富了侵犯商业秘密类型，在新法第 9 条第 1 款中明确将以网络电子入侵方式侵入他人计算机或存储系统获取商业秘密的行为从“其他不正当手段”中予以了具体列举。此外，此次修法还明确将“教唆、引诱、帮助行为”也作为侵犯商业秘密行为，对于司法实践中商业秘密的共同侵权的认定具有非常重要的意义。

（3）扩大义务主体。商业秘密的保密义务可分为约定和法定的保密义务，相对应的义务主体应涵盖约定的保密义务主体和法定的保密义务主体。旧法仅规定了约定的保密义务，责任主体也仅限于约定的保密义务主体，此次修订明确将法定的保密义务主体也纳入其中，新法第 9 条第 1 款第 3 项规定：“违反保密义务或者违反权利人有关保守商业秘密的要求，披露、使用或者允许他人使用其所掌握的商业秘密。”作为经营者不得实施的侵犯商业秘密行为。

（4）扩大侵权主体范围。反不正当竞争法规范的是经营者之间的不正当竞争行为，但是侵犯商业秘密行为很可能发生在经营者范围之外的主体，如知悉经营者商业秘密的雇员。此次修订，突破了反不正当竞争法对于经营者的主体范围限制，新法第 9 条中增加一款作为第 2 款，明确规定：“经营者以外的其他自然人、法人和非法人组织实施前款所列违法行为的，视为侵犯商业秘密。”即将经营者以外的其他自然人、法人和非法人组织也纳入侵犯商业秘密责任主体的范围之中。

（5）增加惩罚性赔偿责任。此次修订进一步强化了侵犯商业秘密行为的法律责任。在新法第 17 条中增加了惩罚性赔偿的相关规定，即“经营者恶意实施侵犯商业秘密行为，情节严重的，可以在按照上述方法确定数额的一倍以上五倍以下确定赔偿数额”。

（6）提高法定赔偿数额。法定赔偿作为对无法计算赔偿数额情形下，由法院确定赔偿数额的方式。此次修订还增加了法定赔偿数额，由原来的法定赔偿最高额的 300 万元，提高到了 500 万元。新法第 17 条第 4 款规定：“经营者违反本法第六条、第九条规定，权利人因被侵权所受到的实际损失、侵权人因侵权所获得的利益难以确定的，由人民法院根据侵权行为的情节判决给予权利人五百万元以下的赔偿。”这一规定将有利于加大对现实中侵犯商业秘密行为的打击力度。

（7）加大行政保护力度。行政保护是商业秘密保护的重要方式之一。本次修改进一步加大了对商业秘密行政保护的力度，主要体现在以下内容：一是将处罚对象由原来的“经营者”扩大到了“其他自然人、法人和非法人组织”。二是处罚措施在原来基础上新增了“没收违法所得”。三是提高了处罚数额，一般违法的罚款金额由原来的 50 万元提高到了 100 万元，情节严重的罚款最高额由原来的 300 万元提高到 500 万元。

（8）减轻权利人举证责任。面对实践中权利人举证难的问题，此次修订的重点还着眼于减轻权利人的举证责任。新法将侵犯商业秘密举证区分为两部分：第一部分为是否构成商业秘密的举证责任。对于该部分的举证，新法

第 32 条第 1 款规定："在侵犯商业秘密的民事审判程序中，商业秘密权利人提供初步证据，证明其已经对所主张的商业秘密采取保密措施，且合理表明商业秘密被侵犯，涉嫌侵权人应当证明权利人所主张的商业秘密不属于本法规定的商业秘密。"即权利人在提交完采取保密措施以及商业秘密被侵权等证据后，举证责任移转到涉嫌侵权人身上，其需要对涉案商业秘密不符合法律构成要件举证。第二部分是商业秘密被侵犯的举证。新法第 32 条第 2 款规定："商业秘密权利人提供初步证据合理表明商业秘密被侵犯，且提供以下证据之一的，涉嫌侵权人应当证明其不存在侵犯商业秘密的行为：（一）有证据表明涉嫌侵权人有渠道或者机会获取商业秘密，且其使用的信息与该商业秘密实质上相同；（二）有证据表明商业秘密已经被涉嫌侵权人披露、使用或者有被披露、使用的风险；（三）有其他证据表明商业秘密被涉嫌侵权人侵犯。"❶

---

❶ 第十三届全国人民代表大会常务委员会第十次会议上傅政华关于《〈中华人民共和国建筑法〉等 8 部法律的修正案（草案）》的说明［EB/OL］.［2023-12-20］. http：//www. npc. gov. cn/npc/c30834/201904/2f09dc0718214458a18164dba3f334e2. shtml.

第二章　秘密性

公知信息不应受到法律保护是知识产权制度全面贯彻的一项基本规则。在商业秘密法领域，秘密性就是防止公知信息进入商业秘密保护范围的关键要件，同时也是彰显商业秘密经济价值或竞争优势的基础性前提。

第一节　秘密性的内涵与性质

在我国关于商业秘密的相关法律政策文本中，对于商业秘密的秘密性表述不尽相同。其中，《反不正当竞争法》将其规定为“不为公众所知悉”，而最高人民法院《关于审理科技纠纷案件的若干问题的规定》第 51 条第 2 款将秘密性界定为“不能从公共渠道直接获得”。国家工商行政管理局《关于禁止侵犯商业秘密行为的若干规定》第 2 条第 2 款对秘密性的表述则为：“不能从公开渠道直接获取。”正是基于以上法律政策对商业秘密秘密性的不同表述，给司法实践中人们对于秘密性内涵和性质的理解带来了分歧。在理论上，明晰秘密性的内涵，界清秘密性的性质是准确认定和判断商业信息是否具有秘密性的必然要求。

一、秘密性的内涵

《反不正当竞争法》将商业秘密的秘密性要求表述为“不为公众所知悉”。由此可见，对“不为公众所知悉”作何理解和把握，是厘清秘密性内涵的关键所在。根据《最高人民法院关于审理侵犯商业秘密民事案件适用法律若干问题的规定》第 3 条规定：“权利人请求保护的信息在被诉侵权行为发生时不为所属领域的相关人员普遍知悉和容易获得的，人民法院应当认定为反不正当竞争法第九条第四款所称的不为公众所知悉。”世界贸易组织的《与贸易有关的知识产权协定》（TRIPs）第39条第2款对此做出的解释是：“整体或者其要素的确切体现或组合，未被通常涉及该信息有关范围的人普遍知悉或者容易获得。”由此可见，“普遍知悉”和“容易获得”是理解和把握“不为公众所知悉”内涵的两个重要维度，且较之于国际协定，我国法律对“不为公众所知悉”的设定门槛和要求更高，因为《最高人民法院关于审理侵犯商业秘密民事案件适用法律若干问题的规定》第3条的规定在“普遍知悉”和“容易获得”之间使用的是“和”字而非“或”字，说明二者是并列关系，而非选择关系，即信息持有人所持有的信息要同时满足这两个条件才能满足秘密性内涵的要求。

对于“普遍知悉”内涵的理解，可以分别从“普遍”和“知悉”这两个层面展开。“普遍”的含义与主体范围存在密切关系。“普遍”所指的受众对象一般指的是社会上的一般人或多数人。需要注意的是，秘密性所谓之普遍知悉对象并不是泛指社会上不特定的“一般人”或“多数人”，而应限定为同行业或同领域内的“一般人”或“多数人”。这也是《反不正当竞争法》中所规定“公众”的应有之义，因为该法调整的是经营者之间的竞争关系，如果将调整主体泛化为社会上不特定的多数人，很多主体之间可能就不会产生商业上的竞争关系。

关于“知悉”，有学者认为“在理解不被同行业或本领域的人们所公知或普遍知悉时，要特别注意‘知悉’的两种情形——实际知悉和容易知悉”❶。笔者认为，容易知悉是指知悉的可能性，即虽然目前对商业信息尚未可知，但是在所属领域或者行业内的大部分主体经正当渠道能够轻易获知该信息的客观可能，并且该渠道不必付出过高代价。“容易知悉”与下文即将讨论的“容易获得”很难区分，一项信息被获得后则自然被知悉，反之亦然，一项信息被知悉当然是被获得的情形之一。故此，在《最高人民法院关于审理侵犯商业秘密民事案件适用法律若干问题的规定》第3条“普遍知悉”和“容易获得”并列规定的情况下，对于信息被公众知悉主要指的是“实际知悉”，而

❶ 戴磊．论商业秘密的秘密性［J］．山东审判，2005（1）：101-104.

至于是否“容易”的问题即应交由“容易获得”去判断，而没必要将其纳入“普遍知悉”的认定。

所谓“实际知悉”指的是一种客观状态，即一项信息为同领域或同行业的相关人员所知悉已经成为一种客观事实，这种客观的事实不以当事人的主观认识发生改变，这也是由客观秘密性所决定的。孔祥俊教授就认为：“实际知悉”是指信息在这个范围内被知悉已经是客观事实，多数人已经确实知悉这一信息。❶ 当信息所属领域或者行业内的相关人员实际知悉后，商业秘密的秘密性便遭到破坏，进而不再满足商业秘密构成要件的要求，成为阻碍信息持有人主张权利的因素。如在山东电讯七厂有限责任公司诉吕某峰、李某芬、张某祥、李某峰、王某娟、方某立侵害商业秘密纠纷案中❷，法院认为原告所主张权利的技术信息已经在 1991 年关于点位溶出分析仪发明专利文献中公开，且原告在自己生产的商品上记载了元器件的详细特定参数，打开商品即可看见，故此，认定该信息已被所属领域的相关人员实际知悉，进而不再满足秘密性的要求，不能构成商业秘密。

对于“实际知悉”的程度问题，也是一个值得讨论的问题。有观点认为“实际知悉”的程度应同时满足以下两个标准：一是要知全、知尽。不全面、不充分、不完整的信息被知悉仍不影响商业秘密的秘密性。二是要普遍知道和掌握。如果一项信息只是在同行业的小范围内被知道，一般认为不丧失其秘密性。一项信息所包含的内容应该被拆解为信息整体的确切内容、各组成要素的确切内容，以及组成要素的确切组合这三个方面。在实践中，上述信息的三个方面并非总是同时被相关人员普遍知悉，当其中一至两个方面被知悉时，是否会导致该信息秘密性的丧失。本书认为，以上三方面信息相互独立，其中某一方面信息被实际知悉不影响其他部分的秘密性，具体情况分述如下：（1）信息整体就是各种信息的组合，其作为整体能够实现某种客观的目的，法律规定将其作为一个整体进行保护。假设一项信息的组成要素的内容可以从公开渠道获得，但作为整体的全部信息具体内容不清楚，该信息仍

❶ 孔祥俊．商业秘密司法保护实务［M］．北京：中国法制出版社，2012：147.

❷ 山东省高级人民法院（2009）鲁民三终字第 167 号民事判决书。

然能够被认定为具有秘密性。（2）作为整体的信息与该信息含有的数个要素是公知的，但是具体组成该信息的要素的内容，也就是说组成要素的“确切内容”并不被公知，则这些组成要素的内容仍然能够成为商业秘密得到法律的保护。（3）信息整体及各个组成要素的具体内容均是清楚的，但组成要素如何排列组合，如何组合加以应用未被公众所知，则该信息仍可以作为商业秘密得到保护。值得注意的是，并非一项信息中所有要素均可随意进行组合。《与贸易有关的知识产权协定》中采用“确切组合”的表述，也是要求被组合的要素间应具有一定的关联性，即在技术上或经营中可以被普遍地视为合乎情理时方能将其组合。例如，在机械设备制造领域，信息大量记载在设计图纸中，在这些图纸中，互相不具有配合关系的零件不应被在法律上组合起来主张权利，即不应认定为“确切组合”，因为这些零件的组合并不能实现模块功能，从某种程度上来说属于并不现实存在的信息。

区别于“实际知悉”中商业信息被知悉的实然发生状态，“容易获得”是指对于商业信息易于获取的应然可能状态。“商业秘密是不易取得的商业信息，易于取得的商业信息不允许独占使用。”❶ 若一项信息能够被同行业者通过明显较少的付出而得到，或者经由常规方法、手段获取这一信息的成本几乎等于该信息的开发成本，则说明该信息与公知信息没有实质区别。换言之，商业秘密之所以被纳入法律保护的范围，很大程度上源于其带给秘密持有人的商业价值，以及由此而带来的竞争优势。如果一项与公知信息没有本质区别的信息显然不存在这样的商业价值，故而不应该，也不需要得到法律的保护。正如美国侵权行为法重述所指出：“某一行业的公共知识或一般知识不能被某人作为秘密而占用。……但是必须具有秘密性的实质要素，因此，除非采取不正当手段，获取该信息就非常困难。”❷

需要注意的是，我国商业秘密立法除从正面明确不为公众所知悉的内涵外，还对不为公众所知悉的外延进行了界定，从反面列举了为公众所知悉的具体情形。《最高人民法院关于审理侵犯商业秘密民事案件适用法律若干问题

---

❶ 孔祥俊．反不正当竞争法新论［M］．北京：人民法院出版社，2001：706.

❷ 孔祥俊．反不正当竞争法新论［M］．北京：人民法院出版社，2001：707-708.

的规定》第4条规定："具有下列情形之一的，人民法院可以认定有关信息为公众所知悉：(一) 该信息在所属领域属于一般常识或者行业惯例的；(二) 该信息仅涉及产品的尺寸、结构、材料、部件的简单组合等内容，所属领域的相关人员通过观察上市产品即可直接获得的；(三) 该信息已经在公开出版物或者其他媒体上公开披露的；(四) 该信息已通过公开的报告会、展览等方式公开的；(五) 所属领域的相关人员从其他公开渠道可以获得该信息的。"

典型案例：无锡大山有限公司诉蒋某、武某侵害商业秘密纠纷案❶

(一) 阅读导引

商业信息是否已经"为公众所知悉"，即是否为同领域或同行业的相关人员所普遍知悉或者容易获得，是判定信息持有人所持有的商业信息具有秘密性的重要标准。实践中，对于该标准的考察，仅排除出版物公开即可，还是仍需排除使用公开等情形?

(二) 基本情况

无锡大山有限公司（以下简称"大山公司"）的主要经营范围包括设计制造冷芯机、热芯机等技术装置，其中冷芯盒射芯机中的转动臂带动模具工作台实现直线往复运动的机构技术（以下简称"秘点1"）及三乙胺尾部处理部件技术（以下简称"秘点2"）等技术系大山公司于2004年5月从日本浪速铸机销售株式会社（以下简称"日本浪速公司"）引进。大山公司通过向日本浪速公司支付技术许可费、经常特许权使用费、派往中国技术人员费用等方式获得上述技术的使用权。

2010年4月26日，被告武某从大山公司申请离职，并同与大山公司有良好贸易关系的另一被告蒋某共同组建新企业。之前，武某曾在大山公司技术部门负责绘制图样。其凭借职业便利，将包含秘点1、2的有关工艺图样材料复制到自己的个人电子计算机中。而后又利用包含秘点1、2的相关产品为新任职企业制造、营销冷芯机。

❶ 江苏省无锡市中级人民法院（2017）苏02刑终38号刑事判决书。

据此，大山公司以蒋某、武某犯侵犯商业秘密罪为由向无锡高新技术产业开发区人民法院提起诉讼。一审判决后，原审被告蒋某、武某不服，提出上诉。无锡中级人民法院又进行了二审。

（三）争议焦点及分析

本案中判定诉争秘点是否“不为公众所知悉”是认定大山公司拥有的技术信息是否属于商业秘密的关键，也是本案核心的争议焦点之一。

一审法院认为，根据《最高人民法院关于审理不正当竞争民事案件应用法律若干问题的解释》第9条第2款所列举的“不为公众所知悉”情形，大山公司技术信息中秘点1、2并非所属技术或者经济领域的人的一般常识或者行业惯例，亦非仅涉及产品的尺寸、结构、材料、部件的简单组合等内容。进入市场后相关公众通过观察产品不能直接获得，且未在公开出版物或者其他媒体上公开披露，即证明秘点1、2并不为“普遍知悉”的状态。此外，该案中被告武某在盗窃秘点1、2的技术图纸后，又把原来在大山公司组装的熟练技能工姚某挖至新公司，进行了组装工作。这从侧面反映了秘点1、2并不能轻易获得。故此，结合此案中的鉴定意见，对大山公司的技术信息中秘点1、2的获取，不属于无须付出一定的代价而容易获得的情形，即两秘点不为所属领域的相关人员普遍知悉和容易获得，具有非公知性，满足秘密性的要求。

而二审法院认为，要认定系争技术非公知性时，既要排除出版物公开的情形，又要排除使用公开等已公开情形。“使用公开是指由于使用而导致技术方案的公开，或者导致技术方案处于公众可以得知的状态。使用公开的方式包括能够使公众得知其技术内容的制造、使用、销售、进口、交换、馈赠、演示、展出等方式。只要通过上述方式使有关技术内容处于公众想得知就能够得知的状态，就构成使用公开，而不取决于是否有公众得知。”本案的主要争议在于涉案秘点是否已经因使用而公开。原审法院在认定该技术信息中秘点1、2是否能够“容易获得”的情况下，遗漏了因使用而公开的情形，用以支撑其原审结论的鉴定意见并不能达到排除合理怀疑的证明标准，即无法否认秘点1、2因公开而能被轻易获取。“要认定机械装置构成技术秘密，不能是简单的机械活动的现象，因为相应的现象能在公开出售的机器上直接观察得到，具体的尺寸也可以通过简单的测绘、拆卸方法来获得，属于容易获得的范畴。”因此，蒋某及其辩护人、武某及其辩护人提出秘点1、2不符合商业秘密非公知性要件的上诉意见应当得到采纳。

（四）评论与思考

商业信息要满足商业秘密的秘密性要求，需要“不为公众所知悉”。根据《最高人民法院关于审理侵犯商业秘密民事案件适用法律若干问题的规定》第3条的规定，只要该信息不为同领域或同行业的相关人员所普遍知悉或者容易获得，即可视为“不为公众所知悉”。区别于“普遍知悉”中商业信息被知悉的实然发生状态，“容易获得”是指对于商业信息易于获取的应然可能状态。若一项信息能够被同行业者通过明显较少的付出而得到，或者经由常规方法、手段获取这一信息的成本几乎等于该信息的开发成本，则说明该信息与公知信息没有实质区别，商业信息的使用过程本身也是公开的过程。对于信息拥有者而言，不仅不具有特有的商业价值，也不满足秘密性的要求，故而不应该，也不需要得到法律的保护。如本案中两个秘点涉及的机械装置涉及的就是“简单的机械活动的现象，因为相应的现象能在公开出售的机器上直接观察得到，具体的尺寸也可以通过简单的测绘、拆卸方法来获得”，因此就属于容易获得的情形。

二、秘密性与新颖性

秘密性与发明或实用新型专利授权条件之一的新颖性是何关系，也是明晰秘密性内涵需要厘清的问题。专利法制度中的新颖性是指：“发明或者实用新型不属于现有技术；也没有任何单位或个人就同样的发明或者实用新型在申请日前向国务院专利行政部门提出过申请，并记载在申请日以后公布的专利申请文件或公告的专利文件中。”有学者认为，商业秘密的秘密性与新颖性关系非常密切，秘密性中应当包容新颖性的含义，甚至两概念可以互相取代。该观点认为，商业秘密应区别于“公有领域”中的信息，而新颖性也要求有关信息相对于公有领域信息需要具有最低限度的差异性，或称非显而易见性。[1] 另有反对观点认为，“我国《反不正当竞争法》对商业秘密的秘密性表

[1] 张玉瑞. 商业秘密·商业贿赂：法律风险与对策［M］. 北京：法律出版社，2005：50.

述内涵中，并没有涵摄新颖性，也没有将新颖性作为构成要件之一，故而主张秘密性中包容新颖性的观点，曲解了法律关于商业秘密构成要件的规定，不利于正确认定和保护商业秘密”❶。也正是基于对于秘密性与新颖性两概念关系认识上的差异，在司法实践中，存在对以上两概念混用的情形。如在上海化工研究所诉昆山埃索托普化工有限公司、江苏汇鸿国际集团侵犯商业秘密纠纷案中❷，上海市高级人民法院根据鉴定意见，在其判决中的表述为："上述技术信息不能从公开渠道直接获取，不为公众所知悉，具有新颖性。"可见，该案中法官将新颖性作为评判信息是否不为公众知悉的标准，将其纳入秘密性的认定之中。此外，在美联物业顾问（上海）有限公司诉戴某侵犯商业秘密纠纷案、❸北京实华开电子商务有限公司诉尼某侵犯商业秘密纠纷案❹等案件中，均能看到法院在论述中对新颖性的提及。

笔者认为，新颖性不宜纳入秘密性的内涵界定之中，也不应成为商业秘密的构成要件。原因如下：（1）从专利制度与商业秘密制度的立法取向来看，专利制度是为了促进技术的扩散与运用，以发明人公开技术信息为对价，换取其对于技术信息的排他性财产保护。故此，专利法对于发明或实用新型专利有着严格的新颖性要求，目前包括我国在内的很多国家专利法都采用的是“绝对新颖性”标准，即一项技术成果在申请日之前，无论在国内外，只要有一个地方公开过，无论以何种方式，都认为该技术丧失了新颖性。与严格授权条件相适配的是专利权绝对的“排他性”，无论是对于独立研发还是反向工程，专利权均有着排他效力。商业秘密制度的侧重点不在于技术的先进程度，主要是通过禁止不正当手段获取、披露、使用商业秘密不正当竞争行为的方式，旨在确认信息持有人对具有秘密性和价值性，且采取了合理保密措施的商业信息的合法权益，从而维护市场商业道德，维持市场有序竞争秩序。商业秘密立法并没有要求商业信息绝对的秘密性，相对应的，商业秘密权利的排他性也较弱，不能对抗独立研发、反向工程。如果将新颖性的标准套用于

---

❶ 朱丹．商业秘密不需要新颖性［N］．中国知识产权报，2001-12-14.

❷ 上海市高级人民法院（2005）沪高民三（知）终字第40号民事判决书。

❸ 上海市第二中级人民法院（2003）沪二中民五（知）初字第234号民事判决书。

❹ 北京市第二中级人民法院（2003）二中民初字第04882号民事判决书。

秘密性的认定，意味着很大程度将提高商业秘密的保护门槛，不仅会导致很多有价值的商业信息难以获得立法保护，还与商业秘密制度的价值取向存在冲突。(2) 从其他国家相关的立法来看，也都未将新颖性作为商业秘密的构成要件。美国的《统一商业秘密法》《1996 年经济间谍法》均未规定商业秘密需要具备新颖性条件，《侵权行为法重述》第 757 条注释 b 更是明确指出："尽管某些商业秘密的案件有时提出了新颖性的要求，但专利法意义上的新颖性是不需要的。"《日本不正当竞争防止法》关于商业秘密构成要件的规定中也没有涉及新颖性的问题。[1]

三、秘密性的性质

对于秘密性的性质，目前学界存在两种截然对立的观点和看法。有观点认为，商业秘密构成要件之秘密性的性质兼具主观秘密性和客观秘密性的双重属性。主观秘密性是指要求其所有者主观上有对该信息采取适当保密措施，保护该内容秘密性的意愿，而客观秘密性则是指商业信息的内容在客观上是秘密的，不被所属领域的相关人士所知悉；另有部分学者指出，商业秘密的秘密性应坚持客观尺度上的真实，即客观秘密性，"在确定某一个人信息内容是否符合商业秘密法所规定的秘密性时，必须坚持客观要求"[2]。商业秘密的秘密性状态"是一个客观存在的基本现实，它与个人信息所有者的主观意识无关"[3]。由此可见，两类对立观点的争议主要聚焦于商业秘密的秘密性是仅具有客观秘密性，还是兼具主观与客观秘密性。

秘密性的性质之所以存在以上争议，主要源自对商业秘密构成要件的不同理解。目前对商业秘密的构成要件主要有"三要件说""四要件说""五要件说"。(1) "三要件说"。根据对概念内涵的理解差异，不同学者主张的"三要件"又存在区别。有学者主张，商业秘密构成要件应为秘密性、价值性

---

[1] 孔祥俊．商业秘密司法保护实务［M］．北京：中国法制出版社，2012：151.

[2] 宋建宝．商业秘密保护中秘密性判断标准问题——世界贸易组织 TRIPs 协议为中心［J］．科技与法律，2012（3）：62-66.

[3] 郭存庆．知识产权法［M］．上海：上海人民出版社，2002：22-27.

和保密性[1]，还有学者则认为，保密性的要求应纳入秘密性之中，是故，商业秘密构成需要商业信息满足秘密性、价值性和实用性。[2]（2）“四要件说”。即认为商业秘密构成要件应包括信息性、秘密性、实用性和保密性，[3]还有主张“四要件说”的学者将“信息性”替换为了“秘密性”。[4]（3）“五要件说”。主张商业秘密“五要件”的观点认为商业秘密的构成要件应为价值性、实用性、管理性、创新性和保密性。[5]

综合以上对于商业秘密构成要件的不同认识，其中，关键点之一在于是否把秘密性和保密性归拢为同一要件。如果将两要件分列，自然不应再将信息持有人主观和客观保密性的要求纳入秘密性内涵之中，反之，如果将保密性归于秘密性的要求之中，秘密性的性质则应兼具主观与客观秘密性的属性。因为主张秘密性内涵中包括主观秘密性的观点普遍认为，未经信息持有人采取保密措施的信息均属容易获得的信息，持有人本身没有维持该信息秘密状态的愿望，则该信息对公众而言也就很难成为秘密，即持有人的保密措施是秘密状态得以维持的必不可少的因素。

根据目前我国《反不正当竞争法》相关规定对于商业秘密的界定，明确采纳了“三要件说”，并将保密性独立于秘密性之外。在此背景之下，若再将秘密性的性质界定为主观秘密性，实际上是混淆了商业秘密认定与秘密性认定的关系，一项信息是否是秘密的，是否维持在秘密的状态，本质就应是一种客观事实，而该事实的成就与否主要取决于该信息客观上的秘密状态。如果商业秘密的内容被披露、公开，不论该披露或公开是出于侵权人的不正当行为，还是信息持有人的疏忽，作为商业秘密核心要件的秘密性都将彻底丧失，信息持有人也将无法挽回地失去对该信息受到商业秘密制度保护的权利。

---

[1] 张今．知识产权新视野［M］．北京：中国政法大学出版社，2000：23-25.

[2] 李颖怡．知识产权法［M］．广州：中山大学出版社，2002：227-228.

[3] 吴汉东，刘剑文．知识产权法学［M］．北京：北京大学出版社，2002：31.

[4] 颜祥林，许华安，朱庆华，等．知识产权保护权利与策略［M］．北京：中国人民公安大学出版社，2001：160-163.

[5] 张玉瑞．商业秘密法学［M］．北京：中国法制出版社，1999：49-230.

换言之，客观秘密性是秘密性的本质要求，[1] 而主观秘密性则更多反映了保密性对于信息持有人保密努力的要求，故此，应将“主观秘密性”置于保密性的范畴内进行讨论，用以衡量一项信息是否满足法律上对商业秘密保密性的规定。

典型案例：罗门哈斯公司诉 ADCO 化学公司案[2]

（一）阅读导引

商业秘密的秘密性性质是客观秘密性，还是兼具主观与客观秘密性？本案中，信息持有人主观秘密性的欠缺是否会影响对于涂料配方工艺信息构成秘密性的判断？

（二）基本情况

自 1955 年开始，罗门哈斯公司就启动了汽车涂料配方工艺技术的研究项目。经过七年的努力，该公司成功开发了该项技术，并制造了四种非常成功的产品。其他汽车制造商纷纷效仿，尝试制造与罗门哈斯公司所生产汽车能够匹敌的产品，均以失败告终。但 ADCO 化学公司是例外，该公司也能销售与罗门哈斯公司具有相同质量的汽车。罗门哈斯公司认为，正是由于其一名前雇员约瑟夫·哈维的泄露，才使 ADCO 化学公司能够生产相同品质的车辆。故罗门哈斯公司于 1971 年 10 月诉至法院。

据法院查明，约瑟夫·哈维作为实验室技术员于 1959 年加入原告罗门哈斯公司的工作团队。从工作伊始，他就在原告公司开发乳胶漆。约瑟夫·哈维在原告实验室的笔记本中详细记录了他根据原告指示重复实验的方法。由于工作岗位性质的特殊性，他还能够查阅原告详细的商业工艺资料。1967 年 3 月，约瑟夫·哈维签署了一份劳动协议，协议中他认可“任何商业或商业机密，包括罗门哈斯公司的秘密制造工艺，都是罗门哈斯公司的财产”，并同意“不向外界或其他未经授权的人员泄露此类信息，无论是在受雇于罗门哈

[1] 白云飞，贾玉平．论商业秘密及其法律保护［J］．法学家，1997（2）：39-44.

[2] Rohm & Haas Co. v. Adco Chem. Co.，689 F. 2d 424（3d Cir. 1982）.

斯公司期间还是之后”。约瑟夫·哈维在原告罗门哈斯公司任职期间，采取了一系列安全措施，旨在保守商业秘密。1967年6月，约瑟夫·哈维在离职面谈中被提醒保守公司的机密信息，倘若对自己的保密义务范围有任何疑问，他应该联系原告。但直至案发，哈维从未联系过原告。

被告ADCO化学公司和蒂鲍特-沃克公司是分别从事各种化学品制造和销售的关联公司。1968年，被告发起了一项计划，即复刻使用原告工艺制造的两种产品。为了完成这项任务，被告专门聘请了一名博士化学家维克多·迈耶。该博士自1963年以来，一直被被告聘请为独立顾问。经过近两年的工作，维克多·迈耶博士告知被告，他已成功开发出与原告产品相匹配的产品。根据这份报告，被告为其配套产品准备了广告和促销活动。

1970年9月，维克多·迈耶博士试图将其开发的工艺商业化、规模化，但以失败告终。尽管如此，被告还是在1970年10月的油漆展上宣传了他们的配套产品。正是在油漆展期间，被告与当时正在寻找工作的哈维取得了联系，并聘请其开发包括丙烯酸在内的乳胶漆化合物。在工作的第一周，约瑟夫·哈维在没有帮助的情况下，制造了原告产品的复制品；并且在被告实验室所留下的笔记本中，第一条记录了他制造原告产品的完整工艺。约瑟夫·哈维事后承认，该工艺根本不是来自维克多·迈耶博士，而是原告罗门哈斯公司。

约瑟夫·哈维很快向被告透露了他的工艺，而被告从未向哈维询问该工艺的来源。几周内，被告将样品寄给潜在客户，并要求约瑟夫·哈维以商业化规模复制该工艺。由于约瑟夫·哈维在数字方面的错误计算，该工艺商业化的尝试在刚开始并未成功。被告为了使该工艺继续发挥作用，召集维克多·迈耶博士和其他人员对其进行研究。一位证人作证：约瑟夫·哈维只记得如何使该工艺发挥效果的公式，但对促使工艺发挥作用的因素、工艺发挥作用的原因以及公式中变量内容一无所知。后经过被告科研团的研究，仍然成功地在商业规模上复制了该工艺，并销售使用原告产品的复制品。

（三）争议焦点及分析

诉争涂料配方是否“为公众所知悉”是本案的主要争议焦点之一。商业秘密可以包括任何公式、模式、设备或信息汇编，当此类信息用于私人业务时，能使行为人获得与对手相竞争的优势。原告证明其在业务中使用该工艺可以获得相对于其竞争对手（包括被告）的明显优势。美国联邦地方法院也承认了该工艺的竞争价值，认定“被告在雇用约瑟夫·哈维的过程中不可避免地获得了某种有用的信息”。但尽管如此，地方法院最终还是认为，涉案工艺属于行业内共识的技术，驳回了商业秘密的索赔诉求，并给出了两个理由：(1）原告没有充分定义其所谓的商业秘密，无法将其从“与该领域的知识、技能和经验相结合的那种信息中”排除。(2）原告所拥有的涂料配方工艺的大部分要素“在行业中由来已久，且广为人知”。

原告随即又提起了上诉。美国联邦第三巡回上诉法院认为，地方法院的法律推论与事实不符，理由如下：首先，除被告外，原告是唯一使用该工艺的制造商。其他竞争对手曾尝试将竞争产品投放市场，但均以失败告终。被告的维克多·迈耶博士在没有哈维告知流程的情况下，在两年的时间里无法开发出竞争产品。并且被告的专家主张，在此次诉讼之前被告和专家本人均不知道披露该工艺程序要素的出版物。只是在约瑟夫·哈维学习该工艺并被被告获得之后，被告才能生产出和原告的产品一致的产品。因此，没有理由怀疑被告可以利用现有文献通过技巧和努力复制该程序。其次，约瑟夫·哈维本人也承认，他对该工艺的发现如此迅速，不是因为化学研究能力提高，而是源于他对原过程的回忆。结合约瑟夫·哈维的工作背景和所述证词，均可认定约瑟夫·哈维的启发是来源于记忆，而不是能力。因此，无论原告对其商业秘密的界定具体如何，地方法院所得出的结论皆于法无据。最后，即便原告工艺的每一个要素都为业界所知，但要想生产出优于竞争对手的产品，这些要素的组合也可能会成为商业秘密。因此，地方法院得出原告的工艺在业内广为人知对的结论是错误的。

（四）评论与思考

根据美国商业秘密相关立法的规定，对商业秘密的构成要件，采用的是与我国一致的“三要件说”，即秘密性、价值性与保密性。基于此，对于秘密性的性质应与保密性应进行严格的区分。客观秘密性是秘密性的本质要求，而主观秘密性则更多反映了保密性对于信息持有人保密努力的要求，属于保密性的考察范畴。故此，对于商业信息是否符合秘密性的考察，主要认定相关商业信息是否具有客观秘密性。本案中，地方法院所作的一审判决是基于原告主观秘密性的欠缺，即“没有充分定义其所谓的商业秘密，无法将其从与该领域的知识、技能和经验相结合的那种信息中排除”为由，而否定涉案涂料配方工艺具有秘密性，混淆了秘密性与保密性两个要件之间的性质差异，因此，导致了商业秘密构成认定上的错误。在该案的二审中，美国联邦第三巡回上诉法院则回归了秘密性的本质，从客观秘密性出发，认定涉案涂料配方工艺属于同领域或同行业的相关人员所知悉的事实，符合秘密性的要求，从而纠正了地方法院的观点。

第二节 秘密性的相对性

信息持有人要成为商业秘密的权利人，就必须采取合理的措施将自己持有的信息维持在一种秘密的状态下，商业秘密的价值也正是来源于这样的秘密状态。但是商业秘密是一种具有价值的信息，只有通过实施才能体现其价值。在实施过程中，不可避免地会向企业员工、交易对象或者合作伙伴披露其信息内容。故此，作为商业秘密构成要件的秘密性不能作绝对化的界定和解读，即秘密性并非要求有关信息仅能为商业秘密权人所知悉，但凡向其他任何人披露就会丧失。❶ 换言之，秘密性并非绝对，仅具有相对性，该相对性主要体现在主体范围和秘密状态两方面。

一、主体范围的相对性

秘密性的相对性首先体现在判断秘密性的知悉主体范围标准的相对性。从表面上看，虽然我国《反不正当竞争法》将秘密性表述为“不为公众所知悉”，该表述并未对知悉秘密的主体范围作任何限定，但实际上，此处的主体标准并非指的是社会上泛意的大多数人，而是某些确定的，具有共同特性的范围内的主体。根据《与贸易有关的知识产权协议》第 39 条第 2 项的规定将判断秘密性的主体范围界定为“未被通常从事该类信息工作的领域内的人们

❶ 郑璇玉．商业秘密的法律保护［M］．北京：中国政法大学出版社，2009：127.

普遍知悉或容易取得”，即将主体范围限定为“从事该类信息工作的领域内的人”。《最高人民法院关于审理侵犯商业秘密民事案件适用法律若干问题的规定》第3条规定：“权利人请求保护的信息在被诉侵权行为发生时不为所属领域的相关人员普遍知悉和容易获得的，人民法院应当认定为反不正当竞争法第九条第四款所称的不为公众所知悉。”由此可见，判断秘密性的主体范围标准采用的是相对性标准，知悉范围仅要求的是商业信息所属领域或者行业内的相关人员，只要该信息没有被这一范围内的相关人员普遍知悉或容易取得，就足以维持其自身的秘密性。

判断秘密性的知悉主体范围之所以采用相对性，而非绝对性标准，主要的原因是从信息的价值属性层面而言，商业秘密保护的是对信息拥有者有价值的商业信息。而信息的价值必然体现在特定行业或者领域之中，只有行业内或领域内的主体才可能对信息有所感知和认识，进而对其价值作出较为深入的评估和认可。换言之，如果只有在信息的所属领域内，该信息才能够被最充分地利用，其价值就能够获得最根本、最全面的反映，同样的信息对特殊领域以外的人来说，通常并不会产生什么价值，比如对于所有从事公共服务事业工作的公务员、新闻记者，以及从事科学研究工作的技术人员，还有其他许许多多的并不具有直接竞争关系的经济主体。

值得注意的是，我们需要对判断秘密性的主体范围标准与商业秘密侵权的主体范围标准进行明确区分。秘密性的主体范围标准仅适用于判断权利人请求保护的商业信息在被诉侵权行为发生时是否满足秘密性要求，从而决定该信息能否构成商业秘密。商业秘密侵权主体范围标准则是判定何种范围的主体能构成商业秘密侵权。区别于秘密性的主体范围标准，商业秘密侵权主体范围标准不具有相对性的特征，因为商业秘密权作为知识产权，具有有限“对世性”的特征，权利人之外的任何主体都存在侵犯商业秘密的可能，故此，不应对商业秘密侵权主体范围标准做限定。如前文所述，我国的立法和司法实践中，都已突破了“经营者”的主体范围限制，明确将“经营者以外的其他自然人、法人和非法人组织”都纳入侵犯商业秘密的主体范围。

二、秘密状态的相对性

秘密性的相对性还表现在商业信息的秘密状态是相对的。综观各国商业秘密立法，对于商业秘密都不要求绝对的、完全的秘密性，均将相对性设定为秘密性的基本要求，究其原因，主要出于以下几方面的因素考量。

（1）商业秘密生成与运用的内生需要。商业秘密与企业的生产经营活动密不可分。商业秘密既产生于企业生产经营活动，又应用于生产经营活动。而生产经营活动必须要有人的参与。特别是在当今高度社会化大生产背景下，基于专业分工的细化，企业要开展工业生产活动需要招聘各种类型的专业员工，由不同专人承担不同环节和职责的生产经营活动，在这一过程中，负有特定职责的员工不可避免地会接触、掌握、熟悉其工作范畴内的商业信息。如果要求秘密性的绝对性，意味着所有生产经营活动都只能由商业秘密信息权利人独自完成，否则，有关信息就会因内容的披露，丧失其秘密性，而不能受到商业秘密保护，这明显不现实。在美国罗克韦尔公司诉 DEV 一案中，律师认为："最完善的秘密预防措施未必是恰当的秘密预防措施，秘密预防措施不可标准过高和损失生产能力。"[1] 因此，从有利于商业秘密生成与运用的角度考虑，商业信息的秘密状态不能要求绝对。

（2）商业秘密价值实现的必然要求。能够为信息持有人带来市场效益和经济收益是商业秘密价值性的基本体现。而商业信息价值的实现必然要求权利人要进行市场经济交易，而在市场交易中，必然涉及与交易相对方之间就有关产品结构、制造设备、技术服务等信息的交互。如在生产设备的交易中，经营者必须要向设备采购方披露设备的技术信息，交易达成后还可能会涉及相关技术服务指导，不可能保证秘密性的绝对性。[2] 故此，商业秘密的应用环境，即市场经济的竞争环境，也要求此处"秘密"的含义不可过分僵化，而

---

[1] Rockwell Graphic Systems Inc. v. DEV Industries, Inc., 925 F.2d 174 (7th Cir. 1991).

[2] 刘德权. 最高人民法院司法观点集成：知识产权卷［M］. 2 版. 北京：人民法院出版社，2014：264-268.

应该是“相对”的。❶ 要求绝对的秘密性不仅不利于正常的市场经济交易活动的正常进行，还会与商业秘密的价值性要求相背离。

（3）公共领域保留的重要方式。商业秘密保护的是处于秘密状态的信息，如果信息一直不向社会公开，社会公众将永远无法利用这一资源，从而损害社会公共利益，故此，过度保护商业秘密也可能损及社会公共利益。为平衡与协调信息的私人占有与公众的信息利用权之间的冲突，商业秘密制度通过设置相对秘密性的方式，为社会公众的公共领域保留空间，即一方面，规定商业秘密权人不能禁止他人通过合法的形式或途径，如自行独立研发、反向工程，知悉与自己开发的相同的商业秘密。根据《最高人民法院关于审理侵犯商业秘密民事案件适用法律若干问题的规定》第 14 条第 1 款规定：“通过自行开发研制或者反向工程获得被诉侵权信息的，人民法院应当认定不属于反不正当竞争法第九条规定的侵犯商业秘密行为。”另一方面，也并不将通过合法形式或途径知悉商业秘密的情形，直接视为商业秘密秘密性的丧失，允许多个主体对同一商业秘密享有所有权。

基于秘密性所具有的秘密状态相对性，一般认为，商业秘密在以下情形不丧失秘密性：（1）负有有关工作职责的企业内部员工知悉商业秘密；（2）商业合作伙伴在签订保密协议的情况下，在商业谈判过程中，知悉商业秘密；（3）在程序合法的技术成果鉴定会中，签订保密协议的鉴定人员知悉商业秘密；（4）他人通过自行独立研发、反向工程等合法方式或途径，知悉与自己开发相同的商业秘密。

典型案例：冶金工业公司诉福泰克公司案❷

（一）阅读导引

秘密性要求商业秘密应“不为公众所知悉”，那么“不为公众所知悉”应该达到何种程度，是一种绝对秘密性，还是相对秘密性？商业秘密权人对于商业秘密的有限披露或者对其进行非商业化使用是否会导致秘密性的丧失？

---

❶ 张今．知识产权新视野［M］．北京：中国政法大学出版社，2000：225.

❷ Metallurgical Indus. Inc. v. Fourtek, Inc.，790 F. 2d 1195（5th Cir. 1986）.

（二）基本情况

1967年，冶金工业公司（以下简称“冶金公司”）就开始从事碳化物回收业务。为从废金属合金中提取所需的碳化物，冶金公司一直采用的是原始的“冷流工艺”。随着20世纪60年代末70年代初冶金工业领域出现新型回收方法，冶金公司亦转变思路，考虑改用锌回收工艺，因此就与色姆欧瓦克公司工业制造公司（以下简称“色姆欧瓦克公司”）建立合作关系。在双方协商合意后，冶金公司委托色姆欧瓦克公司设计并制造两台锌回收炉，分批将成品送至冶金公司。

第一台回收炉于1977年4月到货，冶金公司在进行质量检验之后对其性能并不满意，于是自行进行了大量的改造，具体包括：首先，将冷却板插入熔炉中，以产生更好的温差来蒸馏锌；其次，用几个较小的坩埚取代原先独有的大坩埚，以防止锌在熔炉中分散；再次，用单一的石墨发热元件取代引起电弧炉烧损的分段发热元件；最后，在熔炉的真空泵中安装了一个过滤器，使锌颗粒不会堵塞。多次实验之后，改造后的锌回收炉因尚佳的性能，冶金公司迅速将其应用到废金属回收工艺流程中。1979年1月，冶金公司与色姆欧瓦克公司就第二台回收炉的制造与购买达成合意。回收炉到货后，冶金公司再次对其进行改造，并于1980年1月投入生产。

1980年，在色姆欧瓦克公司宣告破产后，该公司的代表人欧文·比勒费尔特（Irvin Bielefeldt）和其他三位前色姆欧瓦克公司员工诺曼·蒙特西诺（Norman Montesino）、加里·伯姆（Gary Boehm）和迈克尔·萨尔瓦迪（Michael Sarvadi）成立福泰克公司（Fourtek，Inc.）。成立后不久，福泰克公司便同史密斯国际公司（Smith International，Inc.，以下简称“史密斯公司”）开展合作，同样为其设计并建造锌回收炉。

冶金公司于1981年11月对史密斯公司、诺曼·蒙特西诺、加里·伯姆和迈克尔·萨尔瓦迪发起多起诉讼，指控他们盗用其商业机密。庭审证词表明，冶金公司已多次告知如上被告，回收炉改造过程是其掌握的商业秘密。此外，冶金公司还出示证据以证明其在改造回收炉的过程中所投入的大量时间、精力与财力。但地区法院仍然认为回收炉改造不属于商业秘密，并认可了被告的抗辩。

在审判中，冶金公司认为，虽然回收炉本身个别的变化并非秘密（例如，冷却盘和过滤器本就是冶金工业领域同行所熟知的零件），但从整体上看，熔炉的改造过程对于碳化物行业而言并非为公众所知悉，且不易于获取。然而，地区法院以“冶金公司所提供的改造信息过于笼统”为由，拒绝承认得克萨斯州法律对改进加工流程提供的任何保护，并裁定冶金公司改造回收炉的过程不构成商业秘密。因此，冶金公司提出上诉。

（三）争议焦点及分析

1. 福泰克公司以及史密斯公司对回收炉改造过程的使用是否导致其秘密性的丧失？

上诉法院认为，本案中冶金公司购买所得的回收炉与史密斯公司拥有的并不相同。前者缺乏商业运行的实用性，需要经过冶金公司进一步改造才能投产使用；而后者自生产而成便具备此功能。欧文·比勒费尔特也作证，在为史密斯公司制造回收炉时，他并非根据公知领域的常识进行设计，而来自于他的“记忆”。这种记忆可能源于既有认知与从冶金公司所获取的改造信息的组合、拼凑，但可以肯定的是，欧文·比勒费尔特基于记忆而制造的回收炉并不必然导致冶金公司改造回收炉的信息泄露。

同时，史密斯公司声称，它从未因使用福泰克公司所提供的回收炉而获得过任何秘密，原因在于它无法获得大量的废碳化物，从而阻碍福泰克公司的其他用户使用回收炉业务的商业运营。上诉法院认为，史密斯公司是否对冶金公司产生不利影响，应当结合其是否因使用福泰克公司所制造的回收炉而导致冶金公司商业秘密的泄露。事实证明，“使用”并不那么容易定义。通过对既判例的分析，本案中“使用”应该通过“是否投入商业用途”来判断。如果史密斯公司还没有把回收炉投入商业运行来生产碳化物粉末，那么就没有投入商业用途。本案中，冶金公司在提起诉讼时，未能提供任何证据证明史密斯公司从其购得的熔炉中获益，因而史密斯公司的使用并未构成商业用途，进而构成对冶金公司商业秘密的披露。因此，无论是福泰克公司的制造提供还是史密斯公司的购入使用，它们的行为并未造成冶金公司商业秘密的泄露。

2. 冶金公司改造回收炉的过程作为商业信息是否因部分披露而丧失秘密性?

史密斯公司认为，冶金公司向当事人披露的信息损害了获得法律保护所需的秘密性。冶金公司在1978年向康萨克公司（Consarc）披露了它的信息，也在1980年向拉斐尔萨巴蒂尼公司（LaFioridienne）披露了它的碳化物回收技术的欧洲许可证，所以其他人在史密斯公司所购的熔炉建造时就知道了这些信息，故而史密斯公司认为在关于改造熔炉的问题上并不存在任何商业秘密。

然而，法律要求的秘密性和保密性不一定是绝对的。公开披露当然会消除所有的秘密，但是秘密的持有者不必完全保持所持有商业信息秘密状态的绝对性，他可以在不失去保护的情况下，将信息披露给参与使用的雇员，同样也可以将信息披露给承诺保密的其他人。但秘密的因素必须存在，除非使用不正当手段，否则很难获得此类信息。换言之，信息持有人可以有限度地披露其资料，而不损害其商业秘密地位。如果披露资料是为了促进信息持有人的经济利益，在适当的情况下，应视为有限度的披露，不会破坏必要的秘密性。

本案中，有两大证据显示冶金公司对其他人的披露是有限的：(1) 冶金公司只向两家与其有业务往来的企业披露了其信息，而非不特定的公众。(2) 披露信息的目的是进一步扩大冶金公司的经济利益。虽然史密斯公司指出冶金公司应当承担证明机密关系存在的举证责任，但证明机密关系存在并不是秘密性成立的必要条件，而只是一个需要考虑的因素。因此，上诉法院认为史密斯公司的观点并不成立，即改造回收炉的过程作为商业信息并不因所谓的“部分披露”而丧失秘密性。

（四）评论与思考

虽然对于商业秘密的披露可能会损及秘密状态，但并不意味着披露行为会必然导致秘密性的丧失，只要该披露局限在限定范围内，并对被披露对象采取了相应的保密措施，如签订保密协议，该披露就不会导致相关商业信息被认定为公众所知悉。因为商业秘密的有限披露，不仅契合商业秘密生成与运用的内生需要，也是信息持有人开展商业合作，实现商业价值，谋求经济利益的必然要求。因此，对于商业秘密的秘密状态的认定，应当保持相对性的标准。

本案中，史密斯公司基于其与福泰克公司对回收炉改造过程的使用以及冶金公司对合作伙伴部分披露回收炉改造过程的理由，主张冶金公司对于回收炉的改造过程信息应该丧失秘密性。审理本案的上诉法院在审理过程中也充分肯定了商业秘密秘密性的相对性，具体表现为：一方面，法院认为，史密斯公司的使用并未构成商业用途，进而构成对冶金公司商业秘密的完全披露，且原告冶金公司对锌回收过程的一般性描述并没有揭示整体式加热元件和真空管过滤器可以为该回收过程带来好处，冶金公司的改造过程尚不为业界所知。因此，“改造过程所涉及的科学原理为公众所周知”并不一定能够反驳冶金公司商业秘密秘密性的说法。另一方面，法院认定，冶金公司就改造回收炉的过程对于合作伙伴的披露，也是一种有限披露，不损害其商业秘密地位。

第三节　秘密性的举证责任分配

一、秘密性举证责任分配的既有争议

举证责任的分配关乎当事人之间的利益平衡。关于秘密性由谁举证问题，根据《民事诉讼法》第 67 条规定：“当事人对自己提出的主张，有责任提供证据。”即我国民事诉讼法举证责任的一般要求是“谁主张，谁举证”。具体到侵犯商业秘密案件中，既然权利人主张商业秘密权利存在，就必须对包括秘密性在内的商业秘密构成要件承担证明责任。如果权利人未提供证据证明商业秘密存在，就要求被控侵权人证明权利人主张的商业秘密不存在，不仅对被控侵权人显失公平，还与我国民事诉讼法举证责任分配的一般原理存在冲突。基于此，我国《最高人民法院关于审理不正当竞争民事案件应用法律若干问题的解释》第 14 条规定：“当事人指称他人侵犯其商业秘密的，应当对其拥有的商业秘密符合法定条件、对方当事人的信息与其商业秘密相同或者实质相同以及对方当事人采取不正当手段的事实负举证责任。其中，商业秘密符合法定条件的证据，包括商业秘密的载体、具体内容、商业价值和对

该项商业秘密所采取的具体保密措施等。”该司法解释明确将秘密性在内的成立商业秘密法定条件内容归于权利人一方。

虽然坚持由权利人承担对秘密性举证责任的做法固然符合民事诉讼法所规定举证责任的一般要求，但是秘密性所指代的“不为公众所知悉”毕竟属于消极现实，现实中，原告举证确实困难较大。为了缓解实践中权利人举证难的问题，在司法实践中，一方面仍明确由权利人承担举证责任，另一方面适当降低证明标准的做法就出现了，即仍然让原告承受举证无力的法定损失，但通过优势证据规则来判断原告的举证能够实现。[1]《最高人民法院关于充分发挥知识产权审判职能作用推动社会主义文化大发展大繁荣和促进经济自主协调发展若干问题的意见》规定：“根据案件具体情况，合理把握秘密性和不正当手段的证明标准，适度减轻商业秘密权利人的维权困难。权利人提供了证明秘密性的优势证据或者对其主张的商业秘密信息与公有领域信息的区别点作出充分合理的解释或者说明的，可以认定秘密性成立。”对于降低商业秘密权利人证明标准的做法，在实践中，也面临来自各方的质疑，主要表现为：（1）虽然降低了权利人的证明标准，但是证明责任毕竟还是在权利人一方，并不能彻底解决商业秘密认定难、保护难的问题；（2）有观点认为，所谓“降低商业秘密权利人的证明标准”其实本然是普通民事诉讼中正常“高度盖然性”证明标准的回归，两者之间并无实质性差别，不存在刻意降低的问题。[2] 其对于权利人减轻举证责任，并没有太大的意义和作用。

二、我国秘密性举证责任分配的新发展

针对目前实践中对于秘密性举证责任分配的争议，我国 2019 年新增的《反不正当竞争法》第 32 条第 1 款规定，正式确立了新时期我国包括秘密性在内商业秘密构成的举证新规则。根据该条规定：“在侵犯商业秘密的民事审判程序中，商业秘密权利人提供初步证据，证明其已经对所主张的商业秘密

---

[1] 丁卫红，曹虎．涉网络科技类侵犯商业秘密犯罪的司法认定——黄某某等侵犯商业秘密案［J］．法治论坛，2021（1）：380-384.

[2] 崔国斌．商业秘密侵权诉讼的举证责任分配［J］．交大法学，2020（4）：19.

采取保密措施，且合理表明商业秘密被侵犯，涉嫌侵权人应当证明权利人所主张的商业秘密不属于本法规定的商业秘密。”需要注意的是，虽然根据上述规定，仅列举了权利人对采取保密措施的证明责任，但是权利人仍应提供主张的商业信息符合秘密性、价值性的初步证据，才能发生举证责任转移。

《反不正当竞争法》的新规定实际确立了我国对于商业秘密秘密性的举证责任转移规则。根据该规则，一方面，明确了对于秘密性的证明责任，仍应归于主张权利的一方；另一方面，该规则的证明标准要求又明显低于一般的民事证明标准，仅要求权利人提出包括秘密性在内权利基础以及侵犯商业秘密的“初步证据”，即可发生举证责任的转移，从而有效降低了权利人的证明责任压力。具体而言，秘密性证明方面，权利人仅需提供初步证据证明所主张的信息不为领域内相关人员普遍知悉或容易获得的消极事实即可。在完成初步证明责任后，相关证明责任就转移到了被控侵权人一方。被控侵权人就应举证证明权利人所主张的信息已经为公众所知悉的积极事实，如根据《最高人民法院关于审理侵犯商业秘密民事案件适用法律若干问题的规定》第4条所列举的“为公众所知悉”事实：“（一）该信息在所属领域属于一般常识或者行业惯例的；（二）该信息仅涉及产品的尺寸、结构、材料、部件的简单组合等内容，所属领域的相关人员通过观察上市产品即可直接获得的；（三）该信息已经在公开出版物或者其他媒体上公开披露的；（四）该信息已通过公开的报告会、展览等方式公开的；（五）所属领域的相关人员从其他公开渠道可以获得该信息的。”如果被控侵权人举证不能，就可能招致不利的法律后果。

此外，反不正当竞争法对于商业秘密权人举证责任的减缓，也意味着司法实践中权利人在立案前一般不用再花费大量经费成本聘请专门的司法技术鉴定机构先行进行秘密性的鉴定。完全可以留待权利人提交初步证据以及被控侵权人提交积极事实证据之后，再由法院组织对相关技术的鉴定。根据正反两方面证据作出的鉴定，不仅可以让鉴定机构不用再对不存在的消极事实作出推论，消除单方委托鉴定的诸多弊端，让鉴定结论更加客观与全面，更具有信服力，还可以避免当事人单方多次鉴定带来的诉讼成本以及司法资源浪费。基于以上举证责任分配规则的司法鉴定，我国其实早在最新立法修订之前，就有相关司法实践的探索。

典型案例：杭州晶达电子技术公司诉陈某某侵犯商业秘密纠纷上诉案❶

（一）阅读导引

在商业秘密的侵权纠纷中，我们除了关注事实认定、法律适用等实体问题，还应当对原被告双方的举证责任有所考察。LED光柱生产工艺与客户资料是否为商业秘密，举证责任由谁承担？被告离职时带走的资料是否侵犯商业秘密，其举证责任又由谁承担？

（二）基本情况

杭州晶达电子技术公司（以下简称“晶达公司”）成立于1992年5月13日，经营范围主要包括电动显示仪、仪器及成套设备、自身开发产品制造等。2002年12月，陈某某与晶达公司续签劳动合同，双方约定自2002年11月25日至2003年11月24日，陈某某从事销售工作。在前一个聘期过程中，陈某某就曾与晶达公司签订过职工保密约定书，双方约定晶达公司的技术信息和经营信息，包括产品设计、程序、产品配方、制作方法、管理诀窍、客户名单、货源情况、产销策略、外加工单位、协作单位等信息，均属于商业秘密，陈某某作为员工应当承诺保守商业秘密，并且如果陈某某离职，未经晶达公司的许可，三年内不得在经营同类业务的企业任职。

双方续签的劳动合同到期后，陈某某离开了晶达公司，虽然对工作相关资料等进行了移交，但带走了晶达公司的两本客户名单记录本。该记录本记载了晶达公司大量客户的单位名称、地址、账号、相关人员姓名、电话等内容。2004年3月24日，根据杭州市工商行政管理局西湖分局工作人员现场检查，陈某某在其租用的经营场所中生产LED光柱。嗣后，双方发生纠纷，晶达公司诉至原审法院，要求原审法院判令陈某某立即停止侵权行为，并赔偿损失15万元。

原审法院经过审理认为，(1) 对于LED的生产工艺是否构成商业秘密，作为商业秘密的首要条件即“不为公众所知悉”，晶达公司作为原告不仅未能举证

---

❶ 浙江省高级人民法院（2004）浙民三终字第156号民事判决书。

加以证实，反而提交了几份专利证书，更使得原审法院无从判定该LED光柱的生产工艺是否为公众所知悉，故原审法院认定LED光柱的生产工艺不属于商业秘密。(2) 对于诉争的客户名单，由于是晶达公司付出劳动，经过其收集和整理的，且能够给其带来竞争优势，因此，原审法院认为构成晶达公司的商业秘密。被告陈某某作为原告的员工，签订了保密协议，也负有相应的保密义务。但是没有证据证明陈某某生产LED光柱后，利用晶达公司的客户名单进行了销售，也无证据证明其披露了该客户名单的行为，故此，原审法院最终认定陈某某不构成对原告晶达公司商业秘密的侵犯，判决驳回了原告的诉讼请求。宣判后，晶达公司不服，后又向浙江省高级人民法院提起上诉。

晶达公司作为上诉人核心理由之一是“不为公众所知悉”的举证责任应为被上诉人陈某某一方承担，并且在二审中，上诉人提出了三份新证据，分别是：(1) 一份科技查新报告，以证明其生产的LED光柱所适用的工艺不为公众所知悉；(2) 一份网上销售信息，证明陈某某已经在销售LED光柱；(3) 一份录音证据，证明陈某某向其客户销售过LED。据此，二审法院认为，晶达公司一审提交了其LED光柱的工艺文件，上诉中又提交了科技查新报告，初步证明该工艺不为公众所知悉，至于该生产工艺是否被公众所知悉应由被上诉人负责举证。“由于本案被上诉人陈某某未举证证实，应认定晶达公司生产LED光柱的工艺属商业秘密。”但是因晶达公司未能举证证明陈某某生产LED光柱的具体生产工艺，法院无法比对，故指控陈某某生产LED光柱的行为侵犯该商业秘密的依据不足，不予支持。然而，陈某某离职时擅自带走客户名单的行为属于不正当手段获取他人商业秘密，故应认定为侵权，陈某某应承担侵权责任，最终撤销原审法院判决，部分支持了晶达公司的上诉诉讼请求。

(三) 争议焦点及分析

本案中，LED光柱生产工艺与客户资料是否不为公众所知悉，从而构成商业秘密是核心的争议焦点之一。对此，原审法院判定理由及结论分别为：(1) 关于LED光柱的生产工艺。根据晶达公司所举证据证实该工艺获得了多项奖励，但是作为商业秘密的首要条件即“不为公众所知悉”，晶达公司不仅未能举证加以证实，反而提交了几份专利证书，更使得原审法院无从判定该LED光柱的生产工艺是否为公众所知悉，故原审法院认定LED光柱的生产工艺不属于商业秘密。(2) 关于被陈某某带走的客户资料。经查，上述资料中记有大量的单位名称、地址、账号、相关人员姓名、电话等内容，虽然从每一独立内容看，确如陈某某所言，部分可以从公共领域，如黄页号码簿等资料中获悉，但是，原审法院认为上述材料大量汇集，晶达公司是付出劳动的，是经过独特积累、收集、整理的，上述信息亦是能够对晶达公司参与市场竞争带来优势的，故该客户资料构成晶达公司商业秘密。

而二审法院认为，基于晶达公司提供的LED光柱的工艺文件及与职工签订的保密协议，以及二审中提出的科技查新报告，其已对上述技术信息的价值性、实用性，以及采取的保密措施进行了举证，此时，LED光柱的生产工艺是否已被公众所知悉就应由被上诉人负责举证，但被上诉人陈某某未举证证实，故应认定晶达公司生产LED光柱的工艺属于其商业秘密。至于晶达公司的客户资料，因为属不为公众所知悉，能为权利人带来经济效益的经济信息，应属晶达公司的商业秘密。

（四）评论与思考

本案审理时，我国商业秘密立法尚没有明确商业秘密举证责任的转移规则。对于商业秘密构成的举证责任分配，还是遵循民事诉讼法一般规则，即“谁主张，谁举证”。换言之，商业秘密符合法定条件的举证责任仍然在商业秘密权人一方。但是不可否认的是，实践中，之于商业秘密权利人而言，对“不为大众所知悉”这一消极事实，存在普遍的“举证难”问题。我国2019年《反不正当竞争法》新增的第32条第1款规定，通过举证责任转移规则的构建，将我国商业秘密侵权纠纷中秘密性举证责任分配规则推向新的发展，一定程度纾解了实践中商业秘密权人的举证难问题。

根据我国秘密性举证责任分配的新规则，结合本案，鉴于晶达公司由于已向法院提交了LED光柱的工艺文件、与职工签订的保密协议以及科技查新文件等证据，其已经完成商业信息构成秘密性的初步证明责任，此时，就应发生举证责任的转移，再由被控侵权人举证证明权利人所主张的信息已经为公众所知悉的积极事实，如果被控侵权人举证不能或不力，就应承担不利的法律后果。

第三章　价值性

商业秘密不仅需要具有秘密性，同时还需要有商业价值。一项商业信息之所以能够被视为商业秘密，受到法律的保护，主要原因就在于其具有的商业价值，能给权利人带来现实或潜在的经济价值或竞争优势。

第一节　价值性的内涵

商业秘密的价值性是指某项商业秘密能使所有人在市场竞争中具有高于他人的优势。[1] 长久以来，关于价值性的内涵，争议较多的是商业秘密的价值是否涵盖潜在价值，价值是否具有独立性，以及价值性是否包含实用性，因此，本书主要围绕以上问题，展开对价值性内涵的讨论。

一、现实价值与潜在价值

商业秘密的价值性既包括现实价值，也涵盖潜在价值。相较于现实价值，商业秘密的潜在价值通常容易受到人们的忽视。究其原因，主要还是对构成商业秘密价值性的“价值量”认识有一定误解。虽然潜在价值在很多情况下可能对该信息产生经济价值发挥着举足轻重的作用，但由于其“价值量”不够直观，因此，通常不会被客观地评估。根据各国商业秘密立法的发展趋向，商业秘密价值性的价值量有着向“并未微不足道”的转变，换言之，法律对于商业秘密的价值量要求越来越低，潜在价值也逐渐被普遍认可。《美国反不

---

[1] 李明德．杜邦公司诉克里斯托夫——美国商业秘密研究［J］．外国法译评，2000(3)：87.

正当竞争法重述》评论指出："与没有拥有相关信息的其他人相比，商业秘密提供了实际的或潜在的经济优势。当然这种优势不必很大。只要某一秘密所提供的优势不是微不足道的，就是足够的。尽管某一商业秘密可能含有可以获得专利的发明，但不存在商业而秘密应当符合专利法关于发明性标准的要求。"❶

我国立法对商业秘密的价值性内涵的界定有一个渐进式的变化过程。在我国商业秘密立法早期，对于商业秘密的价值性主要认可现实价值。如1993年《反不正当竞争法》第10条第3款规定："本条所称的商业秘密，是指不为公众所知悉、能为权利人带来经济利益、具有实用性并经权利人采取保密措施的技术信息和经营信息。"1994年由最高人民检察院、国家科学技术委员会颁布的《关于办理科技活动中经济犯罪案件的意见》对技术秘密的界定是："技术秘密，是指不为公众所知悉，具有实用性、能为拥有者带来经济利益或竞争优势，并为拥有者采取保密措施的技术信息、计算机软件和其他非专利技术成果。"根据以上规定，将价值性规定为"能为权利人带来的经济利益"，并且与实用性要件并列。这意味着一些仅具有潜在价值，尚不能带来现实价值的商业信息就难以满足价值性的要求，从而无法受到商业秘密的保护。

进入21世纪，随着我国加入世界贸易组织，为了适配《与贸易有关的知识产权协定》对于商业秘密相关规定与要求，2004年颁布的《最高人民法院关于审理技术合同纠纷案件适用法律若干问题的解释》首次对技术秘密构成要件进行调整，其中第1条第2款规定："技术秘密，是指不为公众所知悉、具有商业价值并经权利人采取保密措施的技术信息。"即不仅将技术秘密价值性的表述简述为"具有商业价值"，与此同时，还删除了实用性的要求，极大扩张了价值性的范围。一些拘于现有技术不足，未经现实价值验证的商业信息，只要具有潜在价值，也可成就商业秘密的价值性。2017年以及2019年修改的《反不正当竞争法》对以上调整也进行了确认。特别是2020年颁布的《最高人民法院关于审理侵犯商业秘密民事案件适用法律若干问题的规定》更是进一步明晰了价值性的内涵，明确将潜在价值纳入价值性的范畴。该规定

---

❶ 李明德．美国知识产权法［M］．2版．北京：法律出版社，2014：188-189.

第7条第1款规定："权利人请求保护的信息因不为公众所知悉而具有现实的或者潜在的商业价值的，人民法院经审查可以认定为反不正当竞争法第九条第四款所称的具有商业价值。"

基于此，在判断商业秘密的价值性时，不应以现实价值为限，还应包括权利人因为拥有商业秘密而拥有的其他同行业竞争者所不具备的竞争优势。具体而言：技术秘密的价值一般表现为技术方面的先进性，但若此技术可使权利人降低生产成本、节约原材料、改进产品质量从而提高劳动生产率或者权利人因使用了自己所掌握的先进技术而取得了在市场竞争中的优势地位，同样会被认定为具有价值性而受到保护；[1] 经营秘密价值性的认定则可以考虑：与贸易相关的产品采购、销售、营销、经营信息，能够令权利人降低原材料成本或者产品采购价格、拓宽产品销售渠道或者提高销售价格；与管理相关的信息能为权利人提高劳动生产率、节约成本或者促进生产资料的优化组合从而令权利人在竞争中处于更有利的地位，创造更多的利润。

典型案例：MAI系统公司诉匹克计算机公司案[2]

（一）阅读导引

商业秘密之价值性仅指现实价值，还是包括潜在价值？本案中，诉争的客户数据库是否满足商业秘密价值性的要求？

（二）基本情况

MAI系统公司（以下简称"MAI公司"）主营计算机制造、计算机软件设计等业务，在其设计的软件中就包括计算机操作系统。匹克计算机公司（以下简称"匹克公司"）成立于1990年，主营业务是为其客户维护计算机系统。在美国南加利福尼亚州，匹克公司就为100多位客户维护MAI公司生产的计算机，这一客户数量占据其总业务的50%~70%。具体而言，匹克公司关于MAI公司计算机服务业务包括日常维护和紧急维修。相关故障一般与计

[1] 寇占奎. 论商业秘密的概念及构成［J］. 河北师范大学学报（哲学社会科学版），1999（2）：17.

[2] MAI Sys. Corp. v. Peak Computer，Inc.，991 F. 2d 511（9th Cir. 1993）.

算机内部的电路板有关，而对该故障的维修和解决，通常需要匹克公司的技术人员操作计算机及其操作系统软件才能完成。

1991 年 8 月，埃里克·弗朗西斯（Eric Francis）辞去在 MAI 公司的客户服务经理工作，加入匹克公司。不久后，另外三名 MAI 公司员工也一同加入。原来一些一直选择 MAI 公司为计算机提供服务的企业在得知埃里克·弗朗西斯离职后，开始将本公司业务向匹克公司转移。1992 年 3 月 17 日，MAI 公司在地方法院对匹克公司、公司主席文森特·奇基（Vincent Chiechi）和埃里克·弗朗西斯提起诉讼，指控内容包括侵犯版权、挪用商业秘密、侵犯商标、虚假广告和不正当竞争。

基于 MAI 公司的诉请，地方法院作出了有利于 MAI 公司的简易判决，并向匹克公司发布了永久禁令。永久禁令禁止匹克公司“在其业务中以任何方式挪用、使用、涵盖与 MAI 公司相关的广告，或向他人披露 MAI 公司的商业秘密”。其中，MAI 公司所主张保护的商业秘密内容包括：（1）MAI 公司客户数据库；（2）MAI 公司现场信息公报；（3）MAI 公司系统诊断软件。匹克公司提起了上诉，美国联邦第九巡回法院推翻了地区法院对 MAI 公司作出的简易判决，并撤销了永久禁令。

（三）争议焦点及分析

本案中，MAI 公司所主张保护的客户数据库是否满足价值性要求，构成商业秘密是核心焦点之一。诉讼审理过程中，地区法院主要通过判断 MAI 公司主张的保护对象（MAI 公司客户数据库、MAI 公司现场信息公报、MAI 公司系统诊断软件）具有价值性从而肯定其属于商业秘密。然而，在二审中，匹克公司主张 MAI 公司的客户数据库因缺失价值性不构成商业秘密，即使构成商业秘密，匹克公司也不存在盗用行为。MAI 公司则主张，客户数据库经过其数年的收集与整理而形成有价值的客户数据集合。该数据库能让其匹配客户的独特需求，定制合同和设定报价，满足商业秘密价值性的要求。

围绕上诉人与被上诉人之间控辩，美国联邦第九巡回法院认为，诉争的 MAI 公司的客户数据库能够让像匹克公司这样的竞争对手，针对使用 MAI 公司计算机系统的潜在客户，精准设计和实施销售策略、措施，故此，具有潜在的经济价值。此外，MAI 公司也采取了合理的措施确保客户数据库的秘密性，如与员工签署保密协议，要求员工尊重包含客户数据库在内的商业秘密。根据《美国统一商业秘密法》规定：“商业秘密为特定信息，包括配方、样式、编辑产品、程序、设计、方法、技术或工艺等，其：(1) 具有实际或潜在的独立经济价值，不为公众所知悉，采用正当手段不容易获取的，泄露或使用能使他人获取经济利益，同时 (2) 采取了合理的努力以保持其秘密性。”因此，MAI 公司的客户数据库构成商业秘密。

（四）评论与思考

商业秘密的价值性既包括现实价值，也涵盖潜在价值。相较于现实价值，商业秘密的潜在价值通常容易受到人们的忽视。本案中，诉争客户数据库是企业花费大量的时间、精力，通过多年的交易所形成的，具有价值的数据集合。虽然有别于现实价值，该客户数据库并不能直接给企业带来经济营收，但是它不仅能让企业根据客户的独特需求，定制其服务合同和报价，间接促成合作交易，还可以为同领域的竞争对手指明其销售工作精准投向的潜在客户，减少其销售营销成本的投入，故此，具有潜在的价值。也正是因为客户数据库具有这一潜在的经济价值，本案的二审法院将其认定为符合商业秘密的价值性，构成商业秘密。由此可知，在认定商业信息是否满足商业秘密的价值性时，我们不仅要考察诉争商业信息的现实价值，还要兼顾考量是否具有潜在价值，以防止疏漏。

二、价值性的独立性

在探讨商业秘密价值性时，还会涉及价值性是否需要具有独立性的问题，即商业信息的价值所具有的现实或潜在价值是否可以独立存在，而不依附于其他信息、知识、经验等，予以体现。《美国统一商业秘密法》对于商业秘密价值性的界定是“实际的或潜在的独立经济价值”。据此，有学者认为，该“独立”的要求并非虚设，而是对商业秘密价值性的独立性要求。本书认为，价值性的独立性在很大程度上是对其能否独立发挥价值的判定而不是其能否发挥独立价值的判定。具而言之，商业秘密的独立存在，与其常常伴随其他因素共同发挥经济价值之间并不是对立关系，很多具有商业秘密在内的技术要点需要配合很多公之于众的技术，相辅相成共同构成一个新的产品，单独剥离开其他技术，该商业秘密难以发挥自身的价值，因而独立性体现在其独立地发挥自身的价值，但不能要求其发挥独立的价值。

值得注意的是，在判断某一商业信息是否符合商业秘密价值之独立性要求时，并不是以该信息是否包含公知信息或者多少公知信息为认定标准，而是要考察非公知信息与公知信息之间的结合，甚至是公知信息之间的结合是否能够体现出独特性。很多信息的自身价值需要借助诸多公共信息的辅助才能得以体现，也正是这种非公共信息和公共信息的组合形态造就了一种新的独特的价值形态。这种新的独特性不是指该信息自身具有“独特性”，否则那又将陷入给商业秘密的条件层层加码的旋涡，而是指多种信息的结合具有独特性，信息本身正是在这种独特的结合中凸显出自身独立的价值。如若没有其他信息的添附，单纯该信息无法造就出相应的经济价值。独立性标准相当于是对“独特性”标准的一种扩展形态。换言之，一个信息具有“独特性”就当然具有了独立性，而没有“独特性”的信息还可以通过与公共信息结合的方式产生“独特性”，也可具有独立性。如在 Vermont Microsystems, Inc. v. Autodesk, Inc. 案中，美国法院认为，包含特定的公共领域的信息和特定的非公共领域的信息 VMI 公司的软件是一项独特的组合，可以作为商业秘密进行保护。[1]

典型案例：易达动力公司诉 TEA 系统公司案[2]

（一）阅读导引

商业信息之中如果包含公共信息，甚至全然是公共信息的组合是否可能满足商业秘密价值的独立性要求？本案中，诉争的“Weir”计算机软件中 8 段代码是否具有商业秘密意义上独立的经济价值？

（二）基本情况

特伦斯·扎维奇（Terrence Zavecz）是 TEA 系统公司（TEA Systems Cor-

---

[1] Vermont Microsystems, Inc. v. Autodesk, Inc., 138 F. 3d 449, (2nd Cir. 1998).

[2] Yield Dynamics, Inc. v. TEA System Corp., 154 Cal. App. 4th 547 (6th S. D. Cal. 2007).

poration，以下简称“TEA 公司”）的创始人，他开发了三种分别名为“MAPA”“OASnt”“FPAex”的软件应用程序。特伦斯·扎维奇和他的妻子作为 TEA 公司的总裁和股东，向易达动力公司（Yield Dynamics，Inc.，以下简称“易达公司”）出售了 TEA 公司关于“MAPA”“OASnt”“FPAex”三个软件应用程序的权益，以及与其相关的所有卖方软件资料。作为交换，TEA 公司获得了 73457.15 美元对于易达公司的债务豁免，外加 10 万股易达公司普通股。易达公司还设想通过协议聘请特伦斯·扎维奇担任副总裁，底薪为每年 10 万美元，并提供股票期权和佣金，但同时要求特伦斯·扎维奇自协议生效之日起三年内不得参与同类产品的竞争。

特伦斯·扎维奇于 1999 年 6 月开始在易达公司工作。在任职期间，易达公司与他签订了保密协议，具体内容包括：不能披露易达公司被视为机密的信息；在其受雇期间所做的发明属于易达公司；在离职后一年内作出的发明将被推定为在受雇期间的构思，权利属于易达公司。

2001 年，当特伦斯·扎维奇的雇佣关系终止后，作为易达公司创始人兼首席执行官的乔纳森·巴克海特（Jonathan Buckheit）得知特伦斯·扎维奇将在一个专业组织的会议上发表演讲，而演讲的文稿中会加入软件运行的屏幕截图或计算机显示器的图像。乔纳森·巴克海特认为这些图像直接取自易达公司营销演示文稿。应易达公司的要求，会议主办方从演示文稿中删除这些材料，并将其返还给易达公司。

2003 年 2 月，乔纳森·巴克海特得知特伦斯·扎维奇又开发了一款名为“Weir”的新产品。乔纳森·巴克海特认为，该产品与他根据资产购买协议出售给易达公司的产品相似。同年 7 月，易达公司对 TEA 公司、特伦斯·扎维奇等五名被告提起诉讼，指控他们违反合同，盗用了易达公司的商业秘密，并且通过使用部分代码来创建竞争产品。8 月，特伦斯·扎维奇请求根据雇佣协议中的仲裁条款，对与该协议有关的许多争议进行仲裁。在随后的仲裁过程中，乔纳森·巴克海特看到了幻灯片并从中得出结论：特伦斯·扎维奇使用的屏幕截图或图像原本只有通过“OASnt”软件才能产生，但如今转由“Weir”生成，足以见两类软件的相似性。基于原告易达公司的诉讼请求，地方法院作出判决，认定易达公司未能证明其诉争的软件信息内容构成商业秘密。

（三）争议焦点及分析

关于诉争“Weir”计算机软件中的8段代码是否具有独立性经济价值是本案的核心争议焦点之一。初审的地方法院以原告易达公司未能证明该计算机软件中的8段代码构成商业秘密所需的独立价值为由，驳回其主张，具体理由是：(1) 根据美国法律规定，商业秘密需要具有独立的经济价值。该价值无论是现实的还是潜在的、不被公众或可以从其披露或使用中获得经济价值的其他人普遍知晓。“商业秘密的价值性”需要达到“独特”或“新颖”的程度才能受到保护。在本案中，易达公司未能证明诉争的8段代码相对于现有技术具有任何新的或创新的进步。(2) 用户之所以愿意花钱购买一个程序，是基于该程序的使用价值，这就代表着最终用户将会使用这个程序。经查明，虽然易达公司在收到被告的源代码后可能对其进行了保密，但诉争的8段据称被窃取的代码仅是客户购买的软件产品为实现相关主要功能的附属项。用户并没有直接通过这8段代码获利，甚至在付钱时并没有意识到这些附属代码程序的存在。只有一项技术成为产品的核心并彰显出自身的竞争力使得顾客愿意为其买单时，才符合商业秘密价值独立性的要求，而易达公司要求保护的技术并不是关键的程序，没有证据表明所涉及的功能在业界是未知的，也没有证据表明，一个熟悉计量设备并在光刻行业有经验的程序需要多长时间才能创建这样的功能。

易达公司对法院的判决作出了反驳，理由如下：(1) 几乎所有的代码都包含来自公共来源的代码。将原始和潜在有价值的信息与公共或其他不太有价值的信息混合在一起是诸多产品的必然生产途径，这并不能作为否认其作为商业秘密保护的条件。(2) 对于商业秘密中价值性的认定标准早就从“重要作用说”转为了“并非微不足道说”。事实上，有证据证明易达公司所指控被侵权的8段程序将为程序创建新的例程或类似功能提供一些帮助。作为本案证人之一的埃琳娜·德特亚所做证言就表明：诉争代码程序可以为主程序提供“一些辅助作用”，例如创建新的路径或类似的功能，或节省编程时间。而易达公司证明了这些程序完全符合“并非微不足道说”的标准，是可以产生独立的价值的。因此，初审法院用“重要作用说”的价值判断来否定这些技术的独立性价值是存在错误的。

（四）评论与思考

判断商业信息的价值性是否符合“独立性”的要求，并不能仅以其是否包含公共信息进行判断。独立之价值性既可来源于商业信息自身的独特性，也可以来自公共信息与非公共信息之间，甚至是纯粹的公共信息之间组合的“独特性”。实践中，很多信息自身的价值需要借助诸多公共信息的辅助或组合才能得以彰显，正是这种非公共信息和公共信息的组合形态造就了一种新的、独立的具有价值形态。换言之，独立性标准相当于是对传统“独特性”标准的一种放宽形态。一种信息自身有独特性那么就当然具有了独立性，而没有独特性的信息也可以通过与其他信息结合的方式产生独立性的价值。在独立价值之上附加“独特”“新颖”等条件，只会导致商业秘密构成条件层层加码。

三、价值性与实用性

根据《关于禁止侵犯商业秘密行为的若干规定》第 2 条第 3 款，实用性是指“商业秘密的客观有用性，即通过商业秘密可以为所有人创造出经济上的价值”。实践中，存在将价值性与实用性混同的问题，甚至有人简单地在两者之间画等号，认为价值性就是指能为权利人带来经济效益，具有实用性，实用性是商业秘密价值性的“题中之意”。基于此，为达到价值性与实用性的标准，就要求商业秘密保护的信息必须是完成的状态，且可以转化为具体的实施方案，从而产生经济利益。因为一种信息必须达到具体可实施的形式，才能满足法律保护的要求。一些研发过程中的经验教训以及单纯的构想，由于过于宽泛和抽象，是不能得到法律的保护的。此种理论与“思想与表达二分法”有异曲同工之处，法律保护表达而不保护思想。如果经验与构想这些思想范畴的信息可以符合价值性标准，无疑就会不合理地扩大商业秘密的保护范围，会限制其他竞争者的研发脚步，最终阻碍社会发展。

对于价值性与实用性的关系问题，笔者认为，不应将两者等量齐观，而应该对两个概念进行严格的区分。从内涵而言，价值性与实用性是包容与被包容的关系，实用性只是价值性的一种表现形态，实用性寓于价值性当中。

实用性在客观上创造了现实的经济价值，是价值性最显而易见的表现形式，某一商业信息一旦具有实用性自然就具有了价值性。然而，还有诸多仅具有潜在价值商业信息，亦可能符合价值性标准的。如否定性信息虽然不能给权利人带来现实和积极的经济价值或竞争优势，或许不具备实用性的要求，但是某些否定性信息仍可以帮助探索者排除错误的选项和路径，从而节省大量的时间、金钱成本，进而间接促进实际成果的诞生，这种价值甚至可能远远超过“并非微不足道”标准。故此，此类否定性信息也应属于满足商业秘密价值性的客体，受到商业秘密的保护。前文所述，我国商业秘密最新立法修订删除了对于商业秘密的“实用性”要求，也是有意将价值性与实用性区别，扩大价值性的范围。

典型案例：重庆小蜜蜂财务软件有限公司与重庆旭朗科技发展有限公司、周某某侵犯商业秘密及其他不正当竞争纠纷上诉案❶

（一）阅读导引

一般而言，某一商业信息具有实用性就自然兼具价值性，但具有价值性并不意味着同时具有实用性。本案中客户名单作为商业秘密其价值性体现在何处？实用性的丧失是否必然导致价值性被否定？

（二）基本情况

重庆小蜜蜂财务软件有限公司（以下简称“重庆小蜜蜂公司”）自1997年成立以来，就从事“小蜜蜂”财务软件（由深圳市深软电子实业有限公司开发）在重庆地区的推广、销售及售后服务工作。截至2002年，重庆小蜜蜂公司经过长期经营与客户积累，形成了一份包含445家企业客户的客户名单。

周某某、阳某与周某三人曾于1998—2002年，在重庆小蜜蜂公司参与“小蜜蜂”财务软件的推销和售后服务工作。2002年，周某某从重庆小蜜蜂公司离职后，与阳某、周某等人另行设立了重庆佳勃软件有限公司（以下简称“佳勃公司”），利用之前重庆小蜜蜂公司的客户名单，同样从事“小蜜

❶ 重庆市第一中级人民法院（2005）渝一中民初字第749号、重庆市高级人民法院（2006）渝高法民终字第105号民事判决书。

蜂”财务软件的销售及售后服务工作。重庆小蜜蜂公司就以佳勃软件公司、周某某、阳某与周某等侵犯商业秘密为由，向重庆市第一中级人民法院提起诉讼，要求以上被告停止对其商业秘密的侵害。

重庆市第一中级人民法院经审理认为，重庆小蜜蜂公司的客户名单构成商业秘密，依法应受到保护。故判令佳勃公司、周某某、阳某和周某不得再披露、使用或许可他人使用此份客户名单，并连带赔偿重庆小蜜蜂公司经济损失2万元。判决书还附列了诉争客户名单中445家客户的单位名称。

此后，周某某又会同周某、付某某等于2005年6月合资成立重庆旭朗科技发展有限公司（以下简称“旭朗公司”），从事计算机软件开发、销售、咨询及服务等业务。同年8月，该公司成为深圳市锐贝科技有限公司在重庆地区的总代理商（此时深圳市锐贝科技有限公司已通过诉讼获得“小蜜蜂”系列管理软件的所有权），负责“小蜜蜂”财务管理软件的销售和服务工作。

重庆小蜜蜂公司知悉后，认为周某某并未执行先前判决中停止侵害商业秘密的判决，又借着旭朗公司的名义与其抢夺客户，谋取不正当竞争利益，遂于2005年以旭朗公司、周某某侵犯商业秘密，不正当竞争为由，又向重庆市第一中级人民法院提起诉讼。

经法院查明，本案原告重庆小蜜蜂公司早自2004年6月起，便转而经销深圳市蜜蜂源计算机软件有限公司生产的“BEESOURCE蜜蜂源”系列软件，而非继续经销原先的“小蜜蜂”财务管理软件，并从2005年3月1日起成为深圳市蜜蜂源计算机软件有限公司重庆地区总代理商。另外，原告补充：“BEESOURCE蜜蜂源”系列软件同属“小蜜蜂”系列财务软件的原创人员开发，能够对“小蜜蜂”系列财务软件进行升级。而其客户重庆市游乐园管理局、重庆交通运业公司富宛宾馆和汽车站中，均有工作人员证实周某某等从事“小蜜蜂”软件维护与升级工作，旭朗公司存在抢夺客户的行为。此外，原告还举证说明其客户名单中至少已有21家成为被告的客户。对此，被告旭朗公司在庭审中供认不讳，但并未明示客户的具体信息。

重庆市第一中级人民法院经过审理认为，重庆小蜜蜂公司的客户名单构成商业秘密，并判令被告旭朗公司、周某某不得再使用或者许可他人使用原告的客户名单。一审判决后，原告小蜜蜂公司、被告旭朗公司与周某某均不服判决，均提起上诉。

二审法院审理后认为，重庆小蜜蜂公司的客户名单因丧失了实用性，不应再具备商业秘密的价值性要求，不构成商业秘密。故而终审判决撤销了原审判决，驳回了重庆小蜜蜂公司的诉讼请求。

（三）争议焦点及分析

涉案客户名单实用性的丧失是否会导致其价值性的丧失，继而是否不再构成商业秘密是本案的核心争议焦点。一审判决后，原审被告旭朗公司表示对一审认定的结果不服，提出重庆小蜜蜂公司从2004年6月起就无权经销小蜜蜂财务软件，也就不能再在客户名单所载客户处获取经济利益，其客户名单实际上对其已丧失经济价值，故此，无法证明重庆小蜜蜂公司在客户方面存在损失。换言之，由于客户名单对重庆小蜜蜂公司已经不再具有实用性，无法给权利人带来实际价值，不再具备商业秘密的价值性，因而不应该再构成商业秘密。

对此，二审法院经审理认为，从2004年6月起，重庆小蜜蜂公司就不再经销小蜜蜂财务软件，相关的委托经销关系已在事实上予以解除，至此，该公司对小蜜蜂财务软件在重庆地区的推广、销售及售后服务工作不再享有相应权利和承担义务。根据《反不正当竞争法》（1993年修订版）第10条第2款规定："本条所称的商业秘密，是指不为公众所知悉、能为权利人带来经济利益、具有实用性并经权利人采取保密措施的技术信息和经营信息。"该条确定了商业秘密的构成需要同时具备实用性和价值性。由于重庆小蜜蜂公司其客户名单是在其经销小蜜蜂财务软件时产生，其实用性应存在于其经销期间，而该公司在2004年6月起不再经销小蜜蜂财务软件，是故，该公司不能再从经营行为上以该份客户名单获取经济利益。该份客户名单对于重庆小蜜蜂公司而言，已不具有实用性，也不具有获取经济利益的价值性，已失去作为商业秘密存在的基础和价值，不再属于商业秘密。据此，重庆小蜜蜂公司无权以其客户名单禁止现在有权经销小蜜蜂财务软件的公司在其原客户名单的客户处进行小蜜蜂财务软件的推广、销售及售后服务工作。被上诉人旭朗公司的相关行为属于正当的竞争行为，并未侵犯重庆小蜜蜂公司对于客户名单的商业秘密。

（四）评价与思考

商业秘密的价值性是指“能为权利人带来现实的或潜在的经济价值或竞争优势”。从商业秘密的价值性内涵而言，价值性与实用性之间是包容与被包容的关系。实用性只是价值性的一种表现形态，实用性寓于价值性。一般而言，对于多数商业信息而言，只有在商业上投入使用，才能为信息持有人带来经济价值，继而满足商业秘密价值性要求。然而，不容否认的是，如上文所述的否定性信息，虽然其被证明为不可行的信息，不能给权利人带来现实和积极的价值，或许不具备实用性的要求，但是其仍可以帮助竞争对手排除错误的选项和路径，从而节省大量的时间、金钱成本。这些信息由于具有潜在价值，亦可能满足商业秘密的价值性要求。基于此，我国最新的《反不正当竞争法》将“实用性”要求从商业秘密构成要件之中予以了删除。

本案的法院判决是根据我国原《反不正当竞争法》对于商业秘密构成的相关规定而作出。二审法院还是以实用性作为认定重庆小蜜蜂公司客户名单是否满足价值性的依据，即由于其客户名单已不具有实用性，所以得出不能再为重庆小蜜蜂公司带来客观上的经济价值的结论。但是我们应该看到，该客户名单仍然可能给原告带来潜在的竞争优势，能够给其竞争对手减少开拓客户的销售成本，故此，按照新法的规定就不应简单地以此为理由排除其价值性的存在。

第二节　价值性的认定

价值性的认定不仅对于判定商业信息是否构成商业秘密具有意义，对侵权赔偿数额的确定也有着重要作用。对于商业秘密价值性的认定存有诸多争议，主要原因在于价值性内涵的不同理解。基于上文所述的价值性内涵，应将现实价值与潜在价值均纳入价值性的评价和认定标准之中。对于价值性的认定，有学者认为仅从涉案被告的角度出发，即只要被告使用了原告的商业秘密，就可以认定诉争商业信息是否具有价值性。[1] 笔者认为，如果单纯从被

[1] 王骏．商业秘密权利边界之廓清［J］．知识产权，2013（10）：78.

告是否使用的标准出发，考量商业信息是否具有价值性，可能会偏离商业秘密价值认定的本旨。某种信息有可能仅对被告有所帮助，但无法受到所属领域其他竞争者的认可，这种价值就过于局限，与商业秘密应具有的价值性也存在一定偏离。如在 Diamond v. T. Rowe Price Assocs 案中，涉案信息是投资研究、客户名单以及律师客户之间的保密通信信息。作为客户名单与通信记录，虽然具有一定潜在价值，但是法院并不支持将其作为商业秘密进行保护，原因是：这些信息过于特殊，虽然对于被告具有一定的潜在价值，但是无法证明这些信息对同行业的其他竞争者具有价值，其他竞争者很可能无法利用。再则，实践中，原告要直接证明商业秘密对于被告的价值通常也存在一定困难，故此，宜从原告与被告两个层面出发，建构价值性的认定标准与方法。

一、商业信息对于被告价值

商业信息对于被告的价值主要体现为被告是否直接或者间接使用商业信息，以及对被告是否具有潜在价值。

（1）被告是否使用商业信息。被告对于原告商业信息的使用是证明该信息存在价值的直接证据。然而，何为被告的“使用”？基于前文对于价值性内涵的界定，此处的“使用”应采用广义的理解，既包括将商业信息投入生产经营活动之中的直接使用，也包括为利用商业信息辅助研发或开发，从而节约研发成本的间接使用。目前各国相关立法也倾向于对“使用”采用扩大性解释，如《美国反不正当竞争法重述》第 40 条评论中明确指出：“对构成使用商业秘密行为的性质没有技术限制。一般而言，任何可能对商业秘密所有人造成损害或使被告获利的商业秘密的利用均属于本节规定的使用。因此，销售包含商业秘密的商品，在制造或生产中使用商业秘密，依靠商业秘密协助或加速研究或开发，或通过使用作为商业秘密的信息招揽客户都构成对商业秘密的使用。”

（2）商业信息对被告是否具有潜在价值。如果商业信息并未被被告使用，直接证据并不存在时，原告还可以通过证明商业信息对包括被告在内的竞争对手具有潜在价值方式证明价值性的存在。因为“价值性不仅要求商业信息对于信息拥有人具有商业价值，还要求对其竞争对手或其他可能使用而受益的人具有商业价值。”[1] 值得注意的是，该潜在价值的体现不仅局限于涉案的被告，还涉及所属领域的其他竞争对手。如在 MAI Systems v. Peak Computer 案中，原告正是通过证明其所拥有的客户数据库可以指导被告针对已经使用计算机系统的潜在客户，制定包含定制化合同和价格的个性化销售策略，凭此让法院认可了该数据库对于被告的潜在价值，从而最终认定构成商业秘密。

典型案例：默克公司诉史克必成医药公司案[2]

（一）阅读导引

对商业秘密价值性的认定，可以从被告是否直接或者间接使用商业信息，以及对被告是否具有潜在价值层面进行判断。本案中，史克公司对比肯基金会生产疫苗工艺流程的利用是否可视为“使用行为”？诉争疫苗生产的工艺流程是否满足商业秘密价值性的要求？

（二）基本情况

1970 年，大阪大学微生物疾病研究所的日本科学家高桥美昭分离出一种水痘病毒，称为“奥卡毒株”。此后，高桥成功开发了一种疫苗并发表了初步结果，引起多家制药公司的兴趣，包括葛兰素史克公司（SmithKline & French）、史克必成公司（SmithKline Beecham 公司的前身，以下统称为“史克公司”），以及默克股份有限公司（Merck & Co. Inc.，以下简称为“默克公司”）。

1975 年 6 月 1 日，史克公司与大阪大学名为汉代比肯基金会的微生物疾病研究基金会（Handai Biken，以下简称“比肯基金会”）签订了一份期权协议。该协议为史克公司提供了在两年内研究和评估奥卡毒株的独家权利，并使史克公司可以选择在世界许多地区获得奥卡毒株水痘疫苗的独家许可。协议条款要求，如果史克公司希望获得许可证，必须在选择期到期前至少三

---

[1] 黄武双．美国判例法：商业秘密价值性的确定与证明［J］．电子知识产权，2010（12）：89.

[2] Merck & Co.，Inc. v. SmithKline Beecham Pharmaceu-ticals Co.，1999 WL 669354（Del．Ch. 1999）.

个月通知比肯基金会。反之，若史克公司不想要许可证，或者在通知比肯基金会有兴趣获得许可证后的六个月内没有达成许可协议，则协议终止。

双方协议同时约定，在协议执行的期限内，比肯基金会不得向任何第三方披露奥卡毒株或与之相关的信息和数据，包括史克公司提供的任何数据、毒株或信息。但是比肯基金会可出于科学或学术目的进行测试或发布信息，并基于获得专利的目的发布一些菌株。此外，比肯基金会与对许可证感兴趣的第三方会面或谈判的权利没有受到限制。

在开发疫苗的过程中，史克公司遇到了一些问题。因此，其将选择期延长至1978年6月30日。当期权协议的最终延期执行时，史克公司向比肯基金会公司发出了必要的三个月通知，告知其希望签订许可协议。但到1978年9月30日，双方仍未能就许可协议达成一致。比肯基金会也并没有因此与其他公司谈判，而是继续尝试与史克公司进行沟通。由于与史克公司始终未能签署许可协议，也无法生产疫苗，比肯基金会公司于1979年12月20日正式终止了与史克公司的谈判。

在史克公司期权有效期内，默克公司的代表一直与比肯基金会公司的高桥以及其他人保持联系，并通过参加会议不断跟进高桥与比肯基金会关于奥卡毒株的研究进度。在联系的过程中，默克公司一直关注史克公司与比肯基金会的合作动向，且不断表达对该研究的兴趣。1978年6月13日，在史可公司期权期结束前17天的一次会议上，高桥给默克公司提供了一封描述史克公司奥卡水痘疫苗的临床试验结果的信件、关于史克公司对奥卡菌株的研究结果的一般信息以及关于比肯基金会临床试验结果的补充信息。随后，高桥又分四次会见默克公司的代表，提供了比肯基金会和史克公司研究进展的各种细节。

比肯基金会在终止与史克公司的谈判后，立即就与默克公司进行了磋商。1980年11月，比肯基金会与默克签订许可协议。默克公司获得在美国与加拿大使用奥卡毒株的“比肯基金会专有技术”和非排他性权利。通过随后对许可协议的修订，默克公司在美国和加拿大的权利成为独家权利，在其他地方获得非独家权利。

1982年2月18日，史克公司和比肯基金会签订了一项许可协议，授予史克公司在欧洲对奥卡毒株和比肯基金会专有技术的非排他性权利。到 1985 年，史克公司已经开发出生产水痘疫苗的生产工艺，以满足较小市场的需求。随后，史克公司开始开发一种新的疫苗生产工艺，使其能够进入主要的商业市场。然而，史克公司在开发工艺方面遇到了许多困难，截至 1990 年仍未取得有效进展。故此，其于同年，就寻求比肯基金会的帮助。1990 年 12 月 6 日，比肯基金会的研究人员向史克公司详细介绍了其生产水痘疫苗的过程，并展示了生产过程的不同步骤，还提供了比肯基金会工艺流程的幻灯片。1991 年 1 月，史克公司的工作人员对比肯基金会在日本的生产设施开展了为期五天的参观考察。事后，史可公司便利用比肯基金会介绍的方法进行流程测试，在获得成功之后便将此方法保留沿用。1993 年 7 月，史克公司向美国食品药品监督管理局发布了有关其部分生产过程的信息，为在美国进行临床试验做准备。默克公司随后向衡平法院提起诉讼，要求禁止史克公司在美国和加拿大销售水痘疫苗，声称史克公司盗用了其生产疫苗的工艺流程商业机密。

（三）争议焦点及分析

比肯基金会生产疫苗的工艺流程是否满足价值性要求，构成商业秘密是本案的核心争议焦点。从商业秘密内涵而言，如果一个产品生产过程信息不为他人所普遍知晓，也不能通过适当的手段轻易地确定，且他人可以从其披露或使用中获得经济价值，被信息拥有者采取了一定的保密措施，则该过程信息属于商业秘密。从其表现形式而言，商业秘密可以存在于特征和组成部分的组合中，即使每个特征和组成部分本身都属于公有领域，但若其统一的过程、设计和操作能以独特方式进行组合，并提供竞争优势，则是可受商业秘密保护的商业信息。

本案中，比肯基金会选择单个已知的组件和技术来创建有效的制造过程是一项艰巨的任务。在此过程中，将已知的实验室工艺转换为制造工艺，无论是小规模的试用还是将来大规模的投产，都体现了比肯基金会在开发新工艺和新产品方面花费的时间、劳力和金钱。其他医药类公司或企业在一个过程的各个步骤中如果要查找相关替代方案，需要投入大量时间经费对特定成分、材料、条件和步骤作出选择。

从被告史克公司对该工艺流程的利用事实来看，史克公司正是通过与比肯基金会的交流和访问活动，观察到比肯基金会疫苗的生产过程，并察觉到其他无法轻易观察到的详细信息，足以知悉到比肯基金会所提供的疫苗生产的全部流程信息，由此克服了先前生产时遇到的主要障碍。法院得出结论："史克公司在解决问题和最终确定生产过程中使用了比肯基金会专有技术。"据此，法院最终认定比肯基金会所开发疫苗的工艺流程，从1986年年底开始使用并生产大量高效疫苗，对于市面上任何医药类公司而言，都有巨大的使用价值，满足价值性的要求，构成受保护的商业秘密。

（四）评价与思考

为证明商业信息的价值性，原告既可以举出自身通过对该信息的使用，获取现实价值的证据予以直接证明，也可以举证证明被告对于商业信息的使用，或者对包括被告在内的竞争对手具有潜在价值的证据，间接证明商业价值的存在。本案中，虽然在原告起诉被告时，被告尚没有将利用商业信息生产的实验成果最终市场化并投入市场进行销售，但即便如此，在实验阶段，只要该商业信息为被告的研发提供了思路和方向，或者在销售环节中，被告将该商业信息作为卖点进行了宣传，以上行为均可以视为广义上被告对商业信息的使用行为，均可以满足商业秘密价值性的要求。

二、商业信息对于原告价值

商业信息对原告自身存在一定价值也是证明商业信息价值性的重要方式。商业信息对于原告价值性主要体现为原告利用商业信息获取收入，商业信息是原告不可或缺的技术手段和原告研发商业信息投入成本三个方面。

（1）原告是否利用商业信息来获取收入。经营者之所以研发商业信息，并对其采取保密措施，主要是因为这些信息可以给其带来切实或潜在的经济收益或者竞争优势，这既是相关立法对商业秘密保护的基本要求，同时也是经营者研发商业信息的最终目的所在。故此，原告通过使用或利用该商业信息获取了相应的经济收入是其证明该信息具有价值性的最直接证据。

（2）商业信息是否是原告不可或缺的技术手段。商业信息对于原告的重要程度也是判定该信息是否具有价值性的标准之一。如果某一商业信息是原告生产、研发或经营活动中不可或缺的内容，即没有该商业信息，原告的生产、研发或经营活动难以为继，就可以认定该商业信息具有价值性。需要注意的是，商业信息通常并非终端产品，并不是消费者直接消费的对象，其体现的重要作用往往具有间接性。如果一个企业可以通过使用商业信息，以低于同行业其他竞争对手的成本制造出同等质量的产品或者以相同的成本制造出质量更高的产品，从而使得消费者更加倾向于购买其产品，这就是该商业信息发挥重要性的表现形式。例如，同是生产电子产品，新型的生产线会比传统生产线提高 2~3 倍的效率，消费者直接的消费对象是电子产品而不是其背后的生产线技术，但是这种生产线技术使得该企业获得了领域内的竞争优势。很多情况下，这种竞争优势就是原告生产经营不可或缺的，也是其持续发展的根本保障。

（3）原告研发商业信息投入的成本。在原告无法直接证明自身保密信息具有商业价值时，还可以通过一些间接证据来佐证商业信息对自己的价值。一般而言，在研发商业信息过程中所投入的成本是原告证明该商业信息具有价值性的有力佐证。《美国反不正当竞争法重述》第 39 条评论就指出："主张商业秘密的价值性，必须为直接或者间接的证据所证明，有关商业秘密的内容和对经营的影响力作为直接证据，具有明显的重要性。同时，价值的间接证据也很重要，包括原告生产信息所投入资源的规模，原告采取的保密措施以及他人合法获得该信息的难易程度等。"在彼得蒙特烟花公司诉萨特克里夫案中，原告客户名单中的客户名称、地址、电话、是否已经订约、上次订约的数量、客户指定烟花燃放处的观感调查、今后如何提高表演质量的总结性记载等，这些信息是原告历经数年花费很多精力以及人力物力逐户探访而获得的，这就成为其作为商业秘密具有价值性的有力证据。[1] 但值得注意的是，原告研发成本投入仅仅只是有力的佐证，而非衡量商业信息是否具有价值的唯一考量因素。毕竟投入很小，甚至没有投入的商业信息对权利人也可能具有巨大的商业价值。美国法官在案件审理中，针对被告抗辩称由于原告没有

[1] Fireworks Spectacular, Inc. and Piedmont Display Fireworks, Inc. V. Premier Pyrotechnics, Inc. and Matthew P. Sutcliffe, 86 F. Supp. 2d 1102 (D. Kan. 2000).

投入多少成本，只是“事出偶然”而获得商业秘密，故此，不应获得法律保护时，就曾明确指出：“一项商业秘密的价值有时就像丢在路边的一个钱包，长期处于公共领域而无人注意，成百上千的过路人走过却都没有发现，直至一个观察者停下脚步发现了钱包的内藏价值。”❶

典型案例：Computermax 公司诉 UCR 公司案❷

（一）阅读导引

商业秘密价值性的认定是否可以从原告层面进行考察？本案中，法院认定 CMAX 公司的 RMAX 软件系统满足商业秘密价值性要求的理由为何？

（二）基本情况

Computermax（以下简称“CMAX 公司”）是一家位于美国田纳西州克利夫兰市，从事计算机软件研发与销售的公司。该公司是 RMAX 计算机软件系统的开发者。这一系统主要供自有租赁业务的公司使用，使其能够输入、存储、处理和检索“自有租赁”家具和电器业务的相关信息，包括库存、租赁协议和会计信息。相对于竞争对手提供的同类型软件，RMAX 软件系统不仅内容不同，且具有显著的竞争优势。

根据软件使用协议的要求，RMAX 软件系统的被许可方需要向 CMAX 公司缴纳 RMAX 远程存储系统的费用。CMAX 公司的大部分收入来自对 RMAX 软件系统的许可和维护。CMAX 公司拥有该计算机系统的版权，不仅包括现有版本，还包括此后更新的每一个版本。为保证其系统的机密性，CMAX 公司不遗余力地采取了许多保密措施：通过许可协议约定，严格禁止用户将 RMAX 系统披露给第三方。除非有特殊情况，否则 CMAX 公司自身也不会向被许可方提供 RMAX 系统源代码。此外，CMAX 公司还要求公司员工签署保密协议，程序员必须销毁他们出于任何原因产生，以任何形式输出的源代码。

1987 年 9 月 28 日，CMAX 公司与被告 UCR 公司的前身签署许可协议。该协议约定：CMAX 公司许可 UCR 公司使用 RMAX 远程存储系统和 RMAX 主

❶ 郑成思．知识产权保护实务全书［M］．北京：中国言实出版社，1995：396.

❷ CMAX/Cleveland，Inc. v. UCR，Inc.，804 F. Supp. 337（M. D. Ga. 1992）.

机系统。RMAX 系统的全部所有权归 CMAX 公司所有，UCR 公司亦承认 CMAX 公司在 RMAX 系统中的专有权利，并同意不以任何方式或出于任何目的复制 RMAX 系统的任何部分，但正常备份除外。UCR 公司还同意采取一切必要的合理措施，确保 RMAX 系统不会提供给不受许可协议约束的任何人，并且 UCR 公司不得转售、出租、租赁或交易 RMAX 系统。另外，未经 CMAX 公司的书面同意，UCR 公司不得转让其任何权利。CMAX 公司保留访问 UCR 公司的 RMAX 主机系统的权利并对其进行定期审核，以确定 RMAX 系统是否被任何未经许可的商店位置使用。在执行许可协议后，UCR 公司开始使用 RMAX 系统。

CMAX 公司还向 UCR 公司提供了 RMAX 系统中所有基本程序的源代码。威廉（Wilhelm）作证说，UCR 公司之所以要求 CMAX 公司提供源代码是为了更好地向 CMAX 公司传达问题并要求改进。被告之一的大卫·切里（David T. Cherry）作为 UCR 公司的首席信息官，主要负责监督 UCR 公司对 RMAX 系统的日常使用。当 RMAX 系统出现问题或 UCR 公司要求 CMAX 公司提供特殊功能时，大卫·切里主要负责与 CMAX 公司通信。大卫·切里熟悉了 RMAX 系统的各个方面，并能够持续访问其源代码。

随着 UCR 公司迅速扩张，其既开设了更多的商店，又收购了其他租赁公司经营的商店。根据许可协议，每增加一个商店，UCR 公司有义务向 CMAX 公司支付 1500 美元的许可费。但是，由于 UCR 公司经常无法使用 RMAX 远程存储系统向 CMAX 公司报告添加新的商店位置，CMAX 公司和 UCR 公司之间的关系开始变得紧张。

为了保持成本不变，UCR 公司与 CMAX 公司进行谈判。最终，UCR 公司不满于 CMAX 公司的条件，决定开发一套内部的计算机软件系统，执行展示与 RMAX 系统相同的功能。尽管如此，UCR 公司仍继续表示有兴趣获得 RMAX 系统的站点许可证，并一度支付了 3.75 万美元的初步费用。但是，对于获得站点许可证所需的 6.2 万美元余额，UCR 公司却一直未予支付。

1989 年 12 月，UCR 与系统建造科技公司（System Builder Technologies, Inc.，以下简称“系统建造公司”）签订合同，获得一种名为“SB+”的计算机编程工具的授权，并于 1990 年 1 月聘请大卫·劳戈尔（David

Naugle）帮助UCR公司进行系统编程。在大卫·切里的特别指示下，大卫·劳戈尔着重研究了RMAX系统的工作原理，特别是它如何从UCR公司的远程存储中检索和处理信息。同时，大卫·劳戈尔和大卫·切里还前往亚特兰大的系统建造公司，接受关于"SB+"编程工具的使用培训。完成培训后，两人着手开始对UCR公司系统展开编程研究。使用"SB+"编程工具，两人可以简单地在屏幕上复制RMAX远程存储系统文件，可添加其他功能，然后指示"SB+"生成使用这些文件的代码。通过调查查明，主UCR系统文件几乎与相应的RMAX远程存储系统文件相同。

基于此，CMAX公司向法院提起诉讼，理由之一就是：被告在盗用其商业秘密（即RMAX远程存储系统和RMAX系统）的基础上，复制了RMAX远程存储系统，并且许可使用UCR系统（RMAX远程存储系统的副本），还向未获授权的第三方提供RMAX系统的访问，故此，该行为构成商业秘密侵权。

（三）争议焦点及分析

确定诉争的RMAX软件系统是否具有价值性，继而得出其是否构成商业秘密，从而判断被告是否侵犯CMAX公司商业秘密的基础性问题。根据原告提供的就RMAX软件系统签订的许可协议显示，软件的被许可方需要向CMAX公司支付RMAX远程存储系统的许可费用，具体为：每个零售商店位置起价为3000美元（可能随着被许可方零售商店数量的增加而减少），RMAX主机系统的许可费用起价为1.5万~2.5万美元（可能随着被许可方主机计算机的大小和购买的"选项"数量的增加而增加至7万美元）。CMAX公司的大部分收入来自RMAX系统及其配套硬件和补充软件包的许可和维护。换言之，CMAX公司从RMAX软件系统中获得了显著的经济价值。法院据此认定RMAX软件系统满足商业秘密的价值性要求，再结合本案原告与被许可方以及员工签订保密协议，提出保密要求，认定为采取了相应合理的保密措施，从而构成商业秘密。

（四）评论与思考

商业信息对原告自身存在一定价值也是证明商业信息价值性的重要方式，特别是原告通过使用或利用该商业信息获取了相应的经济收入是其证明该信息具有价值性的最直接证据。本案中，法院之所以认定诉争 RMAX 软件系统满足商业秘密价值性的理由，也正是依据原告 CMAX 公司的大部分营收来自 RMAX 系统及其配套硬件和补充软件包的许可和维护，即 CMAX 公司从 RMAX 软件系统中获得了显著经济价值的事实。

典型案例：盖茨橡胶公司诉坂东化学株式会社等案❶

（一）阅读导引

从原告层面考察商业信息是否满足商业秘密价值性的要求，具体可以通过哪些角度？本案盖茨橡胶公司所拥有的常数信息，是否满足商业秘密的价值性要求？具体依据是什么？

（二）基本情况

盖茨橡胶公司（Gates Rubber Co.，以下简称“盖茨公司”）是一家从事工业机械橡胶带制造的公司，且处于行业领先地位。在确定特定机器的适配橡胶输送带时，必须要执行涉及许多变量的复杂计算。为了方便高效、准确地选择输送带，促进其产品销售，盖茨公司开发了一个名为“Design Flex 4.0”的计算机程序。通过这个程序，销售人员可以输入变量，为机器计算出合适的输送带。该程序依靠已发布的公式与盖茨公司设计的某些常数相结合来确定皮带尺寸。盖茨公司获得了该程序的版权注册证书。

坂东化学株式会社（Bando Chem. Indus，以下简称“坂东株式会社”）是一家生产工业用传动皮带产品的日本公司。该公司在工业皮带的制造和销售方面与盖茨公司存在竞争关系。坂东株式会社的很多员工曾都是盖茨公司的雇员，包括其总裁艾伦·哈纳诺（Allen Hanano）、罗恩·纽曼（Ron Newman）和史蒂文·皮德里特（Steven Piderit）。

史蒂文·皮德里特直到 1988 年，仍是盖茨公司的雇员。在盖茨公司工作期间，史蒂文·皮德里特可以访问盖茨公司所设计的“Design Flex 4.0”，包括其组件以及设计和访问代码。1988 年，坂东株式会社聘请了皮德里特，并

❶ Gates Rubber Co. v. Bando Chem. Indus., Ltd., 9 F. 3d 823 (10th Cir. 1993).

指派他开发一个程序，以助于为工业机械选择合适的皮带。次年6月，坂东株式会社推出了由其设计的“Chauffeur”计算机程序，它的设计类似于盖茨公司的“Design Flex 4.0”程序。然而，在Chauffeur程序于1990年3月推出时，皮德里特却声称自己是该程序的唯一作者。

在盖茨公司任职期间，史蒂文·皮德里特和罗恩·纽曼均同其签署了书面的保密协议，保证不透露盖茨公司的商业秘密，离职后需归还他们在工作期间使用的所有材料。但史蒂文·皮德里特违反了盖茨公司“辞职后立即离开工厂”相关协议要求，在接受坂东株式会社提议之后，经过四周方才通知盖茨公司他的离职决定。有证据表明，史蒂文·皮德里特盗取了一份“Design Flex 4.0”的设计副本，并把它带到了坂东株式会社。

故此，盖茨公司于1992年1月4日向美国科罗拉多州地方法院提起诉讼，指控坂东株式会社存在不正当竞争、盗用商业秘密、侵犯版权和违约。地方法院认定被告坂东株式会社不正当使用了属于盖茨公司的商业秘密，判定其归还Chauffeur程序或Design Flex程序中使用的包含常量的所有信息，并限制其进一步使用这些常数。针对地方法院判决，坂东株式会社提出了上诉。

（三）争议焦点及分析

Chauffeur以及Design Flex程序中使用的常数信息是否具有经济价值性，成为商业秘密是本案的核心争议焦点。坂东株式会社上诉中称涉诉常数信息没有经济价值，不应该被认定为商业秘密。针对此，二审法院认为，并没有发现地方法院在认定这些常数是商业秘密以及它们被不正当使用的结论中存在错误。因为有证据表明，盖茨公司花费了超过2.5万个工时和50多万美元来开发和升级Design Flex程序。该软件项目被认为是在同类竞争性软件中最好的一个，对于盖茨公司和竞争同行而言，是一款非常有效的应用和营销工具。盖茨公司也采取了广泛、多样的保密措施来保护该程序，特别是常数信息。尽管有一些证据表明，一些常数可能可以通过数学试验来进行“逆向工程”，但这一事实本身并不能否定这些常数信息作为商业秘密的地位。据此，二审法院认定，盖茨公司对证明其拥有的常数信息具有价值性，同时也采取了合理的保密措施保护了秘密性，已经完成举证义务，因此，地区法院关于商业秘密权利构成的部分意见应当得到确认。

（四）评论与思考

商业秘密对于原告的价值，主要体现为原告利用相关商业信息获取收入，商业信息是原告不可或缺的技术手段或者原告研发商业信息投入成本三个方面。本案中，二审法院作出该商业信息对于盖茨公司具有重要价值的认定结论正是依据两方面理据，具体包括：一是诉争常数信息研发和升级过程中，原告投入了相当大的成本。二是对于盖茨公司而言，包含常数信息的 Design Flex 程序是一款非常有效的应用和营销工具，使其获得了领域内的竞争优势，是其不可或缺的技术手段。

第四章　保密性*

商业秘密的存在与保密性之间存在固有的联系。只有蕴含权利人保密意思，并客观采取了保密措施的商业信息才可能对权利人具有意义，商业秘密是基于权利人对有关信息自我保护而产生的权利。❶ 故此，在商业秘密的构成要件中，保密性是最重要的要件。

第一节　保密性的内涵与特征

一、保密性的内涵

商业秘密的保密性，又称为采取合理保密措施，是指商业秘密权利人为防止商业秘密的泄露，所采取的合理保密措施。从语法结构而言，“保密”一词是一种动宾结构。通过该动宾结构，我们可以明晰保密性的内涵。

（1）该动宾结构表明了主体的一种目的、意识支配下的行为，是权利人在主观保密措施的支配之下采取的客观保密措施。❷ 我们可以分别从主观和客观两个层面，理解保密性的内涵。客观层面，保密性要求权利人采取了具有可识别性的保密措施；主观层面，通过以上权利人采取的保密措施，需要体现出其将商业信息视为商业秘密以及对其进行保护，以防该信息泄露的主观意思与意愿。根据《最高人民法院关于审理侵犯商业秘密民事案件适用法律

---

* 该章部分内容节选自：聂鑫．云计算环境下商业秘密保密措施的合理性认定［J］．上海财经大学学报，2022（5）：138-152.

❶ 孔祥俊．商业秘密保护法原理［M］．北京：中国法制出版社，1999：49-50.

❷ 孔祥俊．商业秘密司法保护实务［M］．北京：中国法制出版社，2012：142-143.

若干问题的规定》第 5 条规定："权利人为防止商业秘密泄露，在被诉侵权行为发生以前所采取的合理保密措施，人民法院应当认定为反不正当竞争法第九条第四款所称的相应保密措施。人民法院应当根据商业秘密及其载体的性质、商业秘密的商业价值、保密措施的可识别程度、保密措施与商业秘密的对应程度以及权利人的保密意愿等因素，认定权利人是否采取了相应保密措施。"基于该条列举的以上主观与客观相结合的认定考量因素，可见保密性这一概念的主客观相统一性。

（2）该动宾结构也能体现保密性内涵的动态性与相对性。目前各国立法对于商业秘密的保密性均没有设定统一的标准，而是需要权利人根据商业秘密及其载体性质、商业价值，"量体裁衣"，采用相适配和对应的保密措施，以足以防止正常情况下商业秘密的泄露。如我国立法就采取了"列举+概括"的模式，对视为采取了"相应保密措施"的情形进行了开放式列举。根据《最高人民法院关于审理侵犯商业秘密民事案件适用法律若干问题的规定》第 6 条规定："具有下列情形之一，在正常情况下足以防止商业秘密泄露的，人民法院应当认定权利人采取了相应保密措施：（一）签订保密协议或者在合同中约定保密义务的；（二）通过章程、培训、规章制度、书面告知等方式，对能够接触、获取商业秘密的员工、前员工、供应商、客户、来访者等提出保密要求的；（三）对涉密的厂房、车间等生产经营场所限制来访者或者进行区分管理的；（四）以标记、分类、隔离、加密、封存、限制能够接触或者获取的人员范围等方式，对商业秘密及其载体进行区分和管理的；（五）对能够接触、获取商业秘密的计算机设备、电子设备、网络设备、存储设备、软件等，采取禁止或者限制使用、访问、存储、复制等措施的；（六）要求离职员工登记、返还、清除、销毁其接触或者获取的商业秘密及其载体，继续承担保密义务的；（七）采取其他合理保密措施的。"

二、保密性的特征

基于概念固有内涵以及相关立法要求，商业秘密意义上的保密性主要呈现出以下四个特征：

（1）可识别性。保密措施的可识别性是保密性的本质要求。权利人采取的管理秘密之措施，应让可能接触该信息，负有保密义务的主体客观上能够认知和识别到该商业信息属于权利人的商业秘密。权利人所采取的保密措施一般可分为物理性保密措施与制度性保密措施。物理性的保密措施在物理上使得该信息与接触者有所隔离，如密码锁、保险柜、指纹验证等。制度性的保密措施诸如与员工或接触商业秘密的客户签署保密协议，或者在公司的制度安排中明确保密义务。

（2）有效性。保密性要求权利人应采取有效的保密措施，对商业信息的接触、使用、披露等进行有效限制，足以防止正常情况下的商业秘密泄露。如果权利人仅在会议上口头提醒员工，本单位技术信息或者经营信息属于商业秘密，员工不得泄露，实际并未限制接触商业秘密的人员范围，员工可随意复印随身带走，对此亦未设置任何惩戒措施，就不满足保密性的有效性要求。

（3）合理性。保密性所要求权利人采取的保密措施与商业秘密及其载体的性质、商业秘密的价值、可能接触者的范围、侵害行为的具体样态等因素密切相关，达到合理程度即可，而并不要求绝对的保密措施。对于破窗而入者，即便权利人将记载了商业秘密的资料置于办公桌上，对翻墙而入者，正在组装中的新风能发动机尽管置于车间，均满足保密性的要件要求。但同样假定之情形，对于内部可以自由阅览或在车间自由穿行的员工而言，则未达到保密性的要求。

（4）适当性。保密性要求权利人采取保密措施的方式、程度，还应注重兼顾权利人利益与员工择业自由、第三人竞争自由等利益的适当平衡。权利人如果采取的保密措施涉及要求员工或者第三人负担无限期保密义务的保密协议，或者不问有无接触商业秘密，对所有离职或者退职员工进行竞业限制，应依据《民法典》或者《劳动合同法》相关规定，作为无效协议或者条款处理。

第二节 保密性的设定逻辑

一、财产占有的外部表征

前文所述，保密措施是商业秘密构成的重要要件之一，要求商业秘密权人为防止涉密信息泄露，不仅对涉密信息要有主观保密的意图，还需对该信息采取客观上的积极保护措施。保密措施对于商业秘密的产权属性形成具有重要的意义。

“财产法的形式主义要求，一个客体要成为财产法律规范的客体，必须具备客观上能够进行专有性、排他性占有的外部特征。只有个性化的个体与个别性的物相互占有才有对抗他人的公信力。”❶ 动产物权的排他性占有外部特征为所有权人对物的交付与有形控有，不动产物权则为登记。商业秘密权与物权同属绝对权，具有同样的公信力与排他性需求。商业秘密作为知识产品的类型之一，非物质性是其本质特征，性质而言，客观上不是“个别性”的存在，没有排他性“占有”的外部特征，其自身没有公示效果，所以必须借助一种外在的强制力量赋予知识排他性占有的外部特征，使其具有公信力，从而使其财产化。这种强制的外部力量不可能来源于知识生产者自己，也不可能来源于私权地位的其他个人或者团体，而只能来源于使知识排他性占有的外部特征以及相应的公信力具有普遍意义和强制效果的法律。❷

保密措施就是商业秘密被法律赋予知识排他性占有的外部特征。法律要求商业秘密权人采取由内表现于外的客观保密措施，能够一定程度建构其商业秘密的物理“栅栏”，起到类似物权的排他性占有和相应公信力的效果。正是基于在商业秘密产权形成中的作用，很多国家司法实践中，将保密措施作为认定权利人能否获得商业秘密保护的“头等重要”要件。❸

二、财产保护的衡平工具

保密措施还是商业秘密产权形成过程中防止过度保护的衡平工具。社会在确定某一资源是否适宜设置产权保护的重要依据是收益与成本的比较，只

---

❶ 吴汉东．知识产权基本问题研究：分论［M］．2版．北京：中国人民大学出版社，2009：596-597.

❷ 李扬．知识产权法基本原理（Ⅰ）：基础理论［M］．修订版．北京：中国社会科学出版社，2013：16.

❸ 世界知识产权组织国际局．世界反不公平竞争法的新发展［M］．郑友德，等译//漆多俊．经济法论丛（第1卷）．北京：中国方正出版社，1998：313.

有当确定产权的收益超过成本时，在某一资源上设定产权保护才具有经济学上的意义。正如罗伯特·考特与托马斯·尤伦教授所言："现在我们讲考察授予思想以产权的法律实际上怎样奏效的。在此，如同易逝的资产一样，法律必须在先占原则下，在过度投资的刺激与在别的制度下管理和履行所有权所需的较高成本之间加以权衡。"❶ 商业秘密保护就涉及信息的私人占有与公众的信息利用之间的收益成本平衡问题。信息的公开及自由传播既是民主政治的象征，也是促进科技与经济发展的前提。虽然授予商业秘密产权利于保护权利人的合法权益、维持商业道德、促进市场竞争秩序的公平，但是商业秘密以秘密性为特点，决定了其与专利保护存在较大区别，专利权的授予是专利技术持有人以向社会公开作为对价换取，并且专利权之上还附加时间限制，即使专利权被设定有较强的排他性，也不会影响个人私权与社会公益之间的利益平衡。商业秘密信息不向社会公开获得产权保护，只要持有人不向社会公开信息内容，社会公众亦不能从商业秘密的保护获得资源，对于商业秘密的过度保护可能损及社会公共利益，造成社会资源的净损失。❷ 是故，法律严格限制授予商业秘密产权保护的客体范围，而保密措施就是限制工具之一。保密措施实际上是商业秘密权人通过采取保密措施，向他人表明对商业秘密信息占有主观意图的方式。

根据保密措施的要件要求，如果商业秘密信息拥有人不能证明自己对信息采取的保密措施达到合理程度，则其所主张的商业信息内容就不能得到法律的保护。因为如果信息拥有人自己对相关信息都没有主观"占有"的意思表示，证明该信息对其无价值，法律就没有设置产权保护的必要。❸ 因此，保密措施的限制性作用主要体现在将无价值的信息排除到产权保护范围之外。

---

❶ 罗伯特·考特，托马斯·尤伦．法和经济学［M］．张军，译．上海：上海三联书店，1991：148.

❷ 吴汉东．知识产权基本问题研究：分论［M］．2版．北京：中国人民大学出版社，2009：601-604.

❸ 谢晓尧．在经验与制度之间：不正当竞争司法案例类型化研究［M］．北京：法律出版社，2010：398.

第三节 合理性的内涵及认定

商业秘密法要求信息持有人采取的保密措施并非绝对，并不要求其采取极端的和花费过度的措施，达到合理程度即可，即保密措施具有合理性。我国《反不正当竞争法》第 9 条第 4 款规定：商业秘密是指权利人应采取“相应的保密措施”的商业信息。《最高人民法院关于审理侵犯商业秘密民事案件适用法律若干问题的规定》第 5 条第 1 款明确指出：“权利人为防止商业秘密泄露，在被诉侵权行为发生以前所采取的合理保密措施，人民法院应当认定为反不正当竞争法第九条第四款所称的相应保密措施。”我国立法对保密措施“相应的”要求与合理性具有同样的含义。❶

一、合理性的内涵

不同类型产权的排他性强弱决定了相应获权的难易。基于私人占有与公众的信息利用的利益平衡考量，授予商业秘密产权的排他性要小于专利权，商业秘密权人仅能根据先用原则享有商业信息的部分利益，不能对抗独立研发和反向工程。❷ 由此，法律对于保密措施的要求，并非要“万无一失”，而仅达到合理性程度即可。那何为保密措施的合理性？目前对于合理性的内涵界定尚无定论。笔者认为，保密措施的合理性主要体现为以下两方面内容。

（1）合理之相对性。对于保密措施的合理性内涵界定，依存于特定的场景和环境。不同个案中的当事人、时间、地点、商业秘密性质等情况，均是合理性内涵界定的因素。一般情况下被视为契合合理性内涵要求的保密措施，在特殊情势下即使存在缺失或者转换也不必然导致保密措施被认定为不符合要求。如在 H. Q. Milton ，Inc. v. Webster 案中，针对被告以原告没有与员工签订保密协议，没有对计算机上存储的涉密信息加密等理由，主张原告没有采

---

❶ 孔祥俊．反不正当竞争法新原理：分论［M］．北京：法律出版社，2019：381.

❷ Gordon L. Doerfer. The Limits of Trade Secret Law Imposed by Federal Patent and Anti-trust Supremacy［J］. Harvard Law Review，1967（7）：1462.

取合理保密措施的抗辩，法院尽管认可签订保密协议以及对信息进行加密处理是通常判断保护商业秘密法所规定保密措施合理与否的标准，但具体到该案中，考虑到原告已向员工示明了需要进行保密的信息内容，对存储涉密信息的计算机设置了密码保护，并且仅在员工范围内披露了涉密信息等证据，最终得出原告采取保密措施达到合理性的结论。❶ 正是合理性内涵具有的相对性意蕴，决定了保密措施被认为是商业秘密构成要件中最具弹性的要件，需要结合个案特殊情况界定。❷

（2）合理之经济性。保密措施的合理性与商业秘密信息的经济价值相关，是一种经济意义上的合理。商业秘密权人对于信息安全所采取防御措施的成本投入和程度，仅需大致与商业秘密信息的经济价值相当即可。竞争对手通常只会投入与商业秘密信息价值相匹配的资金、人力成本规避防御措施，获取相应的商业秘密信息，商业秘密权人也仅会投入与价值相对应的资金成本保护信息，因此商业信息的经济价值通常取决于商业秘密权人或者意欲获取商业信息竞争对手的评价。法律将经济价值设定为保密措施合理性内涵的原因是防止权利人在商业秘密信息保护方面的过度投资，从而造成创新削弱和效率低下，抑制“创新精神”。正如波斯纳法官所言，保密措施的合理性设定是一种平衡，即保持信息安全方面的额外利益是否会超过预期成本的平衡。法律不需要商业秘密权人采取过分的、不切实际的、削弱活动能力的“超合理”保密措施来维持信息的秘密。❸ 如 Christopher 案中，法院对于合理性的认定就达到了这种平衡。原告杜邦公司并没有因为未在其建筑工地上方加盖顶棚这一事实，而被法院认定其采取的保密措施不合理，从而使得该工地上所进行任何事情都成为共同信息。该案中法院的认定不仅能阻却被告克里斯多夫（Christopher）公司投入大量资金去租用飞机和飞行员探悉杜邦公司拥有

---

❶ H. Q. Milton，Inc. v. Webster，2017 WL 5625929（N. D. Cal. 2017）.

❷ Elizabeth A. Rowe. Saving Trade Secret Disclosures on the Internet Through Sequential Preservation［J］. Wake Forest Law Review，2007（1）：20-47.

❸ Victoria A. Cundiff. Reasonable Measures to Protect Trade Secrets in a Digital Environment［J］. Idea，2009（3）：361-400.

商业秘密信息的内容，还能消除杜邦公司建造顶棚上花费资源的激励。❶

典型案例：罗克韦尔印刷系统公司诉 DEV 工业公司案❷

（一）阅读导引

商业秘密保密措施的合理性内涵主要表现为合理之相对性以及合理之经济性。本案中，罗克韦尔印刷系统公司在利用商业秘密过程中对员工、供应商，甚至是买方的“有限披露”是否会导致保密性的丧失？

（二）基本情况

罗克韦尔印刷系统公司（Rockwell Graphic Systems Inc.，以下简称“罗克韦尔公司”）是一家报纸印刷机及其零件制造商，该案件源于它对竞争制造商 DEV 工业公司（DEV Industries，Inc.，以下简称“DEV 公司”）和曾经受雇于罗克韦尔公司的 DEV 公司总裁弗莱克（Fleck）提起的诉讼。

罗克韦尔公司既是印刷机生产商又是印刷机替换零件的提供商，但很少自行制造这些替换零件。当某台印刷机的所有者需要特定零件时，或者预计某零件有需求时，罗克韦尔公司会将其制造工作分包给称为“供应商”的独立机器加工车间。在此基础上，罗克韦尔公司必须向供应商提供一份“零件图”，用以说明材料、尺寸、公差和制造方法。倘若没有这些信息，供应商则无法制造零件。

罗克韦尔公司曾聘请弗莱克和佩洛索（Peloso）担任能够浏览零件图的重要职位。弗莱克于 1975 年离开罗克韦尔公司，三年后加入 DEV 公司，并担任总裁职务，而佩洛索亦在被解雇后的次年加入了 DEV 公司。

1984 年，罗克韦尔公司曾提起一项诉讼，原因在于其公司一名保安发现佩洛索从罗克韦尔公司的工厂取走零件图。并且，罗克韦尔公司在审前发现了 DEV 所现存的 600 件零件图中有 100 幅属于罗克韦尔公司，DEV 则对此辩称零件图是从罗克韦尔公司的客户或其供应商处合法获得。但恰恰相反，罗

---

❶ 威廉·M. 兰德斯，理查德·A. 波斯纳．知识产权法的经济结构［M］. 金海军，译．北京：北京大学出版社，2005：468.

❷ Rockwell Graphic Systems Inc. v.DEV Industries，Inc.，925 F. 2d 174（7th Cir.1991）.

克韦尔公司主张弗莱克和佩洛索违反了他们与罗克韦尔公司的保密协议，在受雇时或其他场合以非法方式（可能是从供应商处获取）偷走零件图。迄今为止，在诉讼中DEV始终无法说明哪些客户或供应商合法地向其提供了罗克韦尔公司的零件图。

（三）争议焦点及分析

罗克韦尔公司对诉争商业秘密所采取的保密措施是否达到合理程度是本案的核心争议焦点之一。一审过程中，被告DEV公司抗辩称其并没有侵犯罗克韦尔公司的商业秘密，理由如下：罗克韦尔公司不仅没有限制这些图纸的复制行为，也没有严格要求接触以上图纸的员工或合作方返还副本，还没有为更重要的零件图制定更加安全的使用程序，将零件图与装配图分开保存。不仅罗克韦尔公司供应商手中有成千上万张的图纸，罗克韦尔公司印刷机的所有者（即零件的客户）手中还有数千份。基于此，被告DEV公司认为，罗克韦尔公司未能采取足够的保密措施对零件图进行保密，这些零件图并不能被认定为商业秘密。此抗辩理由得到了地方法院法官的支持。

罗克韦尔公司不服地方法院的判决，随即向美国联邦第七巡回上诉法院提起上诉。二审过程中，经过法院查明，罗克韦尔公司将其所有零件的工程图（包括零件图和装配图）都保存在一个保险库中。对于能够出示相应授权身份证明以接触图纸的员工（此类员工主要为工程师）均被要求签署保密协议，并被要求除公司授权外不得传播图纸或披露其内容，需要图纸的授权员工必须签字并在完成工作后归还。同时，获得授权的员工有资格制作图纸的副本，当工作中不再需要它们时方才销毁。唯一允许外部人员查看零件图的是供应商（向他们提供的图纸属于副本而非原件），他们同样需要签署保密协议。并且到目前为止，没有一家供应商披露或不正当使用已经获得的图纸副本。

据此，二审法官认为，对于所采取的保密措施是否“合理”的判断取决于成本和收益的平衡。商业秘密持有人为了防止秘密泄露所支出的资金越多，就越能证明该商业秘密受法律保护的真实价值，以及商业秘密持有人受到商业秘密损害的程度。虽然罗克韦尔公司可以采取更多、更严格的措施，但在此情况下所投入的保密成本会超过保密所能够带来的收益。具而言之，罗克韦尔公司越严格地限制他的工程师和卖方接触图纸，工程师和卖方就越难以履行其各自的义务。如果罗克韦尔公司禁止他们对图纸进行复制，零件又如何生产呢？罗克韦尔公司不能把所有的工作都放在同一个场地里完成。况且，事实证明，罗克韦尔公司也采取了一些物理措施（如为保险库派设保安，其中一名保安人员当场抓到了佩洛索）和合同预防措施来维护其零件图的机密性。

另外，罗克韦尔公司向供应商提供零件图纸这一事实，属于将其商业秘密披露给“出于特定目的的有限数量的外部人员”。这种披露行为对于有效利用商业秘密是必要的，要求披露对象的一方承担保密义务。虽然诸多内部工程师检查零件图并复制它们以供工作，以及众多供应商收到零件图纸的副本并复制它们，但事实上客户或供应商持有的图纸并不相关。它们不是零件图，而是装配图。装配图的功能同说明类似，它旨在说明印刷机的零件如何组装或安装，以及如何将印刷机与印刷机的其他设备集成在一起。罗克韦尔公司出售印刷机时，也都会向买方提供装配图。这种有限披露不应被视为商业秘密保密性的丧失。

基于以上理由，二审法院最终判定，罗克韦尔公司所采取的保密措施已然达到合理程度，DEV 公司的行为构成对罗克韦尔公司商业秘密的侵犯。

（四）评价与思考

根据商业秘密保密之合理性的内涵，对实践中商业秘密持有人采取保密措施的考察提出了两方面要求：（1）保密措施无须绝对，是相对性的存在，合理性考察需要依存于特定的场景和环境，一般情况下被视为契合合理性内涵要求的保密措施，在特殊情势下即使存在缺失或者转换也不必然导致保密措施被认定为不符合要求。（2）如上文所述，保密措施的合理性与商业秘密信息的经济价值相关，是一种经济意义上的合理。商业秘密权人对于信息安全所采取防御措施的成本投入和程度，仅需大致与商业秘密信息的经济价值相当即可。

本案中，二审法院对于保密性的认定理由正好契合以上合理性的两方面内涵要求：（1）罗克韦尔公司虽然为了正常利用商业秘密，存在有限披露的问题，但是与此同时，该公司要求相关人员签署了保密协议，足以表明其保守商业秘密的意愿，所采取的控制图纸流通等保密措施在正常情况下也是能够起到保护零件图内容的作用。(2) 罗克韦尔公司所采取的保密措施与零件图所能带来的商业价值也基本相适应，达到了保密成本投入和保密收益的基本平衡。

二、合理性的认定考量因素

对于合理性的认定，目前并不存在统一的标准，需要结合具体案情，按照认定因素进行个案考量确定。在 USM 公司诉 Marson Fastener 公司案中，关于合理保密措施的判定标准，美国上诉法院提出："我们不能要求商业秘密的所有人采取英雄式的保密措施……原告是否采取了适当的和合理的保密措施，依赖于每一个案件的具体情形，考虑可受保护信息的性质，以及当事人的行为。"[1] 尽管如此，笔者认为，鉴于前文所述保密性内涵的主客观相统一性，具体可以从主客观两方面对合理性进行考量。

(1) 权利人客观上采取的保密措施正常情况下是否有效。对于权利人采取保密措施的有效性可以从"质"和"量"两个层面来考量。①质的层面，保密措施在正常情况下需要能够切实起到发挥保护商业秘密的作用，否则将丧失其存在的意义。权利人所设定的保密措施必须是经过合理的规划，又切实落实下去的，具有一定的连续性与稳定性，正常情况下能够有效地保护该商业信息。对于保密措施"质"的认定，难点在于何种程度的保密措施才能保障商业秘密不被泄露。因为不同类型的保密措施，这种"质"的表现形态又大不相同，如对于物理性保密措施而言，其保密措施"质"的表现往往是显而易见的，如密码锁、保险柜等使得秘密信息与外界形成隔绝，一般可判断其足以防范一般人通过正当的手段获得。而对于制度性的保密措施是否足以保障商业秘密不被泄露，很大程度上则取决于保密协议或保密制度中保密条款或要求等内容设定，能否让他人认识到相关商业信息是受到保密管理的，且一般人无法通正当手段获取。②量的层面，保密措施是否与商业秘密价值相适应。权利人采取的保密措施并不要求权利人构筑起一道"密不透风"的

[1] 李明德．美国知识产权法［M］．2 版．北京：法律出版社，2014：191.

墙，只要能防范一般人通过正当手段获得即可。如果对保密措施“量”上的要求过于严苛，要求“万无一失”，如前文所述，商业秘密保护的意义也将不复存在。对于保密措施“量”的评估，可以重点从权利人采取保密措施的经费投入进行考察。权利人投入的保密措施成本仅需要与商业秘密所能创造的经济价值相适应即可。

（2）权利人主观上是否具有相应的保密意愿。对于合理性考察，还应评估权利人主观上对于商业秘密是否具有相应的保密意愿。该保密意愿应体现为权利人对自身商业秘密的重视，相关保密措施的实施并非其随意而为之。由于主观心态往往隐藏于内心之中，故此，权利人的保密意愿往往较难以认定。实践中，法院一般可以从权利人所采取保密措施的“整体行为”，对权利人主观上的保密意愿进行考察。权利人采取的一些保密措施表面上可能看似合理，但从整体上看，如果该保密措施不够系统，不具有连贯性，就能推断出权利人的保密意愿不强或存有懈怠。如标注了机密的文件被随意放置在公共的办公区域，密码或门禁的设置实际并未达到阻止一般人接触商业秘密的作用等，这就很难使法院信服权利人对商业秘密具有合理的保密意愿。

典型案例：普莱伍德玩具公司诉学习曲线玩具公司案[1]

（一）阅读导引

不同个案中的当事人、时间、地点、商业秘密性质等情况，均是合理性认定的权衡因素。本案中，普莱伍德玩具公司仅以保密协议的方式对玩具火车轨道改进想法和思路进行保护是否能够达到保密措施的合理性要求。

（二）基本情况

1992年，罗伯特·克劳西（Robert Clausi）和他的妹夫斯科特·摩尔（Scott Moore）开始以加拿大普莱伍德玩具公司（PlayWood Toys，以下简称“普莱伍德公司”）的名义制造木制玩具原型。其中，罗伯特·克劳西是唯一的玩具设计师，斯科特·摩尔则是普莱伍德公司的唯一官员和总监。普莱伍

[1] Learning Curve Toys，Inc. v. PlayWood Toys，Inc.，342 F. 3d 714（7th Cir. 2003）.

德公司并未拥有自行生产玩具的设施，但通过与马里奥·博尔萨托（Mario Borsato）签订保密协议的前提下，由马里奥·博尔萨托根据罗伯特·克劳西的设计规范制造玩具原型。

普莱伍德公司首次尝试公开销售其玩具是在1992年1月31日的多伦多玩具展上，并获得众多参会玩具零售商的好评。之后的一个月，普莱伍德公司参加了纽约玩具展以期推广其产品。正是在这次玩具展上，罗伯特·克劳西和斯科特·摩尔第一次遇到了学习曲线玩具公司（以下简称“学习曲线公司”）的代表人物罗伊·威尔逊（Roy Wilson）、哈里·亚伯拉罕（Harry Abraham）和约翰·李（John Lee）。相识之后，双方都有意达成合作关系，共同开展玩具制造与销售的探索。

1993年2月18日，为进一步商讨合作事宜，哈里·亚伯拉罕和罗伊·威尔逊按计划参观了位于多伦多的普莱伍德公司，双方之后在会议室进行了磋商。在当事双方同意对讨论进行保密后，威尔逊在亚伯拉罕的指示下，向罗伯特·克劳西和斯科特·摩尔透露当前学习曲线公司所面临的市场困境。在销售托马斯火车系列玩具产品时，学习曲线公司发现该产品火车本身销售火爆，与其配套的火车轨道的销售量却相形见绌，原因在于其生产的火车轨道与竞争对手布里奥公司的轨道几乎完全相同，而后者占据了玩具火车轨道市场的绝大部分份额。正是因为两个品牌的轨道没有“差异化”，学习曲线公司的轨道甚至没有在售卖其产品的玩具店中过多展示。学习曲线公司一直试图将其生产的玩具轨道与布里奥公司的进行区别，但并未成功。

在了解具体问题之后，罗伯特·克劳西提出改进技术，为轨道制造火车行驶而过的“噪音”，以增强真实感，同时借以区分其竞争对手布里奥的产品。同时，罗伯特·克劳西提出，如果普莱伍德公司与学习曲线公司签订合同，共同制作轨道，那么就可以称为“Clickety-Clack 轨道”。当此创新想法被提出后，哈里·亚伯拉罕却岔开话题，并很快结束了此次会谈。在离开普莱伍德公司之前，罗伊·威尔逊还询问罗伯特·克劳西并带走了为演示改进技术而临时制作的玩具。这条轨道是哈里·亚伯拉罕和罗伊·威尔逊从会上拿走的唯一物品。罗伯特·克劳西和斯科特·摩尔并没有向罗伊·威尔逊索要拿走轨道的收据，也没有寻求书面的保密协议来保护普莱伍德公司涉及的商业秘密。会后，罗伯特·克劳西还将他在会议期间从学习曲线公司收到的许多文件加盖机密，因为这些文件包含尚未向公众发布的产品信息。且事实上普莱伍德公司也从未向任何人透露过学习曲线公司文件的内容。

1993年3月之后，两公司之间分别举行了三次会议，但因学习曲线公司的推脱与拒绝等缘由，均未落实对学习曲线公司玩具火车轨道的改进方案。1994年12月，斯科特·摩尔在寻找实验用的附加轨道时，发现学习曲线公司正以“Clickety-Clack轨道”的名义出售能够产生噪声的轨道，其技术核心与改进要点正如当初磋商时所提出的一样。罗伯特·克劳西与斯科特·摩尔认为学习曲线公司窃取了其对于玩具火车轨道的改进想法和思路，由此提起诉讼。

（三）争议焦点及分析

普莱伍德公司为保护其关于玩具火车轨道改进思路的秘密性是否采取了合理的措施是本案争议的核心焦点。一审过程中，地方法院根据美国伊利诺伊州法律，以没有提供足够的商业秘密证据为由，认定普莱伍德公司并未就玩具火车轨道改进思路采取有效的保密措施，因此，拒绝认可陪审团所作出的有利于普莱伍德公司的判断，作出了利于学习曲线公司的判决。

对此，普莱伍德公司表示不服，向美国联邦第七巡回上诉法院提出上诉。二审法院认为，《伊利诺伊州商业秘密法》要求商业秘密所有人“在适当情况下采取合理的行动，以保持其商业秘密的机密性或保密性”。该条款并不要求所采取的措施尽善尽美。商业秘密所有人所采取的措施是否足以满足通常情况下法案的合理性标准，对于陪审团来说是一个事实问题。

原审陪审团发现，学习曲线公司与普莱伍德公司之间存在保密承诺。在1993年2月18日开始讨论之前，罗伯特·克劳西和斯科特·摩尔与亚伯拉罕和罗伊·威尔逊就达成了一项口头保密协议。特别是罗伯特·克劳西作证说，他之所以会向学习曲线公司披露改进技术的想法，是因为他得到了哈里·亚伯拉罕和罗伊·威尔逊的保密承诺。除此证词外，陪审团还获悉，学习曲线公司在2月18日的会议上向普莱伍德公司披露了大量信息，包括各种产品的预计数量、成本和利润率，以及尚未向公众公布的玩具图纸。由此可知，在没有保密协议的情况下，学习曲线公司也不可能披露此类信息。陪审团还听取了学习曲线公司先前的合作伙伴的意见，知悉学习曲线公司在与合作伙伴磋商时，经常与其达成口头保密协议。

据此，二审法院认为，陪审团认定普莱伍德公司对口头保密协议的依赖是合理的。众所周知，秘密关系的形成要求披露者负有最大限度保密的义务，罗伯特·克劳西和斯科特·摩尔没有预料到学习曲线公司会违反口头保密协议，擅自使用其所提出的概念；相反，他们真诚地相信彼此之间仍有合作的可能。此外，作为认定保密措施合理性参考的一部分，应当考虑当事人的规模和复杂程度以及相关行业。相较于学习曲线公司，普莱伍德公司是规模较小、经验不足的小型玩具公司，其对于商业秘密所采取的措施程度也是合理的。

基于此，二审法院最终判定普莱伍德公司采取了合理的措施来保护其关于火车轨道改进思路的秘密性，构成商业秘密。

（四）评价与思考

实践中，对于权利人采取的商业秘密保密措施是否达到合理程度的认定是一个事实判断问题，法院通常会从主客观两个层面，考察权利人客观上采取的保密措施正常情况下是否有效，以及权利人主观上是否具有相应的保密意愿。法院对以上问题的考察又依存于特定的场景和环境。不同个案中的当事人、时间、地点、商业秘密性质等情况，均是合理性认定的权衡因素。

本案中，虽然普莱伍德公司在与交易对象学习曲线公司的合作谈判中对诉争商业信息进行了披露，但是二审法院以当事人的规模、复杂程度以及相关行业情况为权衡因素，最终判定普莱伍德公司与学习曲线公司双方之间保密协议的签订，已经足以达到对关于火车轨道改进思路采取保密措施的合理程度。

第四节　云计算环境下保密性的认定

云计算环境下权利人将商业秘密信息“上云”，意味着将管理权的一部分让渡给了云服务提供商，权利人只能通过网络接口对商业秘密进行管理，商业秘密信息的安全管理主要依赖于云服务提供商。而云服务提供商对云端信息的以下管理方式，形成了保密措施合理性认定障碍：（1）内容接触权的保留。云计算环境下部分云服务提供商通常会保留对权利人（用户）存储全部或者部分信息的访问和利用权利。换言之，权利人将商业秘密信息“上云”，进行存储处理过程，并非简单的“人机交互”，存在向云服务提供商或其他第三方披露，无限扩大涉密信息知悉范围的风险。（2）保密责任的明示排除。在交易对象或合作方必须知悉涉密信息的情况下，与知悉商业秘密内容的主体签订保密协议也是作为认定权利人采取合理保密措施的情形之一，但是云计算环境下云服务提供商通常会凭借与用户（特别是中小企业）交易谈判中的强势地位，通过格式合同，明确排除对用户存储信息保密责任的承担。[1] 基于现有认定框架与标准，“上云”信息将难以满足保密措施的合理性要求，获得商业秘密保护的资格，而如放宽认定标准，则会消解“保密措施”作为商业秘密构成要件的防止过度保护、财产公示的作用，因此，云计算环境下商业秘密保密措施的合理性认定既是云计算这一新兴商业模式所面临的首要法律障碍，也是商业秘密法在新技术条件下如何发展的新问题。

一、作为信息储存处理技术的云计算

云计算是一种基于互联网，以服务形式，向用户共享计算能力、存储空间和信息服务的架构安排。[2] 作为信息存储与处理技术的云计算，并不是一个新概念。早在20世纪50年代计算机产业刚刚兴起时，由于处理和存储信息只能在大型计算机中进行，考虑到购买和维护大型计算机的高昂成本，当时就有计算机专家提出了“虚拟化”概念，认为大多数计算机中存在的过剩计

---

[1] 谷歌公司制定的适用云产品（如Gmail、Google Docs）服务协议中规定：“当您上传或者提交信息内容到我们的产品，意味着您授予了谷歌（以及与我们合作的公司）在全球范围内使用、存储、复制、修改、创作衍生作品（如翻译）、沟通、发布、公开播放、公开展示和分发此类内容的许可。您在本许可中授予的权利仅用于经营、推广和改进我们的服务以及开发新服务的有限目的。”AWS Customer Agreement［EB/OL］.［2022-04-20］. http：//web. archive. org/web/20090831034111/http：//aws. amazon. com/agreement.

[2] 刘鹏．云计算［M］. 3版．北京：电子工业出版社，2015：1-3.

算能力可供其他人分享使用，只要计算机之间传输数据的技术难题能够得到解决。❶ 60年代末期，就出现了专门为大型机构和企业提供租用计算机主机或者数据存储服务的企业，如IBM公司、雷明顿兰德公司。❷ 随着80—90年代计算机技术的发展，特别是互联网的出现，不仅使得个人计算机具备了信息处理与存储能力，也让计算机之间实现了网络互联，计算机终端朝着智能化、“去中心化”的方向发展，进一步为信息存储与数据处理能力的共享提供了技术铺垫。2006年，谷歌首席执行官埃里克·施密特在全球搜索引擎大会上开创式地将云计算作为概念提出，同年亚马逊首次将其弹性计算能力作为云服务推出，标志着云计算作为概念与商业模式的正式诞生。现今网络技术的进一步发展使得云计算已超越了单纯的技术范畴，而演变为一种以第三方提供服务的形式向用户按需提供资源池的技术理念。具而言之，该理念的基本内容是存在一个转换成托管服务的虚拟基础设施，用户可以通过网络，利用托管服务，无处不在、按需调用远程存储在主机服务器（“云”）上的资源与信息。随着云计算技术的发展，又逐渐扩展出多重的云服务模式。早期的云服务模式为“软件即服务”（software as a service）。在该模式下，云服务提供商通过互联网提供现有特定的应用程序，这些应用程序常用于电子邮件、备份或损坏修复、存储服务，如提供在线社交服务的脸书（Facebook）、网络邮件服务GMAI公司，以及文件存储服务的ICloud。广义而言，任何可以通过国际互联网访问远程服务器上的应用程序都可以视为“软件即服务”模式。随后又出现了“平台即服务”（platform as a service）模式，这是一种由云服务提供商提供硬件和操作系统等应用工具，以便用户开发或部署自己应用程序的云服务模式，如谷歌的App Engine。除此之外，还出现了“基础设施即服务”（infrastructure as a service）。该模式下，用户可以访问可扩展的诸如硬件设备、网络组件等基础资源，如Amazon EC2和S3。值得注意的是，不同云计算的服务模式之间有着相互渗透融合的发展趋势，某一种产品可横跨两种

---

❶ John McCarthy. Reminiscences on the Theory of Time-Sharing [EB/OL]. [2022-04-20]. http：//jmc. stanford. edu/computing-science/timesharing. html.

❷ Ishaq Zakari. History of Computer and its Generations [EB/OL]. [2022-04-20]. https：//www. researchgate. net/publication/336700280.

以上模式，尤其在“基础设施即服务”与“平台即服务”之间。❶

云计算的出现给用户的商业信息存储处理带来了重要价值，主要体现为：(1) 低成本。资源与技术支持由云服务提供商提供，用户无须再投入大量资金用于计算机服务的软件、硬件采购与维持，也无须支出用于实施与维持计算机基础设施的人力成本。此外，云计算的应用还可以为用户节约用于存放服务器的空间等运营管理成本。(2) 便利性。随着网络带宽和互联网基础设施的拓展，云计算可以提供给任何用户对信息的“即时存取”的特性，该特性让用户的员工能够随地、随时工作，极大提升企业的生产效率。❷ (3) 可靠性。云计算还提供给了用户一种用于存储和保存商业信息的可靠方式。用户可以在“云端”上以较低成本上传、存储和保持海量信息。另则，基于云存储的分散性特点，相对于存储在实体服务器中的数据，云数据较难以丢失和删除，通常也有着更长的保存时间。基于以上优势，企业将商业信息“上云”已成为不可逆的趋势。

云计算带来低成本、便利性的同时，信息安全问题亦不可忽略。云计算环境下信息的存储处理安全性完全都由云服务提供商管理控制，用户甚至不知道信息具体存放的确切位置，信息安全成为用户的最大顾虑。❸ 基于信息安全问题，虽然有学者建议企业不要将商业秘密信息上云，❹ 但是在企业数字化转型的背景下，企业将商业秘密信息上云具有强烈的内生需求，原因如下：(1) 很多商业秘密形成于企业日常经营活动，信息存储处理要满足员工日常存取需求，如客户名单信息，而云计算的便利性正好契合了这一需求；

---

❶ 克里斯托弗·米勒德. 云计算法律 [M]. 陈媛媛，译. 北京：法律出版社，2019：5-6.

❷ Lisa Angelo. Exploring Legal Issues at High Altitudes：The Law in the Cloud [J]. Currents Intl Trade Lj，2012 (2)：41.

❸ 根据美国华盛顿大学 TechCast 中心对云计算服务的调查显示，对安全问题的关切排在第一位，占比 70%。Tim Gibson. On Cloud Computing [EB/OL]. [2023-08-08]. http：//www.docin.com/p-649041030.html.

❹ Alexis Salerno. Protection "Crown Jewel" Trade Secrets in the Cloud though Voluntary Industry- Government Collabarations and Federal Legislation [J]. University of Pennsylvania Journal of Business Law，2018 (2)：442.

（2）多数中小企业基于资金实力的欠缺，缺少架设私有云的能力，为减少设备成本开销，即便存在潜在的安全风险，还是会选择云服务进行商业秘密信息存储处理。故此，如果“上云”信息涉及商业秘密，基于上文所述的云服务提供商管理方式，这些信息还能否满足商业秘密保密措施的合理性认定要求，就成为关键性问题。云计算的出现与应用所引发的保密措施合理性争议，已不仅是理论层面的探究，还是已经发生的事实。美国 Wayman Fire Protection，INC.，v. Premium Fire & Security，LLC 就是其中一例典型案件。❶在该案中，被告高级消防和安全（Premium Fire）有限公司是一家专门从事火灾报警与消防系统的企业。该企业相继聘用了原告威漫（Wayman）消防公司的多位离职员工，专门从事市场业务拓展工作。其中一位员工在离职之前，保留了原告发放用于备份文件的 U 盘，并使用工作电脑登录 Dropbox 账户，下载了多份文件到其 U 盘之中。到被告处工作后，为了工作的便利，该员工将下载文件复制到被告为其发放的工作电脑之中进行使用。另一位离职员工在原告工作期间，使用一个外部硬盘来备份原告工作电脑上的文件，把硬盘中的 17000 份文件内容复制到被告为其发放的电脑中，其中就包括一份客户报告和一份销售可行性报告，以上两份报告均由原告使用的客户关系管理工具软件“Salesforce”生成。原告不仅使用该工具软件存储客户相关信息，如客户合同信息、销售信息和提案信息，每年还向该软件公司支付 1.5 万美元使用费和数千美元定制化数据库以满足专门需求。该软件的登录设置有密码保护，并且软件用户 30～60 天就需要更改一次密码。这些安全措施均为“Salesforce”服务的一部分，而非为用户所定制。原告的该前员工承认使用了以上文件用于与老客户的接触。在被告获得多伊尔斯敦医院的火警消防系统升级项目后，原告开始怀疑其拥有并使用了其专有的程序文件，是故，聘请了一位计算机取证专家，调查其前雇员是否从其工作计算机上复制了相关文件带到被告处。基于调查结果，原告指控被告侵犯了其商业秘密。而被告的抗辩理由之一就是原告的商业秘密信息没有对涉密信息采取合理的保密措施，

❶ Wayman Fire Protection，Inc. v. Premium Fire & Security，LLC，2014 WL 897223 (Del. Ch. 2014).

相关信息不能构成商业秘密。可见，法院在判定被告是否承担商业秘密侵权责任前，需要认定原告有无对涉密信息采取合理的保密措施。

二、信息“上云”行为的类型化区分

对保密措施的合理性分析，取决于特定的场景、环境与条件。云计算环境下，用户将信息“上云”进行存储或处理，如上文所述，虽然信息的所有权仍在权利人手中，但是信息的管理权已由权利人部分让渡于云服务提供商。对于信息“上云”行为的性质界定直接关系到云计算环境下保密措施合理性认定的考察方向及内容，是合理性认定的前提。而界定的关键就在于判断信息“上云”行为是否构成商业秘密法意义上的披露。所谓披露是指行为人以口头、书面或其他方式将商业秘密信息内容向特定人或不特定人进行传播、公布行为。❶ 如果将用户信息“上云”行为判定为商业秘密法意义上的披露，即权利人向相关人主动而为的公开，保密措施合理性认定就会进而考察云服务提供商作为被公开对象的保密义务设定及其采取保密措施情况，而如将该行为仅视为信息管理方式的改变，不为披露，考察的重点将还在于商业秘密权人自身采取保密措施的情况。

（一）行为界定的价值考量

在云计算环境下对信息“上云”行为进行类型化区分界定，取决于相应法律的价值评价，理由如下：（1）保障云计算产业发展层面。作为规范社会成员行为及其相互交换规则的法律并不是存在于真空之中，基于科学技术或商业模式创新对于社会成员行为方式的影响与改变，法律制度要进行适应性确认、调整，以更好地实现制度规范功能。正如马克思在论述经济与法律的关系时说道：“每当工业和商业的发展创造出新的交往方式，法便不得不承认他们是获得财产的新方式。”❷ 知识产权法尤为如此，知识产权法从兴起到现在，历经从工业革命到信息革命的不同时期，“基于科技革命而生，由于科技

---

❶ 根据我国《反不正当竞争法》第9条的规定，“披露”被视为第三人侵犯商业秘密的行为方式之一。

❷ 马克思恩格斯全集：第3卷［M］. 中央编译局，编译. 北京：人民出版社，2006：72.

革命而变”，制度发展史本身就是一个法律制度创新与科技创新相互作用、相互促进的过程。❶ 云计算环境下，如果对商业秘密权人的信息“上云”行为不加区分地视为对云服务提供商或其他人的信息内容披露，对于保密措施合理性的认定，则要求考察云服务提供商是否附加有相应的保密义务。❷ 如上文所述，基于云服务提供商排除保密责任的一般性做法，以及云服务提供商相对强势的谈判地位，特别是对于中小企业而言，或者会极大增加因保密谈判而产生的交易成本，或者直接产生否定合理性的法律效果，最终对企业利用云产品和服务进行信息存储处理起到“寒蝉效应”，而这将对云计算产业的发展非常不利。❸ （2）遵循网络中立原则层面。网络中立原则最早由美国哥伦比亚大学的吴修铭（Tim Wu）教授于2003年提出，作为技术中立原则在互联网领域的适用，是指网络服务提供商应同等对待来自各方的内容，不对任何传输数据内容进行区别对待或进行干涉。目前该原则在全球互联网领域有着广泛的应用。❹ 依据网络中立原则的理念，云计算环境下，云服务提供商向用户提供的仅是存储或处理服务，而并不在乎用户上传的内容本身。即便部分云服务提供商会保留对用户上传信息的内容接触权，但并不意味着云服务提供商会实然接触信息内容。云服务的中立性也符合用户的预期。有学者调查显示，绝大部分的云服务用户对存储在第三方计算机服务器中的信息存在隐私的预期，认为存储“云端”信息不会被云服务提供商或者他人直接获取和知悉。❺ 是故，相较于传统信息存储或处理方式，虽然云储存会存在更大的信

❶ 吴汉东．知识产权多维度解读［M］．北京：北京大学出版社，2008：84.

❷ 《最高人民法院关于审理侵犯商业秘密民事案件适用法律若干问题的规定》（法释〔2020〕7号）第6条明确将“签订保密协议或者在合同中约定保密义务”作为判断权利人披露信息时，认定合理性的重要因素。

❸ 据统计，2021年，我国企业上云率仍然较低，上云率最高的北京市和广东省企业仅为9.4%，很多地区不足5%。企业上云率低的主要原因是担心数据、隐私等安全问题，该因素在暂无引入云计算计划的考量因素中占比41.3%。亿欧智库．2021中国企业上云指数洞察报告［EB/OL］．［2023-05-06］．https://pdf.dfcfw.com/pdf/H3_AP202203101551759055_1.pdf?1646931193000.pdf.

❹ 梁志文．云计算、技术中立与版权责任［J］．法学，2011（3）：87.

❺ Matthew Tokson. Automation and the Fourth Amendment［J］. Iowa Law Review，2009（2）：582.

息泄露风险，但是如果将权利人信息“上云”行为不加区分地认定为权利人向云服务提供商进行信息内容的披露，则明显与网络中立原则的内涵要求不符。（3）考察权利人保密意思层面。商业秘密的秘密性要件主要考量信息的客观秘密性，对于权利人而言，仅有信息的客观秘密性不足以获得法律保护，只有这种秘密性里蕴含了权利人的保密意识并外化为保密措施时才能得到法律认可。[1] 而保密意思作为权利人的主观心态往往隐藏于内，需要通过相应外部可以感知的客观行为予以佐证。例如在浙大恩特公司诉吴某某等侵犯商业秘密一案中，法院认为商业秘密权人主观上具有将技术信息和经营信息作为商业秘密保护的意愿，客观上也采取了相应的保密措施，通过保密措施将其信息控制起来，使其不处于一种为公众所知悉的独占状态。[2] 在云计算环境下，以商业秘密权人主观可预见的丧失秘密性风险为标准，对信息“上云”行为，赋予不同的行为效果，可以施以权利人不同程度的注意义务，继而区分相应所需的保密措施，更有利于建构主客观相统一的认定权利人采取保密措施合理性的分析架构。

（二）信息移转与内容披露

云计算环境下，对于信息“上云”行为的界定，需要回归云计算的技术本质，并结合相关价值考量进行类型化分析。云计算之“云”并非指的云服务提供商本身，而是云服务提供商基于互联网技术建构，按需提供的远程软硬件资源平台。云服务提供商只是“云平台”的搭建、运营与管理主体。如上文所述，云服务提供商虽然保留了对“上云”信息的内容接触权利，但是基于接触的条件限定性以及海量信息的提取可能性，并不意味着其必然会对“上云”的信息内容进行接触。此外，区别于传统网络环境下商业秘密存放的整体式特点，云计算环境下的信息存放具有分散性特点。在“云”的大规模分布式存储机制中，权利人上传的完整数据通常被打散成不同的“碎片”存储在不同的服务器之中，他人要想获悉数据内容，必须基于大量存储服务器

[1] 孔祥俊．商业秘密司法保护实务［M］．北京：中国法制出版社，2012：142.

[2] 浙江省杭州市中级人民法院（2006）杭民三初字第 50 号民事判决书。

的访问授权，而这通常是非常困难的。[1] 是故，权利人对于信息的“上云”行为并非意味着将信息内容直接向云服务提供商或他人进行了分享或者公开，亦可能只是通过人机交互，移转信息存储处理位置而已。根据信息“上云”的用户目的与预期，以及云服务提供商对于“上云”信息的访问能力、内容知悉情况差异，宜将该行为区分为以下两种类型：（1）信息移转式“上云”。权利人实施此种类型“上云”行为的目的是进行信息的备份存储和处理，没有向云服务提供商或者他人进行信息内容披露的主观预期，并且“上云”信息的交互与管理过程高度“自动化”，是一种人机交互，过程之中没有云服务提供商的干预或介入，信息内容也没有实际被云服务提供商所知悉。云计算环境下此种类型的信息储存处理与传统网络时代性质上并无二异，只是存在传统信息存储和处理的位置差异，由物理层面的计算机或服务器转移到了虚拟层面的“云端”。权利人实施信息移转式“上云”行为，既没有信息内容披露的主观预期心态，也没有云服务提供商或他人对信息内容知悉的既成客观事实，因此，并不构成商业秘密法意义上的披露。（2）内容披露式“上云”。权利人实施内容披露式“上云”行为的目的在于利用云计算的便利性，与不特定的第三方进行信息协作或交流。权利人没有对云服务提供商进行信息保密的主观预期，并且信息“上云”的交互与管理过程存在云服务提供商的人为介入或干预，云服务提供商对于信息内容处于实际知悉的状态。内容披露式“上云”由于权利人向云服务提供商进行了内容的分享与披露，故构成商业秘密法意义上的披露。

三、保密性认定的分析框架

信息“上云”行为的不同类型界定具有重要的商业秘密法意义，直接决定了保密措施合理性认定的不同分析方向及考量因素。是故，云计算环境下的商业秘密保密措施合理性认定，应适配信息“上云”行为的类型化区分，建立相应的分析框架以及方法。

---

[1] 虚拟化与云计算小组．虚拟化与云计算［M］．北京：电子工业出版社，2009：21.

（一）信息“上云”行为的类型判定

随着云计算产业的纵深发展，云产品也日趋多样，用户对于云产品的利用方式和环境也在不断变化，基于信息“上云”行为类型界定对合理性认定的导向性作用，对该行为类型的判断不宜简单进行是非判定，而是应适用“因素分析法”，在个案中结合具体案件事实，综合考量用户与云服务环境等多方面主客观因素，以防止合理性标准设定得过宽或过严。笔者认为，对于信息“上云”行为的类型判断，应考量以下三方面的因素。

（1）权利人的主观合理期待。隐私合理期待是美国一项重要的隐私判断标准理论，源自《美国宪法第四修正案》中对公民财产权保护范围扩张的相关规定，在美国司法实践中有着广泛运用。根据该理论，法律在判断何种隐私利益应受保护时，首先要考虑不同场景中权利人的合理期待，即自身是否希望该利益受到保护，如果权利人将自身的秘密公开，就不得再对该利益主张隐私的合理期待。[1] 正如审理 Katz v. United States 案的哈伦（Harlan）大法官就曾指出“在大庭广众下所为的行为和陈述不应被保护，因为这些行为和陈述仅仅留存于自己这一期待并未被展现出来”。[2] 目前隐私合理期待理论已为越来越多的大陆法系国家通过判例所接受，并且适用范围越来越宽泛，已扩展成为确定商业和其他领域隐私保护的标准，在划定公共领域与私人领域之间的界限方面具有重要意义。[3] 商业秘密信息作为商业领域的一种隐私利益，该理论同样具有适用性。对权利人主观合理期待考量应作为信息“上云”行为类型判定的首要因素。如果权利人对“上云”信息有着对云服务提供商或者他人隐私保护的主观合理期待就应为信息移转，否则，则为内容披露。对权利人主观合理期待的考察，具体可包括两方面内容：①权利人的主观使用目的。如果权利人使用云服务产品的主观目的是单纯为了信息存储备份或

---

[1] 张民安．美国当代隐私权研究［M］．广州：中山大学出版社，2013：449.

[2] 王利明．王利明学术文集·人格篇［M］．北京：北京大学出版社，2020：607.

[3] 有学者认为，鉴于我国《民法典》第 1032 条现已明确规定隐私权的概念，为隐私权的界定提供了相对明确的标准，因此，虽然我国无必要在法律中引入隐私合理期待理论，但是法官仍可在借鉴该理论的基础上具体判断哪些利益应当受到隐私权保护。王利明．王利明学术文集·人格篇［M］．北京：北京大学出版社，2020：630.

者独立利用平台资源进行信息处理，而非在“云端”进行信息交流或者与云服务提供商进行交互式协作处理，就表明其主观上保留有一定的隐私合理期待。如在GMAI公司案中，谷歌公司认为用户使用邮箱服务就应该知道邮箱在扫描垃圾邮件时邮箱服务提供商就会知悉邮件内容，因此，不应对被扫描的邮件数据保有合理的隐私期待，但是法院否定了该主张，认为该主张超过了用户的一般主观预期和常识。[1] ②用户的客观行为表现。对于权利人主观合理期待的考量亦可通过个案中权利人具体使用云产品的行为证据予以佐证。如权利人在选择云服务产品存储商业秘密信息之前是否开展过云服务产品安全等级调查和评估，权利人在云产品的使用过程中是否充分利用过云产品中内置的信息安全保障措施等行为，都可以作为考察权利人有无信息隐私合理预期的行为证据。

（2）云服务产品的环境设定。云服务产品的环境设定是分析云服务提供商对“上云”信息接触、使用、利用方式与范围的客观依据，亦是权利人作出信息“上云”决策的重要考量，故此，该因素是评价与界定信息“上云”行为类型的重要维度。对该因素的分析，具体可包括以下两方面：①云服务提供商对服务的相应声明。如上文所述，虽然用户协议中的声明通常会排除对于权利人“上云”信息的安全保障责任，正是这种明确对保密责任排除的意思表示，很难被认定成立对权利人的保密义务，但云服务提供商在服务声明中的意思表示并非没有任何意义。由于该声明作为权利人与云服务提供商之间订立的服务协议内容，应当视为权利人对相关内容认可和确认，其可以作为判断“上云”信息是否可能或者在何种程度或范围被云服务提供商收集、访问或者使用，继而作为判断信息披露或内容披露的依据。②云服务提供商地位与作用。考察云服务提供商在信息“上云”中的作用。一些云服务产品，特别是云存储服务大都是一种高度自动化的，没有云服务提供商的人为干预，就应为信息移转，而另一些产品则依赖于人为的干预，需要获取消费者的个人信息，如华为云关于漏洞扫描服务作出的声明内容表示，如果用户利用该漏洞扫描服务，就相当于同意授权其收集和使用用户“上云”的个人信息或

[1] In re：Google Inc. Gmail Litigation，936 F. Supp. 2d 1381，（J. P. M. L. 2013）.

个人敏感信息的权利，基于该授权，华为云的服务提供商会出于上述目的分析使用这些信息。❶ 而如果通过干预，相关信息内容被云服务提供商知悉，那就应为内容披露。

（3）信息被实际知悉情况。如上文所述，云计算环境下，虽然云服务提供商可能会保留对"上云"信息的内容接触权，但是权利保留并不等于实际接触，其对于"上云"信息的知悉可以区分为以下四种情况：①基于用户协议条款内容的限制，不能对"上云"信息进行接触或知悉；②未对"上云"信息内容的接触权进行保留，并且未对信息有任何接触或知悉；③基于权利保留，在特定条件下，具有对"上云"信息内容的接触、使用权利，但由于条件未成就或者海量信息提取困难等原因，对信息没有实际的知悉或接触；④有权对"上云"信息进行接触或知悉情况下，已经对相关信息实际接触或使用。区别于信息移转式"上云"仅为信息存储处理位置的移转，内容披露式"上云"是用户构成对云服务提供商就"上云"信息实然的内容披露，故此，只有权利人的信息"上云"构成第四种类型的知悉，才应被认定为内容披露，否则，仅为信息移转。通过综合以上因素的考量，如果将权利人信息"上云"行为判定为信息移转，意味着权利人并未就涉密信息与云服务提供商进行过分享和披露，合理性认定则应直接进入第三个步骤，对于权利人采取保密措施情况的分析。而如将信息"上云"行为判定为内容披露，合理性认定则应继而进入第二个步骤的分析，即对于云服务提供商是否负有保密义务的考察。

（二）云服务提供商是否负有保密义务

商业秘密权人就涉密信息向他人进行内容披露并不直接意味着保密措施的缺失，一项商业秘密一般是在一定范围内为特定的人员所知悉并使用，❷ 如雇员、签订有保密协议的合作伙伴等，只有权利人将信息内容披露给没有任何保密义务和责任的第三人才可能被认定为未采取合理保密措施，进而导致商业秘密权利的丧失。美国联邦最高法院曾在审理 Ruckelshaus v. Monsanto

❶ 华为云漏洞扫描服务声明［EB/OL］.［2022-08-08］. https：//www.huaweicloud.com/declaration/vss_ sas.html.

❷ 杨力．商业秘密侵权认定研究［M］. 北京：法律出版社，2016：84.

Co. 案的过程中指出："如果在没有任何保密责任情况下权利人自愿公开将涉密信息披露给非雇员的第三人，权利人对该信息的财产权利将会灭失。"❶ 我国《最高人民法院关于审理不正当竞争民事案件应用法律若干问题的解释》第 11 条也明确将限制涉密信息的知悉范围和设定保密责任作为判断权利人是否采取保密措施的考量情形。是故，云计算环境下，如果商业秘密权人将"上云"信息以内容披露形式，让云服务提供商知悉，合理性认定需要进一步考察云服务提供商是否负有保密义务。

商业秘密的保密义务主要可以区分为明示和默示两种类型。明示保密义务通常以当事人之间达成保密协议或条款的形式确定，协议或条款内容一般涉及保密信息范围、保密主体、保密期限等。云计算环境下，有少数云产品服务提供商会通过服务协议，明确承诺对于用户"上云"信息的保密义务和责任，构成对用户的明示保密义务。如在《腾讯云服务协议》第 8 条中，云服务提供商不仅对保密信息的内容作出了界定，还明确了云服务提供商作为信息接受方的保密义务，规定未经信息披露方的书面同意，接受方不得以任何方式将保密信息披露给第三方或者用于本协议之外的目的，否则，违反保密义务给披露方造成损失，接收方应就披露方的直接经济损失作出赔偿。❷ 大部分的云服务提供商仅会作出采取保密措施的承诺，但是如上文所述，同时他们会排除对于用户"上云"信息保密责任，基于这一明确的意思表示，云服务提供商将难以构成对于权利人的明示保密义务。

在缺少明示保密义务的情况下，法院通常还会考察一方当事人是否负有对另一方的默示保密义务。所谓默示保密义务是虽无明示的言辞，但从当事人之间关系、交易目的或法律规定而推断出的保密义务。❸ 值得注意的是，有学者认为在我国没有必要承认默示保密义务，❹ 但是无论从理论依据层面，当事人履行诚实原则、忠实义务的要求，还是从法律依据层面，《民法典》关于

---

❶ Ruckelshaus v. Monsanto Co.，104 S. Ct. 2862（S. C U. S 1984）.

❷ 腾讯云服务协议［EB/OL］.［2022-04-29］. https://cloud.tencent.com/document/product/301/1967#.E7.AC.AC.E5.85.AB.E6.9D.A1-.E4.BF.9D.E5.AF.86.E4.BF.A1.E6.81.AF.

❸ 薛波．元照英美法词典［M］．北京：北京大学出版社，2003：666.

❹ 孔祥俊．商业秘密保护法原理［M］．北京：中国法制出版社，1999：269.

合同履行过程中以及终止后当事人的保密义务规定，默示保密义务在我国都有存在的依据和基础。[1] 云计算环境下，权利人与云服务提供商之间的关系通常难以构成诸如雇佣关系、代理关系、合伙关系等产生默示保密义务的特殊保密关系。从交易目的或习惯而言，重点考察商业秘密权人是否为特定交易目的向云服务提供商披露涉密信息内容，如为安全目的的漏洞扫描等，云服务提供商往往受该目的的约束。虽然根据国外相关判例，即便信息接收者明示的保密义务排除，基于个案中的事实与环境，云服务提供商仍可能构成对于用户默示保密义务的特例，如在 Burten v. Milton Bradle 案中，信息接收者在披露协议（disclosure agreement）中明示排除了保密义务，法院认为如事实证明披露是交易一方为了促进一种特定交易关系向潜在交易方披露，使其能够评估机密的价值，则潜在交易方有义务对接收到的信息保密。[2] 但是一般而言，如果云服务提供商在用户协议中有对于保密义务排除的明确意思表示，就难以符合合同法意义上默示承诺的构成要求，不能构成默示保密协议。[3]

基于司法实践中云服务提供商保密责任和义务构成认定的困难，是否可以根据网络信息安全相关立法规定，作出扩张性解释，对云服务提供商施以法定的保密义务？如我国《网络安全法》第 40 条、第 42 条明确规定，网络运营者应对收集的用户信息严格保密，不得泄露、损毁、丢失用户信息，并应采取相应的技术安全措施，保证用户信息的安全。笔者认为，这一做法似有不妥。原因如下：（1）如上文所述，保密措施应是商业秘密权人主观见之于客观建构的财产“物理栅栏”，对于商业秘密的产权属性构成具有重要作用。如对云服务提供商附加法定保密义务，意味着无须权利人任何的主观保密意图，施以任何的客观行为就可达成另一方当事人的保密义务，这明显与

---

[1] 汤茂仁．保密义务与商业秘密侵权认定［EB/OL］．［2022-04-29］．https：//www.zhichanli.com/p/1026584916.

[2] Burten v. Milton Bradle Coast，763 F.2d 461（1st Cir. 1985）.

[3] 默示承诺具有严格的条件限定，必须要有法律规定或当事人约定，且受约人一般还未作出任何拒绝承诺的表示。史尚宽．债法总论［M］．北京：中国政法大学出版社，2000：27.

保密措施的设定逻辑不符。（2）用户与云服务提供商之间是合同关系，由合同法所规范，遵循合同自由原则。根据该原则，民事主体对自己权利设定或对他人义务承担，应按照自己的自由意思决定。❶ 如对云服务提供商负担保密义务作出“一刀切”的认定，有违合同法的该项基本原则。（3）云服务提供商投入不同的资源、施以不同的注意程度对“上云”信息的隐私安全进行保护，本身就是区分不同等级与类型云服务产品的标准所在，如果对云服务提供商的保密义务作出统一性的法定要求，也不利于云计算产业的多样性、差异化发展。

（三）权利人采取保密措施情况

云计算环境下，由于权利人对信息的管理权存在部分让渡，合理性认定可能涉及云服务提供商是否负有保密义务的分析，但无论是信息移转式“上云”，还是云服务提供商负有保密义务下的内容披露式“上云”，最终都还需要回归到第三步，权利人自身保密措施情况的考察。只有经过该步骤的校验，才能最终得出权利人所采取保密措施是否具有合理性的结论。鉴于云计算环境下信息存储处理方式、特点以及不可预知的安全风险，法院在该步骤的考察中对于调查分析方向或重点的选取，更应侧重权利人适配商业秘密信息价值，为防止信息泄露所采取的保护商业秘密信息的技术措施和流程，以及系统性的风险评估和防控措施，而不是传统基于物理设施的保密措施。具体而言，应包括以下情形：

（1）商业秘密信息的界定与区别管理。只有被管理的对象被确定时，才可能被施以具体的管理措施，故此，合理性认定最基本的条件是权利人使用某种载体对商业秘密内容予以明确界定并施以区别管理。❷ 云计算环境下，信息以电子化载体形式呈现，权利人不仅应有将涉密信息当作商业秘密的主观意识，将商业秘密信息与其他非密信息进行明确的区别界定，在企业制定的内部信息管理政策中进行差别化对待，还应采取实际的保密措施落实该差别化政策，如在涉密信息内容中进行涉密等级的标注，对涉密信息进行归类存

---

❶ 梁慧星．民法总论［M］．北京：法律出版社，2001：49.

❷ 孔祥俊．商业秘密司法保护实务［M］．北京：中国法制出版社，2012：145.

放、限制接触、加密隔离存储，否则，就会缺失合理性认定的基础。

（2）企业以及产业特性。权利人所采取保密措施之合理是一种相对合理性而非绝对合理性，权利人的企业规模、服务或产品类型、企业的商业运作模式以及权利人所处的产业特性所建构的特殊环境是个案中法院判断相对合理性的重要依据和标准。权利人所采取的保密措施需要与其企业与产业特性相适配，如大型企业，相较于中小企业，拥有更加雄厚的经济实力，为防止商业秘密信息泄露，对于云服务产品的类型选择、相应技术措施的实施标准，明显不能等量齐观，通常有更高的要求。[1] 技术密集型产业，相较于劳动密集型产业，由于技术对于竞争力提升有着更为显著的作用和意义，产业所属企业的发展更加依赖于技术信息的生产与存储，是故，对该产业领域的企业采取相应的保密措施标准亦要求更高。

（3）商业秘密信息特点及适配措施。商业秘密信息类型多样，且特点不一，因此，并没有所谓通行有效的完美保密措施，只有适配商业秘密特点设置的保密措施，才能发挥有效的保密效果。如存储于“云端”的技术操作规程与客户名单，在信息利用人员范围、利用频次等方面就有较大差异，就要求权利人对于访问权限设置以及相应配套措施进行区别对待。云计算环境下，保密措施的类型主要包括以下几方面：①员工访问“云端”权限控制。基于网络的虚拟性，确认登录用户身份合法性是首要问题，权利人应对登录“云端”的密钥采取必要的保密措施，如有的企业给每个登录员工提供一个特定“云端”登录账号，每个账号分配以不同的信息访问权限，并与员工签订信息安全和披露协议，要求其对账户与密码等信息保密。②登录客户端的范围控制。由于用户的任何操作都会在客户端上留存痕迹，并可通过一定途径获得，因此，还应对“云端”的客户端进行必要的范围和使用方式限制，如有的企业严格限定登录“云端”的客户端场所，并严格禁止员工携带照相功能的手机与录制设备进入该场所。③商业秘密信息的伪饰。为防止保密措施被破解，还有企业将保密措施聚焦于商业秘密信息本身，对商业秘密信息进行伪饰，如在真实的商业秘密信息中设置陷阱，添加虚假的信息内容，或者设置假的

[1] In re Innovative Constr. Sys., Inc., 793 F. 2d 875 (7th Cir. 1986).

文件掺杂其中。[1] 需要注意的是，合理性所具有的相对性以及经济内涵决定保密措施的设置无须完美。保密的目标不是完美的安全，因为信息的绝对安全将使信息有益的作用难以发挥，也是不切实际的。

（4）所选措施已知风险防控。基于新技术环境下信息保护风险的不确定性，很多国家法院对于保密措施的合理性认定，已由传统偏重基于设施的保密措施的静态考察，转向到因应技术风险的技术措施和防控过程的动态考察。[2] 云计算环境下，单一的技术措施在很多情况下并不充分，不符合合理性要求，如在新丽传媒诉派华文化案中，法院经审理认为，虽然派华公司利用“百度网盘”存储诉争《悟空传》电影的素材过程中设置有密码保护，但鉴于“百度网盘”的保密性较低，该保密措施的严密程度与涉案素材的价值相比，明显难匹配，具有重大过失的主观过错。[3] 是故，法院在认定合理性过程中，不仅应基于成本效益分析，考量权利人所采取的保密措施本身是否合理，还应要求其提供信息安全风险评估以及相应风险防控的证据，以确定其使用的保密策略或者措施是否可行。

典型案例：新丽传媒集团有限公司诉北京派华文化传媒股份有限公司侵害商业秘密纠纷案[4]

（一）阅读导引

在《反不正当竞争法》规定中，侵害商业秘密的“披露”行为，其构成要件与民法中的过错责任原则相一致，其中的主观要件除故意之外，还应当包括重大过失。行为人将权利人的商业秘密置于存在高度泄密风险的云盘中，其保密措施是否与该商业秘密的重要程度和商业价值相符？

---

[1] Elizabeth A. Rowe. Rats, Traps, and Trade Secrets [J]. Social Science Electronic Publishing, 2016 (381): 412.

[2] Elizabeth A. Rowe. Contributory Negligence, Technology and Trade Secrets [J]. Social Science Electronic Publishing, 2009 (1): 27-29.

[3] 北京市朝阳区人民法院（2017）京民初第 68514 号民事判决书。

[4] 北京市朝阳区人民法院（2017）京民初第 68514 号民事判决书。

（二）基本情况

2016年9月13日，新丽传媒集团有限公司（以下简称“新丽公司”）与北京派华文化传媒股份有限公司（以下简称“派华公司”）就电影《悟空传》音频后期制作事宜签订了《电影〈悟空传〉音频制作委托合同》。双方在合同中约定了保密条款：双方均应永久保守因履行上述合同从对方获得的包括涉案电影全片素材等秘密。在合同履行过程中，新丽公司曾多次通过现场交付的方式将涉案电影素材交予派华公司执行后期制作。此外，新丽公司与涉案影片的其他参与方也均签署了保密协议，采取了较为严格的保密措施。派华公司接受新丽公司的委托后，违反保密约定，将其中部分后期制作工作外包给了案外人缪某所在公司进行实际执行。

2017年3月27日，在新丽公司将新一版涉案电影素材交付派华公司进行后期制作后，派华公司随即就将涉案电影全片素材命名为“WKZ”（即电影《悟空传》拼音首字母），通过“百度网盘”，传输给案外人缪某进行后期制作。该素材内容在“百度网盘”中保存至2017年5月17日。涉案素材在“百度网盘”保存期间，虽然派华公司为网盘设置了密码，但仍被案外不法分子破解，并最终导致在涉案电影公映前，影片素材通过互联网流出，且有人公开售卖，影响范围较广。新丽公司就以侵害商业秘密为由，向派华公司提起了诉讼。

（三）争议焦点及分析

派华公司将涉案电影全片素材上传到“百度网盘”的行为是否具有故意及重大过失的主观过错，构成对新丽公司商业秘密的侵害是本案核心争议焦点之一。根据我国1993年《反不正当竞争法》第10条第1款规定，“经营者不得采用下列手段侵犯商业秘密：……（三）违反约定或者违反权利人有关保守商业秘密的要求，披露、使用或者允许他人使用其所掌握的商业秘密；……”从行为主体来看，该条规制的侵犯商业秘密行为的主体为合法知悉或者掌握商业秘密的权利人以外的负有保密义务的人。从行为人主观构成要件来看，根据侵权责任法的基本原理及反不正当竞争法的立法本意，上述规定中规制的侵犯商业秘密行为，需以故意及重大过失的主观要件为前提。

本案中，虽然被告将涉案影片素材保存在网盘中并设置了密码，排除了主观上泄露商业秘密的故意，但法院认为，被告的行为仍属于对新丽公司商业秘密披露的重大过失，构成对新丽公司商业秘密的侵害，具体理由如下：

(1) 虽然在公映之前涉案电影的部分服装、道具、场景等已经公开，但是本案权利人主张的涉案素材基本完整展现了涉案电影的全部内容，凝结了演员、导演、摄像等众多人员的创造性劳动，而非各个素材的简单集合，案外人对该等信息的获得具有极大难度；在电影公开放映之前，该等信息当然不为其经营领域内的相关人员所普遍知悉，其整体组合仍符合秘密性特征，亦可为权利人带来商业价值；加之委托合同中有保密条款的相关约定，故涉案素材可以构成反不正当竞争法保护的商业秘密。

(2) 派华公司依据其与新丽公司签署的《电影〈悟空传〉音频制作委托合同》，合法获取涉案素材。根据合同约定，在双方洽谈及合作过程中，派华公司对所知悉的新丽公司涉案电影的内容及商业秘密承担保密义务，不得擅自散播、转述于第三人或自行及许可第三方使用，新丽公司及派华公司均应永久保守新丽公司提供的素材及其他未公开之信息（包括但不限于该片内容、剧情、拍摄情况、拍摄内容等），未经对方同意，不得向任何第三方泄露。故此，派华公司对新丽公司负有保密义务。

(3) 派华公司将涉案素材上传至“百度网盘”以传递给案外人进行后期制作（其分包行为本身已然是违反约定披露商业秘密的行为无疑），考虑到“百度网盘”是互联网中一种共享文件的便捷方式，但其保密性显然较低。虽然被告为文件设置了密码，但该保密措施的严密程度与涉案素材的重要程度及巨大经济价值相比，明显不相匹配。即便被告并非“百度网盘”中涉案素材泄露的直接行为人，但其将涉案素材上传至网盘的行为给涉案素材的泄露创造了前提条件，违反了与原告的保密约定，其在主观上对商业秘密泄露的结果存在过于自信的重大过失，即应当预见后果却轻信可以避免，客观上也造成原告涉案影片素材泄露、商业价值贬损的严重后果，因此被告应当承担侵害商业秘密的法律责任。

（四）评论与思考

云计算环境下，如上文所述，基于信息存储处理方式、特点以及不可预知的安全风险，法院在实践中对于商业秘密保密性认定或保密责任履行情况的调查分析方向或重点的选取，更侧重商业秘密权人或负有保密义务主体适配商业秘密信息价值，为防止信息泄露所采取的保护商业秘密信息的技术措施和流程，以及系统性的风险评估和防控措施，而不是重点审视传统物理设施的保密措施。

本案中，派华公司作为保密义务人，将新丽公司交付的商业秘密存储于“百度云盘”之中，仅简单设定了访问密码，也并没有要求“百度网盘”提供个性化的保密允诺以及服务。根据《百度网盘会员服务协议》的免责声明：“您知悉并同意，用户在百度网盘平台上上传、发布或传输的内容，为用户的个人行为，度友公司不对该等信息和内容的准确性、真实性、可用性、安全性、完整性和正当性承担责任，您在此同意豁免追加度友公司的相关责任。”据此，云服务提供商明确对信息安全责任进行了排除，用户在主观上不应有对“上云”信息受到云服务提供商进行保密的过高合理期待。“百度网盘”所提供给普通用户对于存储信息的保密措施程度明显不能与诉争商业秘密所具有的价值进行匹配，无法满足新丽公司保护其商业秘密的秘密性要求，最终导致商业秘密的泄露。故此，法院认定派华公司存在主观上的重大过失，构成对于新丽公司商业秘密的侵害。

第五章　侵犯商业秘密行为

第一节　侵犯商业秘密行为概述

一、侵犯商业秘密的法定构成要件

商业秘密法定构成要件的认定是建立在商业秘密具体内容明确的前提下。该要求体现了司法实践中审理商业秘密侵权纠纷所遵循的“权利规则”，即将商业秘密本身作为一种权利对待，原告只有披露商业秘密的具体内容才能证明商业秘密权利的存在。[1] 而这种披露只是构成侵犯商业秘密行为最重要的手段之一，在商业秘密侵权行为中，界定侵犯商业秘密行为，厘清行为的手段特征，是判定商业秘密侵权的重要标准。

虽然《民法典》第 123 条已将商业秘密与作品、发明、实用新型、外观设计、商标等并列作为知识产权的保护客体，确认商业秘密的民事权利属性，但并未从立法上明确商业秘密权的行使规范和民事救济途径。在我国，由于现行立法将侵犯商业秘密的行为主要定位为制止不正当竞争的行为，规定于《反不正当竞争法》之中，将商业秘密视为一种“法益”或“权益”而并非权利，因此并不享有绝对的支配权，主要用于规制经营者之间的不正当竞争行为，作为一种特殊的不正当竞争行为加以认定。根据《反不正当竞争法》第 2 条规定，“经营者在生产经营活动中，应当遵循自愿、平等、公平、诚信

---

[1] 郎贵梅．论商业秘密侵权案件中秘密性的证明责任［M］//最高人民法院民事审判第三庭．知识产权审判指导．北京：人民法院出版社，2012：121.

的原则，遵守法律和商业道德。本法所称的不正当竞争行为，是指经营者在生产经营活动中，违反本法规定，扰乱市场竞争秩序，损害其他经营者或者消费者的合法权益的行为。”一般认为，不正当竞争行为成立应当满足行为人与权利人存在竞争关系、行为违反诚信原则或公认的商业道德、损害竞争者的合法权益三个基本要件。[1] 因此，处于不正当竞争行为规制下的侵犯商业秘密行为，也体现了与侵权责任法不同的侵权构成要件。同时，作为一种特殊的不正当竞争行为类型，侵犯商业秘密的行为在构成要件上也具有其独特性特征。

（1）行为主体具有特殊性，不仅包括具有竞争关系的经营者，还包括经营者以外的其他自然人、法人和非法人组织。与侵权责任法下的侵权行为主体不同，前者主要是为了规制经营者之间的不正当竞争行为，保护的是良好的市场竞争秩序，不存在相互竞争关系的经营者，并不是反不正当竞争法规制的对象。然而，《反不正当竞争法》第 9 条第 2 款规定，经营者以外的其他自然人、法人和非法人组织实施前款所列违法行为的，视为侵犯商业秘密。该条款极大地扩充了侵犯商业秘密的行为主体范围，将非经营者纳入侵权的行为主体。有学者据此认为，该条款已经超出了反不正当竞争法的立法本意，因为如果行为主体包括非经营者，则上述必须存在竞争关系的要素则并不成立，只要行为人实施了盗窃、贿赂、欺诈、胁迫、电子入侵等不正当手段获取他人商业秘密的行为即可构成侵犯商业秘密行为，不需要证明其之间存在业务竞争关系。实际上，行为主体扩大到非经营者等一切民事主体，侵犯商业秘密的行为已经朝着脱离反不正当竞争法的框架，而以“专有权利”的侵权形态出现，体现财产权保护的特点。国际上，采用商业秘密专门立法的国家即将商业秘密侵权主体扩大到所有民事主体，如美国 1985 年《统一商业秘密法》、2016 年《保护商业秘密法》，欧盟 2016 年《商业秘密保护指令》都规定行为主体不限于经营者，而是自然人、法人以及其他任何法律或商务

[1] 孔祥俊．商标与不正当竞争法：原理和判例［M］．北京：法律出版社，2009：686.

实体。[1]

（2）行为具有违法性，表现为以不正当手段获取商业秘密，即使用盗窃、贿赂、电子侵入等手段获取他人的商业秘密，这些手段都被视为不正当手段。通过这些手段获取商业秘密的行为被视为违反了法律法规和商业伦理。前者基于侵权责任理论，行为主体以不正当手段获取而具有违法性，后者的违法性基于契约义务理念，表现为违反保密协议或应当保守商业秘密的义务而非法披露、使用行为。

（3）行为后果导致商业秘密权利人合法权益受到损害。一般侵权行为中，损害事实是指他人财产或者人身权益所遭受的不利影响，包括财产损害、非财产损害，非财产损害又包括人身损害、精神损害等。《民法典》中的一般侵权行为采用最广泛的损害概念，不仅包括现实的已存在的不利后果，也包括构成现实威胁的不利后果。反不正当竞争法框架下的商业秘密侵权，并不要求必须要有损害结果发生，只要行为人以不正当手段获取了权利人的商业秘密，即使其尚未披露、使用该商业秘密，仍然构成侵犯他人商业秘密行为。从反不正当竞争法所保护的“法益”或“权益”来讲，这种获取使得商业秘密权利人所拥有的商业价值信息因行为人的非法获取而处于现实威胁的不利后果，而商业秘密具有非公开性特点，一旦公开将使得商业秘密权利人彻底失去竞争优势，商业秘密也将变得“一文不值”。因此，这种现实威胁的不利后果可以不必以损害结果发生为必要，只要其行为后果有可能使得商业秘密权利人合法权益处于不利地位或将遭受损害的可能，则即可构成侵权行为。

（4）行为人主观上具有过错。过错是指行为人应受到责难的主观状态，一般分为故意和过失两种形式。从反不正当竞争法的立法目的可以看出，其是为了促进社会主义市场经济健康发展，鼓励和保护公平竞争，制止不正当竞争行为，保护经营者和消费者的合法权益，而不正当竞争行为明显是有意而为之，一般过失主观状态下的行为不会被认定为不正当竞争行为。我国《反不正当竞争法》规制的几种不正当竞争行为，如假冒、混淆行为，虚假宣

---

[1] Sharon K. Sandeen，Elizabeth A. Rowe. Trade Secret Law including The Defend Trade Secrets Act of 2016 in a Nutshell［M］. London：West Academic Publishing，2018：33.

传行为，商业贿赂行为等主观上均是以故意为构成要件，这种故意包括直接故意或间接故意，侵犯商业秘密行为也应是行为人主观上知道或者应当知道商业秘密是未经权利人的许可而非法获取、披露和使用的。

我国司法实践中，根据侵权情节的轻重，侵犯商业秘密的行为可以分别构成民事商业秘密侵权与商业秘密罪，在行为特征上，两者并无太大差异。我国《刑法》第219条规定侵犯商业秘密的行为包括：“（一）以盗窃、贿赂、欺诈、胁迫、电子侵入或者其他不正当手段获取权利人的商业秘密的；（二）披露、使用或者允许他人使用以前项手段获取的权利人的商业秘密的；（三）违反保密义务或者违反权利人有关保守商业秘密的要求，披露、使用或者允许他人使用其所掌握的商业秘密的。明知前款所列行为，获取、披露、使用或允许他人使用该商业秘密的，以侵犯商业秘密论。”我国《反不正当竞争法》第9条规定了侵犯商业秘密的几种行为，在上述《刑法》规定的基础上，增加了第四项“教唆、引诱、帮助他人违反保密义务或者违反权利人有关保守商业秘密的要求，获取、披露、使用或者允许他人使用权利人的商业秘密”的行为。以及“第三人明知或者应知商业秘密权利人的员工、前员工或者其他单位、个人实施本条第一款所列违法行为，仍获取、披露、使用或者允许他人使用该商业秘密的，视为侵犯商业秘密”的行为。其中第四项教唆、引诱、帮助之行为，系为民法之间接侵权行为，与侵权人负连带责任，而其中“明知”尽管在民事侵权与刑事犯罪方面具体规定不同，从行为人主观方面考量，则均可构成“恶意”之主观状态，而成立侵犯商业秘密之行为共性。

除了上面四个构成要件以外，司法实践中，认定是否构成侵犯商业秘密行为，还需要主张原告保护的信息是否构成商业秘密，即需要满足商业秘密的构成要件，即从前述篇章中商业秘密的秘密性、价值性、保密性等要件进行认定。

二、侵犯商业秘密的行为类型

（一）我国侵犯商业秘密行为类型

尽管商业秘密已经通过《民法典》的形式确定其知识产权的“专有权”

性质，但由于我国还没有专门的商业秘密保护法，相比于传统的知识产权类型，如专利、商标与著作权等，并未以专有权利的形式规定侵犯商业秘密的行为类型，而是通过《反不正当竞争法》第 9 条予以确定。

我国《反不正当竞争法》第 9 条规定："经营者不得实施下列侵犯商业秘密的行为：(一) 以盗窃、贿赂、欺诈、胁迫、电子侵入或者其他不正当手段获取权利人的商业秘密；(二) 披露、使用或者允许他人使用以前项手段获取的权利人的商业秘密；(三) 违反保密义务或者违反权利人有关保守商业秘密的要求，披露、使用或者允许他人使用其所掌握的商业秘密；(四) 教唆、引诱、帮助他人违反保密义务或者违反权利人有关保守商业秘密的要求，获取、披露、使用或者允许他人使用权利人的商业秘密。经营者以外的其他自然人、法人和非法人组织实施前款所列违法行为的，视为侵犯商业秘密。第三人明知或者应知商业秘密权利人的员工、前员工或者其他单位、个人实施本条第一款所列违法行为，仍获取、披露、使用或者允许他人使用该商业秘密的，视为侵犯商业秘密。"

根据上述规定，不正当竞争法框架下的侵犯商业秘密行为类型主要可归纳为以下四个方面：(1) 不正当获取他人商业秘密的行为，包括以盗窃、贿赂、欺诈、胁迫、电子侵入等不正当手段的行为；(2) 以不正当手段获取他人商业秘密后，再进行披露、使用或允许他人使用；(3) 合法获取、掌握他人商业秘密后，再进行披露、使用或者允许他人使用；(4) 第三人明知他人以不正当手段获取他人商业秘密，仍然恶意获取、披露、使用或允许他人使用。其中第 2 项可认定为是在第 1 项获取的基础上的继续行为，一般根据情节严重程度可在损害赔偿中予以考虑。而第 2 项与第 3 项均是在获取的基础上再进行的披露、使用或允许他人使用行为，只是其获取的合法性基础不同，一个是基于不正当手段获取，另一个是基于先合同义务或保密义务合法获取、掌控后的进一步披露、使用行为。而教唆、引诱、帮助等行为一般被定性为间接侵犯商业秘密行为类型，与行为人共同连带承担责任。

(二) 域外侵犯商业秘密行为类型

国际公约中，对侵犯商业秘密行为的规定也主要来源于反不正当竞争的制度框架。《巴黎公约》虽然并未就商业秘密保护进行规定，但通过第 10 条之二“凡在工商业活动中违反诚实经营的竞争行为即构成不正当竞争行为”，作为总的指导原则规范包括以不正当手段获取或披露商业秘密的不正当竞争行为，后形成于 TRIPs 协议第 7 节之未披露过的信息的保护，“则自然人及法人均有可能防止他人未经许可而以违背诚实商业行为的方式，披露、获得或使用合法处于其控制下的该信息”，TRIPs 协议中“未披露过的信息”，即为“商业秘密”。

为了进一步明确 TRIPs 协议下侵犯商业秘密的行为，世界知识产权组织《关于反不正当竞争保护的示范规定》第六节第 2 条以列举的方式进一步明确了不正当获取、披露、使用的行为类型，即“未经合法控制人同意，披露、获取或使用其秘密信息，包括以下行为构成：（1）工业或商业间谍；（2）违反合同义务；（3）违反保密关系；（4）诱使他人从事上述行为；（5）第三人明知或因重大过失未知上述行为而获取秘密信息”。

从全球国家立法来看，商业秘密存在脱离反不正当竞争法框架而进行专门立法保护的趋势，[1] 特别是 2016 年欧盟《商业秘密保护指令》、美国《保护商业秘密法》的出台。以下就几个主要国家和地区就侵犯商业秘密的行为类型进行介绍并展开比较研究。

1. 美国侵犯商业秘密行为类型

美国早在 1939 年《侵权行为法重述（第一次）》第 757 条即规定了侵犯商业秘密的行为类型，其包括：（1）不正当获取商业秘密的行为；（2）违反信任义务，使用或者披露商业秘密的行为；（3）明知以不正当手段获取或者违反保密义务而得到的商业秘密，而仍加以使用或者披露的行为；（4）因他人错误披露所得的、明知是商业秘密的信息，仍然加以使用或披露的行为。1979 年的《统一商业秘密法》以及 1985 年修订后的版本，则对侵犯商业秘密的行为类型规定更为详尽，不仅规定了“不正当手段”的类型，还增加了恶意侵权的行为类型。1995 年的《反不正当竞争法重述（第三次）》第 40 节“侵占商业秘密”规定，“行为人对下列侵占他人商业秘密的行为承担责任：

[1] 郑友德，钱向阳．论我国商业秘密保护专门法的制定［J］．电子知识产权，2018（10）：34-35.

①行为人知道或有理由应当知道该信息属他人商业秘密，仍以第43节规定的不正当手段获取该信息；②行为人未经他人同意，使用或披露他人商业秘密，且使用或披露时：（a）行为人知道或有理由应当知道该信息为他人商业秘密，同时根据第41节规定，行为人在过去获得他人商业秘密时，对他人承担了保密义务；（b）行为人知道或有理由应当知道该信息为他人商业秘密，同时行为人过去是以第43节规定的不正当手段获取；（c）行为人知道或有理由应当知道该信息为他人商业秘密，同时行为人过去对该商业秘密的获得，是取自或经过了以违反第43节规定的不正当手段获取该商业秘密的第三人，或是取自或经过了违反第41节规定的保密义务披露该商业秘密的第三人；（d）行为人知道或有理由应当知道该信息为商业秘密，同时行为人过去是因意外或失误获得的，他人未采取合理保密措施导致行为人获得的除外。"

2016年美国颁布《保护商业秘密法》，该法进一步吸收了《统一商业秘密法》的规定，将侵犯商业秘密的行为界定为："明知或应知获得他人商业秘密已经使用了不正当手段的人，获得该商业秘密；或者未经明示或默示许可而披露或使用他人的商业秘密，且（a）使用了不正当手段获取该商业秘密的内容；（b）在披露或使用时，知道或有理由知道该商业秘密的内容为：（1）来源于或通过第三人以不正当手段获取；（2）在负有保密或限制性使用商业秘密义务的情况下获取；（3）来源于或者通过向寻求救济方承担了保密或限制性使用商业秘密的第三人处获取；或者在接触商业秘密者的状态发生实质性改变之前，知道或者有理由知道所接触的信息系商业秘密，且商业秘密的内容系偶然或无意中获取。"

2. 欧盟侵犯商业秘密行为类型

在欧盟成员内部，如德国和法国，侵犯商业秘密行为类型主要集中于反不正当竞争法框架内。如《德国反不正当竞争法》第17—19条规定6种侵权行为类型，包括雇员泄密行为、为竞争或个人私利而获取、使用或披露行为、商业交易中对商业秘密的利用行为、企图支配或教唆他人实施泄露商业秘密行为、主动向他人泄露商业秘密行为以及实施商业秘密侵权未遂行为。

2016年欧盟颁布《商业秘密保护指令》，以专门立法形式开启对商业秘密的保护。该"指令"第4条规定了具体的侵犯商业秘密的行为类型，主要包括：(1) 当行为人实施了下列行为，视为未征得商业秘密持有人的同意，非法获取商业秘密：①针对处于商业秘密持有人合法控制下的，包含商业秘密或能演绎出商业秘密的文档、物体、原料、材料或电子信息，通过未经授权的渠道接触、未经授权占有或未经授权复制；②其他根据具体情况不属于诚实商业实践行为。(2) 使用或披露一项商业秘密将视为违法，当行为人未经商业秘密持有人允许，通过第三人获取了相关商业秘密，且第三人表示实施了下列行为之一：①非法获取商业秘密；②违反了不披露商业秘密的保密协议或其他保密义务；③违反了关于限制性使用商业秘密的合同义务或其他义务。(3) 同样被认为是非法获取、使用以及披露商业秘密的行为还包括，当行为人在获取、使用以及披露商业秘密时，知道或者根据具体情况应当知道，该直接或间接从持有商业秘密的第三人处取得的商业秘密，存在本条所述及的违法使用或者披露的情形。(4) 直接生产、提供或将侵权产品投放市场，或为了实现这种目的而实施的进口、出口或储存侵权产品的行为，均被认为侵犯了商业秘密。

3. 日本侵犯商业秘密行为类型

《日本不正当竞争防止法》第 2 条第 1 款第 (4) 项至第 (9) 项具体规定了侵犯商业秘密的行为类型，主要有：(1) 以盗窃、欺诈、胁迫或其他不正当手段获取商业秘密的行为；(2) 明知或因重大过失而不知该商业秘密存在不当获取行为而获取商业秘密的行为，以及披露、使用所获得的商业秘密的行为，即以不正当手段获取后的披露、使用行为，主观上为明知或因重大过失不知；(3) 取得商业秘密之后，知道或因重大过失而不知道该商业秘密存在不当获取行为，而使用或披露该商业秘密，即主观上知道以不正当手段获取商业秘密，仍然进行披露、使用行为；(4) 商业秘密应由持有该商业秘密的经营者开示，以取得不正当利益或损害持有人的目的而使用或公开商业秘密的行为；(5) 知道或因重大过失未能知道对方是不正当披露商业秘密，或者该商业秘密已经存在不正当的披露，而获取、披露或使用该商业秘密的行为；(6) 善意取得、使用或披露他人以不正当手段获取的商业秘密，但知道他人以不正当手段获取后，仍然加以使用或披露的。

通过对上述各国及地区侵犯商业秘密的行为类型进行分析，可以得知，不同国家或区域基于各自国情特点，在行为类型上具有各自的特色。美国法基本概括了侵犯商业秘密的基本类型，而欧盟法则增加了在第三人明知存在侵犯商业秘密的情形，仍然制造、许诺销售、销售、进口或为此目的存储侵犯商业秘密产品的行为。而《日本不正当竞争防止法》，也在第 2 条第 10 项中规定了对侵犯商业秘密而生产产品的规制，对明知不正当使用商业秘密而产生的产品进行转让、交付，为转让、交付目的的展览、进口、出口，或通过电子通信网络提供的行为，构成不正当竞争。日本法区别于美国法、欧盟法的一个特殊之处还在于，其明确区分了恶意或重大过失取得与取得时善意、嗣后转为恶意、重大过失的不正当竞争行为，对于交易过程中善意取得者的利用行为予以保护。❶

第二节 不正当获取商业秘密的行为

一、不正当手段的界定

尽管我国法律没有对“不正当手段”进行明确界定，但《反不正当竞争法》第 9 条通过列举的方式概括了其中包括盗窃、贿赂、欺诈、胁迫和电子侵入等行为。这些行为也成为评判侵犯商业秘密的重要因素之一。在传统的观念中，盗窃、贿赂、欺诈、胁迫和电子侵入等行为被普遍视为“不正当手段”。而在国外的相关立法中，违反或诱使违反保密义务也有可能被认定为“不正当手段”的范畴。因此，不正当手段的范围涵盖盗窃、贿赂、欺诈、胁迫等行为。在这里，盗窃通常指以非法占有为目的，秘密地获取他人的商业秘密。侵权行为可以由单位内部员工或外部人员实施，常见的手法包括窃取、窃听等方式获得他人的技术图纸、配方等。贿赂是指为了获取不正当利益，向对方单位或个人提供金钱或其他利益，以排斥竞争对手、获取更大利益的行为，通常包括行贿、买通、打点、提供其他非金钱方面的利益或便利等手

❶ 田村善之．日本知识产权法［M］．4 版．周超，李雨峰，李希同，译．北京：知识产权出版社，2011：45.

法来获取商业秘密。在2019年《反不正当竞争法》修改之前，贿赂行为一般被称为“利诱”行为。胁迫是指以损害权利人或其近亲属的名誉、荣誉、生命健康或财产为威胁，迫使其交出商业秘密的行为。欺诈行为是指故意编造虚假言论、歪曲事实真相，使权利人产生错误认识，从而做出违背真实意愿的行为，进而泄露商业秘密。其他不正当手段还包括骗取、收买、抢劫、抢夺等手法。这些不正当手段都是侵犯商业秘密的行为，我国法律对此予以严厉打击和制裁。

电子侵入是指未经授权或超越授权，通过黑客手段非法进入他人计算机系统、植入电脑病毒等方式获取商业秘密。在2019年修订的《反不正当竞争法》中，电子侵入成为一种明确禁止的侵权行为方式。这是由于随着互联网的普及，越来越多的商业秘密以电子数据的形式存储在计算机系统中，相应地，窃取商业秘密的手段也不断发展和创新。在旧版《反不正当竞争法》中，并没有针对电子侵入这一特定行为作出明确规定，因此，通过电子侵入手段获取商业秘密只能被认定为使用了“其他不正当手段”。在法律修订后，电子侵入被明确列为不正当获取商业秘密的行为之一。这意味着，通过黑客手段非法进入他人计算机系统、植入电脑病毒等行为将直接适用该法条进行规制。需要注意的是，最高人民法院、最高人民检察院在2020年9月13日发布的《关于办理侵犯知识产权刑事案件具体应用法律若干问题的解释（三）》中将未经授权或超越授权使用计算机信息系统等方式窃取商业秘密认定为不正当获取商业秘密的“盗窃”行为，并未将其归类为电子侵入的不正当获取行为。

司法实践中，当事人基于其工作职责完全具备掌握商业秘密信息的可能和条件，为他人生产与该商业秘密信息有关的产品，且不能举证证明该产品系独立研发，根据案件具体情况及日常生活经验，也可以推定该当事人通过不正当手段获取或披露了其掌握的商业秘密。

关于“不正当手段”的定义，美国1979年《统一商业秘密法》将其界定为“不正当手段包括偷窃、贿赂、虚假陈述、违反或诱使违反保密义务，或通过电子或其他手段的间谍行为”。1995年《反不正当竞争法重述》第43条规定“以不正当手段获取他人的商业秘密包括偷窃、欺诈、未经授权而窃听、引诱或故意参与违背保密义务，以及本身违法的或在特定情况下违法的其他手段独立开发和分析可公开获得的产品或信息”。《美国侵权法重述》第757条同样提到：“行为人未经授权以不正当手段获取了他人的商业秘密，对他人负有法律责任。如果（a）他以不正当的手段获取了该秘密，或（b）他的披露或使用构成了对保密义务的违背，而此种义务是他人在向他披露该秘密时所要求的。”日本则将不正当手段概括为“盗窃、欺诈、胁迫等其他不正当手段”，并对“其他不正当手段”作出具体规定，如恶意挖墙脚或者贿赂竞争对手的雇员；装扮成雇员或顾客进入竞争对手的涉密工作区；明知竞争对手或雇员有酒后乱言的习惯，以喝酒为计诱之酒后说出商业秘密；诱惑雇员违背保密义务或条款，等等。《德国反不正当竞争法》第17条第2款第（1）项则将不正当手段定义为无任何正当理由，利用技术手段将商业秘密负载于有形物品上或者将载有商业秘密的物品带走等手段。

尽管我国未将违反保密义务行为列入反不正当竞争法中不正当手段范围，但基于合同法项下的权益主张完全可以实现对违反保密协议而侵犯商业秘密权的救济。事实上，我国反不正当竞争法更多的是从侵权角度对侵犯商业秘密行为进行规制，而违反保密协议更多的是从债权法角度进行规制，这一点与美国不同。美国在《统一商业秘密法》和《反不正当竞争法重述》中，将违反保密义务纳入不正当手段范围，而在《侵权法重述》中则将“违反保密义务”与“不正当手段”作为商业秘密侵权的两种情况进行并列。除此之外，《统一商业秘密法》通过反向列举了一些“正当手段”帮助排除“不正当手段”，如通过独立研发、反向工程获取，或者由商业秘密所有人许可而获得、观察公开使用或公开展示之产品而获得，以及从出版物中获得商业秘密等其他合法手段。

典型案例：芝加哥锁厂诉范伯格案[1]

（一）阅读导引

范伯格父子获取锁匠数据的行为是否属于“不正当手段”？基于保密义务

[1] Chicago Lock Co. v. Fanberg., 676 F. 2d 400 (9th Cir. 1982).

的违反，范伯格父子的行为是否构成对芝加哥锁厂商业秘密的侵犯？

（二）基本情况

从1933年起，制造商芝加哥锁业公司（Chicago Lock Company）开始以注册商标“Ace”出售管状锁，这款锁的安全性远超其他种类的锁。数百万枚已售出的Ace管状锁广泛用于自动售货、换钞机和盗窃报警器及其他要求具备高安全性的领域。Ace锁的显著特点是重新制作其钥匙难度极高，这一特征引起了对安全性要求较高的大型企业客户的广泛兴趣。

芝加哥锁业公司有严格的保密政策，只向记录在案的购买过Ace锁的客户出售复制钥匙，同时客户须出示真实的购买订单或者其他身份证明。除此之外，系列钥匙关键代码由公司无限期保密，公司不向锁匠或其他人单独出售管状锁钥匙，Ace锁的钥匙上印着“禁止复制”的字样。如果Ace锁的所有者丢失钥匙，他可以从公司获得一份复制品或者找一个熟练的锁匠通过分析锁心结构，研磨一把管状钥匙的复制品。后者的程序比前者快，但费用较高。锁匠为了避免每次配钥匙时都必须拿到锁，就会将钥匙关键代码（即锁的制动栓的构造）随客户锁的序列号一起记录下来。这样一来，一旦锁匠配制的钥匙越多，密钥代码数据就收集得越多，尽管锁匠是出于非营利目的。

上诉人维克多·范伯格（Victor Fanberg）是锁匠莫里斯·范伯格（Morris Fanberg）的儿子，他自己也是一个锁匠，并且已经出版了许多常规锁的锁匠手册。维克多·范伯格意识到目前市面上还没有管状锁钥匙代码的汇编，因此1975年维克多·范伯格在锁匠期刊《锁匠手记》上做广告，向广大锁匠征集他们所拥有的密钥代码，用以完善管状锁钥匙代码的汇编本。在众多锁匠的响应下，1976年年底，维克多·范伯格和他的父亲开始出售一种两卷本的管状锁密钥代码出版物，其中就包括Ace锁，书名为《一个高级锁匠的管状锁代码》。随后维克多·范伯格于1976—1977年继续在《锁匠手记》上刊登广告，对其所掌握的代码数据进行补充，截至审判时其编纂的手册已售出约350份。地区法院认定，维克多·范伯格出售管状锁代码出版物的行为已经丧失了对购买者范围的控制，这意味着非锁匠也可以获得代码手册。这些书包含的代码关联列使得人们只要知道锁的序列号并配备管状锁磨床就可以为任何一个Ace锁制作钥匙复制品。因此，维克多·范伯格的手册将使任何人在不经过芝加哥锁业公司审核且成本极低的情况下轻易获得 Ace 锁的复制钥匙，这就是威胁到公司及其部分客户的利益。关键在于，维克多·范伯格并没有获得芝加哥锁业公司授予编译和出售关键代码的许可，其他个人锁匠在向维克多·范伯格传递关键代码数据之前也没有向公司或其客户寻求授权。

（三）争议焦点及分析

本案的争议焦点主要围绕范伯格父子从其他锁匠配制客户钥匙时获得钥匙的关键代码与锁的序列号并编辑成册发行的行为是否属于“不正当手段”或违反了保密义务，侵犯了芝加哥锁业公司的商业秘密？

地区法院认为，关于 Ace 管状锁的相关数据（钥匙代码数据是其中的一部分）是芝加哥锁业公司“有价值的业务或商业秘密类型的资产”。范伯格父子公布他们汇编的这些代码对芝加哥锁业公司的利益造成了损害，从而构成《加利福尼亚州民法典》第 3369 条含义内的普通法上的不正当竞争。因此，法院禁止范伯格父子公布或分发芝加哥锁业公司已注册的 Ace 系列管状锁的任何钥匙代码关联清单。在上诉中，范伯格父子提出两项抗辩意见：(1) 禁止出版他们书的禁令构成了美国宪法第一修正案对自由言论的事先限制，违反了宪法；(2) 地区法院错误地适用了普通法上的关于认定商业秘密规定，得出了范伯格父子实施了《加利福尼亚州民法典》第 3369 条规定的“不正当商业行为”的结论。

根据《侵权法重述》第 757 条规定，一方在没有获得授权的情况下披露或使用他人的商业秘密，在下列情况下应对另一方承担责任：(1) 通过不正当的手段获知了该秘密；(2) 明知第三人通过不正当的手段获知了该秘密而仍然披露或使用。商业秘密以类似于私有财产的方式受到保护，只有在商业秘密通过不正当的手段披露或使用的情况下才受到保护。商业秘密并不享有如专利权所提供的绝对垄断的保护，并且当商业秘密的所有人泄露或他人通过正当的手段获知时，商业秘密将失去其作为私有财产的权利。

据此，可以得出，承担责任的基础是使用不正当的手段获得商业秘密，而不是单纯地复制或使用。范伯格父子通过征集获取个别锁匠的密钥代码数据是否属于被上诉人芝加哥锁业公司所称的“不正当手段”？芝加哥锁业公司也承认，如果范伯格父子自己购买了锁，他们对锁和钥匙进行了反向工程

(或破译) 并公布这些密钥代码的行为就不属于“不正当手段”。同样，范伯格父子如果使用计算机程序生成了与本案有关的部分密钥代码及序列号相关数据，这也应当被定性为适当的反向工程。本案中，上诉人从“相对少数”的锁匠那里获得了锁的序列号及密钥代码，是这些锁匠对其客户的锁进行了反向工程取得的数据。根据《统一商业秘密法》规定，通过反向工程而获得商业秘密应属于合法手段。

另外，根据《侵权法重述》第757之（2）条，如果上诉人违反锁匠对芝加哥锁业公司负有的保密义务，故意披露商业秘密，则上诉人可能也需要承担责任。因此，地区法院作出判决的关键是为范伯格父子提供序列号及密钥代码的其他个体锁匠对芝加哥锁业公司是否负有不披露该等信息的默示义务。地区法院得出个体锁匠对芝加哥锁业公司负有保密义务的结论是不能成立的。法院将这一默示义务归因于其与客户之间的保密义务：（1）锁匠与其客户之间基于一种商业信任关系，因此在未经许可的情况下锁匠不得披露其客户的密钥代码；（2）客户对自己购买的锁拥有所有权，其对公司不负有不侵犯的默示义务。但是，个体锁匠对客户保密义务的违反，只能让“受损害”的客户对个体锁匠提起诉讼具有合理基础，而不能让芝加哥锁业公司对锁匠或范伯格父子提起诉讼具备相应基础。故此，不能说范伯格父子的行为导致锁匠个人违反了他们对芝加哥锁业公司负有的保密义务，因为个体锁匠对芝加哥锁业公司根本不负有任何的保密义务。上诉法院最后判定，芝加哥锁业公司的序列号及钥匙代码不受加利福尼亚州《侵权法重述》第757条的保护，原因是芝加哥锁业公司未能证明范伯格父子、个体锁匠或锁具购买者客户违反了任何保密义务，也未能证明范伯格父子使用了《侵权法重述》中所要求的“不正当手段”。

（四）评论与思考

本案中，美国法院对于案件的审理主要援引了《侵权法重述》的相关规定。《美国侵权法重述》中将“违反保密义务”与“不正当手段”作为商业秘密侵权的两种情况进行了并列。据此，在美国，侵犯商业秘密的行为必须是负有保密义务的人违反了保密协议，或使用了不正当手段，获取权利人的商业秘密。而范伯格父子获取锁匠数据，并汇编成册出版的行为既没有违反保密义务，也没有采取不正当手段获取，故此，并不构成对芝加哥锁业公司商业秘密的侵犯。

二、不正当手段的道德评判标准

通常来说，正当指的是符合道德和法律的行为。而不正当的行为除了损害他人的现有正当利益以外，还包括阻止或妨碍他人获得正当利益，包括道德与法律层面。在商业秘密侵权中，“不正当”这样一个带有浓烈的道德色彩的词语起到了重要的判断作用。为什么将这样一个趋于道德和感性的判断标准用于有着严格理性要求的法律体系当中？那是因为商业秘密法有着超乎寻常的道德标准，1820 年英国大法官法庭的判决也确实强调了商业秘密保护中信任关系和商业道德的重要性。这一观点在后来被引入美国，成为商业秘密保护法律的基础。商业秘密法确实倾向于强调商业道德和诚信原则，并通过对商业秘密盗用者进行惩罚来维护商业道德。商业秘密的保护增加了商业道德的公共政策，并防止了不正当手段行为的发生。根据商业秘密法的原则，当一个人在信任关系中获取了商业秘密时，该人有义务保持秘密并遵守商业道德。对于违背这种信任关系并使用或披露商业秘密的行为，法律会提供相应的保护措施，并可能追究相应的法律责任。总体而言，商业秘密法的核心目标是保护商业秘密的机密性，并鼓励商业界遵守商业道德和诚信原则。这种保护有助于促进公平竞争、经济发展和商业关系的稳定性。

在美国商业秘密保护中，财产理论和道德理论这样两种看似矛盾的理论体系共同发挥着作用，财产理论强调的是权利人希望得到保护的商业秘密信息因为具备了秘密性、价值性和保密性要素，从而成为可以得到法律保护的无形财产权；道德理论则强调行为人有尊重他人商业秘密信息之义务，在很多案例中，法官甚至不会把讨论的焦点放在信息本身的商业秘密财产属性之上，而会集中讨论行为人获得该信息的手段是否合乎道德标准。如果突破了一般人的道德判断标准实施了盗窃、贿赂、欺诈、胁迫等行为，或者违背了权利人的信任关系而实施了对商业秘密信息的不当使用，即使该信息本身的商业秘密属性不尽明确，都有可能会被认定存在商业秘密侵权。

这样超乎寻常的道德标准在商业秘密法律体系中的运用，曾经受到过许多质疑，质疑的声音提出："如果该信息本身就不具备得到财产权保护的前提，那耗费社会成本对其进行保护的目的何在?"但是伴随着大量案例的出现，质疑者慢慢发现，商业秘密保护存在很大的难度，因为商业秘密权属于原始取得，权利人获得权利的过程不需要他人和相关行政机关的认可，权利人秘密地获得权利，秘密地使用权利，秘密地保护权利，权利人需要得到权利认可的时候往往发生在商业秘密侵权诉讼之时。按照一般的侵权法理论，权利人首先需要向法官证明自己拥有权力，得到"确权认可"后，继而证明他人的侵权行为实际存在，才能进一步追究他人的侵权责任。而商业秘密侵权行为不同于对有形物的侵权，大多是秘密进行的，因此权利人如果要按照一般的侵权理论进行举证并获得救济，对于权利人来说显然是极为不利的。因此充分加入道德因素来判断侵权人的行为，提高对相对人的道德要求，为权利人适当降低了维权难度，兼顾公平。

可以说，在19世纪，维护商业道德成为普通法商业秘密保护制度的一个特点。进入20世纪以来，美国商业秘密法的一个主要政策仍然是促进和维护商业道德。[1] 因此，很长时间以来，倡导诚信、反对背信行为，一度成为商业秘密保护的基石，而这种道德理念也不限于商业秘密保护，而是适用涉及反不正当竞争情境下的所有行为。而这与我国《民法典》强调的诚实信用基本原则一致。

有学者认为，基于更高标准的公正和商业道德理念，美国商业秘密法更多的是出于维持商业规矩标准，而不是为了解决知识和智力成果在社会发展和推广中的应用问题。[2] 基于不正当竞争法的立法本意，其主要是为了诚信的商业道德，以维护公平竞争的市场交易秩序。而非法获取、披露和使用商业秘密行为很显然违反诚实信用的商业道德，存在很多不利后果，不仅会对商业秘密权人依法要保护的信息利益造成损害，而且还会对公平和诚实信用的市场竞争秩序造成妨碍。因此，在司法实践中，基于不正当手段的判断，可

---

[1] 冯晓青．知识产权利益平衡理论［M］．北京：中国政法大学出版社，2006：359.

[2] L.J. 古泰．美国商业秘密法概述［J］．李文玉，肖志岳，译．国外法学，1988(2)：19.

以借助商业道德理念以维护权利人的权益和保护公平正当的市场竞争秩序，从此理念出发，凡是违反公平竞争或以不道德的方式获取他人的商业秘密行为，均属于“不正当手段”范围，以此制止不正当竞争的市场行为。

根据2022年《最高人民法院关于适用中华人民共和国反不正当竞争法若干问题的解释》第3条的规定，可以将特定商业领域普遍遵循和认可的行为规范定义为“商业道德”，而人民法院也可以依此来认定是否违反《反不正当竞争法》第2条中关于“商业道德”的规定。具体评判经营者是否违反商业道德时，可以综合考虑一些因素。例如，行业规则或商业惯例，经营者的主观状态，交易相对人的选择意愿，对消费者权益、市场竞争秩序以及社会公共利益的影响等。此外，行业主管部门、行业协会或自律组织制定的从业规范、技术规范、自律公约等也可以作为评判经营者是否违反商业道德的重要依据。总之，评判一种行为是否属于商业道德范畴是一个复杂的过程，需要考虑多个因素并参考相关法律法规和行业规范。在具体情况下，人民法院将根据法律和相关证据来作出评判。

1970年美国联邦第五巡回上诉法院的“杜邦公司诉克里斯多夫”一案，作为1939年《侵权法重述》的典型判例，介绍了商业秘密保护的合理措施、第三人等问题，尤其对商业秘密侵权行为的种类进行了扩大解释，阐述和明确了商业秘密保护中的许多原则，对正确理解“不正当”行为有着积极的意义。该判决被美国许多商业秘密案件反复引用。1979年的《统一商业秘密法》以及1995年的《反不正当竞争法重述》也多次引证该判例，用以说明商业秘密保护的相关问题。

典型案例：杜邦公司诉克里斯多夫案[1]

（一）阅读导引

克里斯多夫兄弟在原告杜邦公司尚未竣工的厂房上空拍照，是否构成以不正当手段获取商业秘密行为？

---

[1] E. I. DuPont deNemours & Co. v. Christopher，431 F. 2d 1012（5th Cir. 1971）.

（二）基本情况

杜邦公司（E. I. duPont deNemours & Company）在得克萨斯州比尔蒙特开设了一家工厂，摄影师克里斯多夫兄弟（Rolfe and Gary Christopher）受到匿名第三方的委托，驾驶飞机对杜邦公司正在建设中尚未封顶的新厂房进行了航拍。当天下午，杜邦公司确认了进行航拍的摄影师为克里斯多夫兄弟，并得知飞机在其未封顶的新厂房上空盘旋的目的是拍摄甲醇的生产流程。

杜邦公司很快就与克里斯多夫兄弟取得联系，并要求他们交出拍摄的照片。然而，克里斯多夫兄弟拒绝了这一要求。为了避免拍摄的照片被披露，杜邦公司随即提起诉讼，指控克里斯多夫兄弟通过非法手段获取了带有杜邦公司商业机密的照片，并将这些照片披露，卖给了匿名的第三方获取了利益。杜邦公司声称其投入了大量的人力、物力、财力开发出一种高度保密的甲醇生产方法，该生产方法的应用将使得杜邦公司在市场上获得竞争优势。克里斯多夫兄弟向匿名第三方披露拍摄很有可能导致相关领域的技术人员推测出甲醇的生产方法，导致其市场竞争优势的丧失，因此，克里斯多夫兄弟的行为侵犯了杜邦公司的商业机密。鉴于克里斯多夫兄弟已经泄露了这些商业机密，杜邦公司要求法院判处赔偿金，并寻求临时和永久禁令，以防止照片上信息的进一步公开，并禁止其他任何人再次对工厂情况进行拍摄。

庭审中，杜邦公司对自己甲醇新生产方法的商业秘密属性进行了阐述：(1) 杜邦公司投入大量的人力、物力、资金等成本生产甲醇的方法作为一项高度机密的技术信息，这项技术信息使得杜邦公司在同级竞争市场中占有明显优势，充分体现了该商业秘密的经济价值和商业价值；(2) 杜邦公司为该甲醇的生产方法进行了高度机密的保护，通过采取特别的预防措施来保护其甲醇的生产过程，尽管该工厂尚未完工，但从外界无法看到其里面的生产过程，已完成了合理的保密措施要求，符合商业秘密保护的秘密性法律属性；(3) 该生产甲醇的过程是一个独立、完整、具有可操作性的技术成果，符合实用性的条件。

克里斯多夫兄弟认为该起诉缺乏法律依据，要求法院驳回其诉讼请求。其认为窃取商业秘密一定是非法侵入，或是违反保密协议等行为，而自己的行为并不构成不正当获取商业秘密。1969 年 6 月 5 日，法院举行了听证会并作出裁定，支持了杜邦公司的诉讼请求，并要求克里斯多夫披露其匿名客户身份。

（三）争议焦点及分析

该案中，如何认定获取商业秘密的“不正当手段”是判断是否构成侵犯商业秘密的重要标准。该案中原告指控被告在未经其同意的情况下对其尚未竣工的厂房进行航拍，通过拍照形式非法获取原告商业秘密，并将照片交给匿名第三人，是被告以不正当手段非法侵犯了自己的商业秘密。而被告则辩称自己是在公共领域内拍照，既没有违反政府的航空法规，又没有违反保密义务，也没有采取欺诈或非法的手段，因此不存在违法行为。被告指出，从过往的案例可见如果要被认定为通过不正当手段获取商业秘密，就必须存在有非法进入、违反保密义务等行为。在原告尚未封顶的厂房上空拍照，是否属于“不正当手段”？

根据《侵权法重述》第 757 条的规定，行为人未经授权披露或使用他人的商业秘密时，将对他人承担法律责任。这种情况可以分为两种：一是行为人通过不正当手段获取商业秘密，二是行为人违反了保密义务而使得他人获取了该商业秘密。在本案中，被告主张其航拍行为既不属于不正当手段，也没有违反保密义务。在商业秘密的保护中，保密义务通常通过明示或默示的合同来确立。然而，在原告和被告之间并不存在保密义务，因此被告的航拍行为不能被视为通过违反保密义务非法窃取他人商业秘密。那么，有关克里斯多夫兄弟的航拍行为是否构成“不正当手段”呢？

根据 1939 年《侵权法重述》第 757 条的规定：“以不正当手段获取他人的商业秘密，无论是否损害了该秘密中的权益，行为者都应承担法律责任。”因此，如果有人使用强制手段从他人口袋里拿走秘密配方，或者从他人办公室偷走配方，即使没有对秘密配方中的权益造成损害，这样的行为本身也被视为非法，并需要承担法律责任。另外，即使某些手段如通过虚假陈述引诱披露信息、窃听电话、偷听或其他间谍行为只导致商业秘密中权益的损害而没有其他损害，根据该规则，仍然属于不正当手段。当然《侵权法重述》不可能为所有不正当手段列出目录，但是衡量这些手段是否正当，应不低于一般商业道德标准和合理行为准则。此外，《侵权法重述》第 759 条列举了一些可能构成不正当手段的示例，包括偷窃、非法侵入、贿赂或诱使雇员或其他人违反义务披露信息、虚假陈述、以非法伤害行为威胁、窃听电话、以间谍的目的介绍某人的雇员或代理人成为他人的雇员等。

在1979年《统一商业秘密法》中也对“不正当手段”作了界定：“不正当手段包括偷窃、贿赂、虚假陈述、违反或诱使违反保密义务，或通过电子或其他手段的间谍行为。”在这里，甚至违反保密义务也被纳入了“不正当手段”的范围。这与《侵权法重述》将“违反保密义务”与“不正当手段”作为商业秘密侵权的两种情况进行并列有所不同。

1995年《反不正当竞争法重述》第43条规定：“以不正当手段获取他人的商业秘密包括偷窃、欺诈、未经授权而窃听、引诱或故意参与违背保密义务，以及本身违法的或在特定情况下违法的其他手段，独立开发和分析可公开获得的产品或信息，不是以不正当手段获取。”该条事实上规定了不正当手段的情形及例外排除情形，即在产生保密义务的情形下获得，以及通过独立开发、反向工程方式获取他人的商业秘密不视为不正当手段获取，商业秘密权利人依法不得向行为人主张权利。还包括他人通过分析出版物、通过观察公共视野中的物品或事件，或通过可利用的其他正当手段获得商业秘密。

第五巡回法院对被告关于“不正当手段”仅指非法侵入的观点进行了回应。他们表示，尽管以前的判例已经讨论了违反保密义务、非法侵入或其他非法行为的不正当性，但是“不正当手段”应该具有比迄今为止所碰到的判例更为广泛的含义。在讨论得克萨斯州相关判例后，法院指出，“不正当手段”包括所有的不正当手段，任何以不正当手段获取他人商业秘密的行为都可以成为提起诉讼的原因。法院进一步指出，每个不正当手段都存在差别，即便差别可能较为轻微，其确定可以依赖于时间、地点和具体情况等不同因素。因此，并不需要为商业上的不正当手段编写一个行为目录，而是泛指那些在特定情况下违背道德判断方式来获取他人商业秘密的行为。法院提出了以下观点：“如果行为人通过合法途径获取产品并进行反向工程，从而获取竞争者的商业秘密信息，或者通过自己的独立研究获得与竞争者相同的商业秘密信息，这样的行为不被视为‘不正当手段’，行为人可以使用该信息而不构成侵权。然而，若权利人为维护该方法的机密性采取了合理措施对其进行保护，行为人故意在破坏或通过反向工程破解该措施也仍然可以被认定为不正当的。例外情况就是，权利人主动披露了该信息或未采取合理的措施来维护其机密性。”

法院在判决中指出，被告的飞行方式是否违反联邦航空法规并不是重点讨论的内容。无论被告以何种方式进行航拍，在该案中其通过窃取甲醇的生产方法，违背了基于公平竞争的基本道德，被视为使用了不正当手段获取原告商业秘密。

（四）评议与思考

“不正当手段”并非一成不变的概念。相关手段是否具有“正当性”完全取决于在个案中的具体判断。某些行为在一般的商业活动中可能并不属于法律禁止的内容，但是处于商业秘密保护范围内就有可能被认定为“不正当手段”。故此，对“不正当手段”应进行扩大解释，将在特定条件下违反合理道德判断的内容涵盖到“不正当手段”的范围中去。

第三节　披露、使用商业秘密的行为

一、披露、使用的概念界定

在汉语语境中，“披露”一词意为揭示其隐蔽或隐私、表露、显露，又有宣示、发表、公开之意思。在反不正当竞争语境下，披露是指将权利人的商业秘密公开，以破坏权利人的竞争优势。❶ 有学者认为，应将披露理解为“使某秘密信息溢出原来存在的范围”，❷ 只有如此，才存在对权利人自我界定的保密范围进行认定，进而推导出侵权人违背权利人的保密意思、超出其商业秘密的保密范围向第三方提供秘密信息的任何行为即构成不正当披露行为。❸

❶ 王瑞贺．中华人民共和国反不正当竞争法释义［M］．北京：法律出版社，2018：33.

❷ 朱谢群．商业秘密法中“不可避免披露”原则的规范性分析［J］．科技与法律，2003（4）：14.

❸ 马一德．商业秘密法学［M］．北京：高等教育出版社，2023：123.

一般来说，披露根据其披露的对象可以分为向社会、不特定的人公开商业秘密和向特定的、少部分人披露商业秘密。两者的行为定性上均为构成披露的行为事实，区别只在于客观上是否造成权利人重大损失而在损害赔偿上予以区别考虑，“对公众披露，使商业秘密失去继续受保护的必要性……而私下披露则会增加未经许可使用和进一步公开的危险性，根据（b）条所述条件，行为人无论是向公众披露还是私下披露，均要承担相应责任。在追究行为人责任时，任何未经许可的披露无须明示，行为人任何使他人得知商业秘密的行为，包括销售、交付物品或其他有形对象，使商业秘密可从中泄露的，均构成本节规则所述的商业秘密披露”。从以上美国《反不正当竞争法重述（第三次）》可以看出，不管是哪种范围的披露，只要是使其“溢出”原有存在的范围，就有可能使得其竞争优势丧失，构成商业秘密的披露行为。

而关于商业秘密的“使用”界定，我国《最高人民法院关于审理侵犯商业秘密民事案件适用法律若干问题的规定》第9条明确规定，被诉侵权人在生产经营活动中直接使用商业秘密，或者对商业秘密进行修改、改进后使用，或者根据商业秘密调整、优化、改进有关生产经营活动的，人民法院应当认定属于《反不正当竞争法》第9条所称的使用商业秘密。《〈最高人民法院关于审理侵犯商业秘密民事案件适用法律若干问题的规定〉的理解与适用》对使用商业秘密行为作了进一步规定，包括：（1）在生产、经营等活动中直接使用商业秘密，例如使用构成商业秘密的配方、方法、工艺，直接用于制造同样的产品。（2）在商业秘密的基础上，进一步修改、改进后再进行使用，例如对于属于商业秘密的配方进行改进后，制造特定的产品。（3）根据权利人的商业秘密，相应调整、优化、改进与之有关的生产经营活动，例如根据权利人研发失败所形成的数据、技术资料等商业秘密，以及研发过程中形成的阶段性成果商业秘密等，相应优化、调整研发方向，或者根据权利人的经营信息商业秘密，相应调整营销策略、价格等。可见，我国反不正当竞争法上所述的“使用”，即指将商业秘密直接用于生产经营中。

1996年世界知识产权组织《反不正当竞争保护示范规定》将“使用”定义为：“秘密信息的‘使用’通常是指利用，例如取得者将秘密信息运用于生产活动之中，也可以以其他方式用于支持企业的生产或经营活动。”而在2016

年欧盟《商业秘密保护指令》第5项则进一步扩充了使用的范围，将“行为人知道或应当知道存在本条第（3）款所述及的违法使用商业秘密的情形，而仍然实施了直接生产、提供或将侵权产品投放市场，或为了实现这种目的而实施的进口、出口或储存侵权产品的行为”认定为是使用了商业秘密，构成侵犯了商业秘密。《日本不正当竞争防止法》规定的不正当使用行为包括：“产生产品的转让、交付，或为转让、交付目的的展览、进口、出口，或通过电子通信网络提供之行为的转让、交付，或为转让、交付目的的展览、进口、出口或通过电子通信网络提供之行为被排除在外。”不仅包括利用商业秘密进行研发制造产品的直接使用行为，还包括销售、许诺销售、使用侵权产品等间接使用行为。

我国司法实践中，对“使用”的界定仅指直接使用商业秘密内容本身，并不包括使用商业秘密生产制造的侵权产品在生产销售后，其他销售商后续的销售行为以及购买者的使用行为。

二、披露、使用的行为类型

获取后的披露、使用商业秘密的行为，基于行为人的获取手段的合法性与否，分为非法获取后的披露、使用行为和合法获取后非法披露、使用行为。

非法获取商业秘密后披露、使用的行为指的是通过不正当手段获取权利人的商业秘密后，将其向公众或第三方披露，既可能自己使用，也可能允许他人使用。这种行为是对商业秘密的侵犯延续和产生的结果。合法获取商业秘密后非法披露、使用的行为是指在通过正当合法手段获得权利主体的商业秘密后，违反双方关于保密的约定、权利人提出的保密要求或法定保密义务，自行或允许他人披露、使用这些获得的商业秘密。前者因为获取行为的不正当性，导致披露和使用行为缺失正当性法律基础，因而其后续的披露和使用行为也即为非法，亦为“非法获取，非法使用行为”。后者尽管具有获取的正当性基础，但因违反相应保密义务或合同义务，而成立事实的违法性，因而其披露、使用行为也欠缺正当性法律基础，亦为“合法获取，非法使用行为”，同为典型的侵犯商业秘密行为。

（一）非法获取后的非法披露、使用行为

我国《反不正当竞争法》第 9 条第 1 款第 2 项指出：经营者不得披露、使用或者允许他人使用以盗窃、贿赂、欺诈、胁迫或者其他不正当手段获取的权利人的商业秘密。由此可见，在商业秘密侵权中，仅有“以不正当手段获取”的行为即可被认定为侵权，如果行为人通过“不正当手段”获取后，进而进行披露、使用，属于商业秘密继续侵权情节。“非法获取，非法使用”商业秘密的侵权行为包括三种情况：第一种是侵权人获取权利人的商业秘密后再向特定人透露。可以是侵权人自行获得权利人商业秘密信息后再向特定有需求的对象透露，也可以是特定的对象向有可能获得权利人商业秘密的侵权人表达希望得到该信息后侵权人再行非法获取。第二种是侵权人获取权利人的商业秘密后再对少数人扩散。可以是侵权人获得权利人商业秘密后向权利人的部分竞争对手发出要约，表示可以向其透露该信息。第三种是侵权人获取权利人的商业秘密后再对社会公开。侵权人可以选择互联网等信息网络方式对权利人的商业秘密信息进行公开，具体而言可以通过报纸、期刊、广播电台、电视等方式向社会公开，或者将商业秘密自行申请专利，从而将权利人的商业秘密公之于众。这三种情况虽然都被认定为商业秘密侵权，都会影响权利人的市场竞争地位和经济收益，但是这三种情况带来的商业秘密信息价值的减损是不同的，在第一种情况中，信息向特定的人公开，如果信息在该行业中仍然具有秘密性，那该信息仍然可以为权利人带来竞争优势，则价值减损程度相对较轻；在第二种情况中，信息扩散的范围比第一种要广，相对信息秘密性完全丧失的风险也进一步增加，价值减损程度比第一种会更严重；在第三种情况下，该信息的秘密性被完全破坏，信息进入了公知领域，令权利人彻底失去竞争优势，价值减损程度最为严重。

在商业秘密侵权的情况下，涉及的“使用”行为包括侵权人自己使用商业秘密和许可他人使用商业秘密的情况。其中，“使用”又可以分为直接使用和间接使用两种情况。

直接使用指的是侵权人通过不正当手段获取商业秘密，将其应用于自己的生产经营活动中。这种使用可能涉及与生产活动相关的行为，例如利用所获得的商业秘密进行产品生产，或者用于产品推销等。间接使用则是指侵权

人以不正当手段获取商业秘密后，将其应用于科研领域。虽然表面上看不出直接与生产经营相关的使用，但实际上通过间接使用商业秘密可以减少科研经费、人力等投入，从而达到降低成本的目的。[1] 此外，侵权人还可能许可他人使用自己通过不正当手段获取的商业秘密。这种许可行为既包括以有偿方式向他人提供通过不正当手段获取的商业秘密的使用权，也包括以无偿方式向他人提供通过不正当手段获取的商业秘密的使用权。无论是否获得相应报酬，都不影响对侵权人侵权行为的判断。

“非法获取、非法使用”的相关案例很多，此类案例只需要按照财产权原则来进行判断即可认定。因为侵权人的非法获取并进行非法使用的行为，影响了权利人的商业秘密财产权，因此权利人可以获得法律救济。

（二）合法获取后的非法披露、使用行为

我国《反不正当竞争法》第9条第1款第3项指出：禁止违反约定或者违反权利人有关保护秘密的要求，披露、使用或者允许他人使用其所掌握的商业秘密。法条表述的此类行为便属于“合法获取，非法使用”商业秘密的侵权行为，即行为人通过正当手段获取权利人的商业秘密，而违反双方的保密约定或权利人提出的保密要求或法定的保密义务，将其通过合法途径掌握的商业秘密自行使用或者允许他人使用。区别于上面“非法获取，非法使用”的商业秘密侵权行为，此类侵权行为的成立要件包括：（1）侵权人获取商业秘密的过程是合法的；（2）侵权人使用商业秘密的方式是违法的。判断此类侵权行为的关键在于，权利人将商业秘密信息告知于侵权人，目的是通过披露以获得更多的经济收益，而侵权人对该信息的使用要求在于帮助权利人实现经济收益，而不能自行使用或允许他人使用以实现自己的经济收益。因此，从其使用商业秘密信息的目的可以判断是否属于侵权。

此类侵权是权利人主动向行为人披露了自己的商业秘密信息在先，行为人继而对信息进行了不当披露或使用，但是，权利人的行为即使在签订保密协议或者提出保密要求的情况下进行，同样会在一定程度上增加该信息秘密性丧失的风险，因此，基于保密协议双方应遵循的保密义务，就成为该侵权

[1] 李婕妤．商业秘密侵权行为探讨［J］．湖北警官学院学报，2005（6）：36.

行为成立的前提。权利人基于信任，将信息告知义务人，作为得到权利人信任的信息接收者就有尊重并维护他人信息秘密性之义务。如果其破坏了这种义务，即可能存在侵权。

“合法获取，非法使用”中侵权人不仅侵犯了权利人受到法律保护的合法权益，也极大地辜负了权利人对其的信任，不符合商业交往中的道德判断。

近年来，我国对商业秘密侵权的认定标准进行了完善，并加重了侵权赔偿的责任。具体而言，2019年修订后的《反不正当竞争法》删除了“违反约定”的表述，转而使用“违反保密义务”的表述。这种修改扩大了侵犯商业秘密的责任主体范围，从违反约定保密义务的人，扩展到违反法定保密义务的人。实际上，这种修改本质上是扩大了保密义务的对象范围。然而，需要指出的是，目前我国的商业秘密法律救济主要集中在实体性救济方面，对程序性救济方面的规定相对较少。与欧美国家相比，我国缺乏类似保密令、扣押令和禁令等强有力的程序救济措施。这些措施旨在避免法律程序中的“二次泄密”，并根据信义义务理论，使商业秘密权利人能够对诉讼程序中可能接触到商业秘密的人员采取限制措施，以提高保密义务的执行程度。虽然我国在商业秘密保护方面已经取得了一定的进展，但与欧美国家相比，我国对保密义务的执行程度还有待进一步提高。

“合法获取，非法使用”类型下的商业秘密侵权行为，其行为特征表现为商业秘密权利人与侵权人之间存在特定的关系，主要包括以下几类。

1. 业务合作关系

在商业合作关系中，商业秘密侵权发生在违反保密协议或商业秘密所有者的保密要求时，包括泄露、使用或允许他人使用商业秘密的行为。这种行为通常由与商业秘密所有者有业务往来的单位或个人所为，如银行、咨询机构、服务外包方以及签订许可合同的商业秘密信息受让方等。保密义务分为明确的保密义务和暗示的保密义务。明确的保密义务指的是在侵权人和权利人之间签订了保密协议，或者权利人明确要求侵权人保守商业秘密。这种情况下，侵权人有明确的法律约束和责任。而暗示的保密义务则是指，虽然权利人和侵权人之间并未签订明确的保密协议，但根据实际情况可以得出，若侵权人不承担保密义务，权利人掌握的商业秘密就不会披露给侵权人。这种情况下，法院需要根据实际情况来判断是否存在默示的保密义务，包括考虑合同性质、目的、缔约过程和交易习惯等因素。明示的保密义务相对容易判断，因为有明确的协议或要求作为依据。但默示保密义务的判断可能更具挑战性，需要法院根据具体情况进行综合分析和判断。

我国现行法律体系中，《民法典》义务包括先合同义务、合同履行中的附随义务及后合同义务。其中承担默示保密义务的法律依据为第509条和第558条及《反不正当竞争法》第9条及其司法解释的规定，各法律中有关诚实信用等基本原则条款等，如《民法典》第6条和第7条、《反不正当竞争法》第2条、《劳动法》第3条、《劳动合同法》第3条等。通常诚实信用原则很少作为裁判依据使用，但在各法律条款中它是被视为默示条款来源的重要依据，通常用于当事人未作出任何约定时进行补充解释的工具。这种解释不仅具有查漏补缺的功能，还旨在维护公平正义。

2. 雇佣关系

在雇佣关系中，商业秘密侵权是指雇员违反合同约定或雇主的保密要求，披露、使用或允许他人使用其所掌握的属于雇主的商业秘密。这包括在职雇员和离职员工，离职员工可能因退休、辞职、调动等原因离开原单位。对于在职雇员来说，由于工作需要，他们不可避免地会接触和了解到雇主的商业秘密。即使没有签署保密协议，在知晓所接触和了解的信息属于雇主的商业秘密时，他们也有保密义务，不能泄露、使用或授权他人使用该商业秘密。离职雇员的保密义务可能源于与原雇主签署的保密协议或竞业禁止协议，也可能基于法律上的默示义务。根据《美国统一商业秘密法》中的不可避免披露原则，离职雇员的保密义务将持续直至相关信息变为公开信息为止。因此，无论是在职雇员还是离职员工，都有责任保护雇主的商业秘密，并遵守雇主制定的保密规定和合同约定。这有助于维护雇主的商业利益和竞争优势，确保商业秘密的机密性和价值。

商业秘密的民事法律保护形式根据其责任性质不同，主要包括侵权与违约责任两类。（1）基于民法典和反不正当竞争法的商业秘密侵权保护：根据《民法典》和《反不正当竞争法》的相关规定，商业秘密的权利人可以提起诉讼，要求确认商业秘密被侵权，并获得相应的经济赔偿。如果他们能够证明商业秘密的存在、保密性以及侵权行为的发生，法院可以判决侵权方承担相应的赔偿责任。（2）基于劳动法的商业秘密违约责任的保护：用人单位与劳动者可以通过签订保密协议和竞业限制协议来确保商业秘密的保密性。保密协议主要约定了劳动者在劳动关系期间和解除劳动关系后不能泄露或使用商业秘密的义务，而竞业限制协议则限制了劳动者离职后在特定时间内从事与原雇主竞争的活动。一旦劳动者违反了协议中的保密义务，用人单位可以寻求违约责任赔偿，并可能采取其他合法手段保护商业秘密的利益。

《劳动合同法》第 17 条第 2 款规定，劳动合同除第 1 款规定的必备条款外，用人单位与劳动者可以约定试用期、培训、保守秘密、补充保险和福利待遇等其他事项。第 23 条规定，用人单位与劳动者可以在劳动合同中对保守用人单位的商业秘密和与知识产权相关的保密事项进行约定。保密协议是用人单位与劳动者签订，其目的在于保护用人单位的商业秘密。但是从我国《劳动合同法》的规定来看，保密协议与竞业限制协议二者混同，并未进行明确区分，而是有所交叉，如《劳动合同法》第 23 条规定，用人单位可以和劳动者签订保密协议并在协议中约定相关竞业限制条款，但这种情形导致实践中保密协议和竞业限制协议二者发生混同，不仅使得用人单位在适用时产生混淆，还导致在司法审判中存在混同，适用标准不一的现象。实际上，两者仍然存在较大区别，在有效性的认定上，竞业限制协议因为涉及员工自由流动就业的权利，相比于保密协议而言法院更持谨慎态度，特别是在竞业限制的对象上及有无支付相应的竞业限制经济补偿比保密协议认定更为严苛，因此在实践中，只要签署了保密协议，法院通常会认定该协议有效，这也导致用人单位在实践中将保密条款作为劳动合同的必备内容。

不仅如此，实践中用人单位常常会在保密协议中约定无限期的保密期限，并且不支付任何对价。这种情况下，可能会导致用人单位给劳动者设置的保密义务扩张的问题，并可能引发双方权益不平衡的争议。这也导致在法院判断劳动者是否承担侵权责任时，确实存在一定的不确定性。因为法院会综合考虑相关法律规定、双方的约定以及具体的案件事实来作出判断。如果法院认为保密协议中的保密义务过于扩张，或者双方权益存在明显失衡，可能会采取适当的调整措施来保护劳动者的权益。[1]

3. 代理关系

代理关系下的商业秘密侵权是指权利人的代理人违反法定保密义务，披露、使用或者许可他人使用其所掌握的被代理人的商业秘密的行为。此处的代理人包括律师、专利申请人、审计人员、注册会计师、鉴定人等因工作需要了解到被代理人商业秘密的相关人员。对于代理人的非法披露行为，不仅可能存在商业秘密侵权，还有可能违反《律师法》《审计法》《注册会计师法》等的相关规定。

委托代理关系中保密义务的来源确实是双方当事人之间的信任关系。在商业秘密案件中，法院强调的重点并不是财产权，而是双方之间的信任关系。1917 年，美国联邦最高法院霍尔姆斯大法官在一起著名案件中指出，商业秘密案件中关键问题不在于财产权，而在于信任关系。他认为，“财产”这个词只是对信任关系的间接表达。在商业秘密案件中，法律要求诚实和信用具有基本的要求，而财产权可以被否认，信任关系却不能。因此，商业秘密案件的起点并不是财产权或正当程序，而是被告与原告之间的信任关系。[2]

信任关系理论是继契约义务理论之后，成为 20 世纪以来影响商业秘密保护理论的一个重要学说。信任关系理论并不强调当事人之间的契约关系，而是更加注重法律对诚实和信用等基本道德的要求。也就是说，在商业秘密保护中，法律强调双方当事人之间的信任关系，认为保护商业秘密的目的是维护这种信任关系。1939 年，美国法律协会发布了《侵权行为法（第一次重述）》，该文件总结了以前的判例并提供了对商业秘密的概念和责任规定的明确定义。在这一文件中，确认了对“信任关系”的保护，并将其作为商业秘密保护的一个重要因素。就保密协议而言，如果以“信任关系”或商业道德为基础，那么签订了保密协议的义务方当然应当信守其保密承诺，“诺言应当得到履行”无疑是商业道德的应有之义。

---

[1] 马斌．商业秘密权利基础与边界——基于保密义务的理论转化为视角［J］．科技与法律（中英文），2021（3）：101-110.

[2] 胡滨斌．言语行为理论视角下的保密协议［J］．交大法学，2022（3）：133-144.

信任关系与合同义务理论其实并不矛盾，信任关系充分体现在合同契约理论的构建过程中。合同只是基于维护交易双方的一种外在“枷锁”，真正束缚当事人行为规则的是出于相互合作的信任关系，这也是契约精神的核心价值取向之一，这种价值取向尤其在雇佣契约等继续性契约中表现得更为明显。双方当事人之间的信任关系和由此产生的义务，正是基于契约精神的演变，在社会交往的基础上建立起来的。契约精神强调了合同当事人之间的相互承诺和责任，使得双方共同承担着互相帮助的义务。这种互负互相帮助的义务不仅有助于增强合同的稳定性和可靠性，还维护了合同当事人之间的良好关系。

关于商业秘密的信任义务的解释可以分为两种主要观点。这两种观点从不同的角度出发，但都强调了信任义务的存在和重要性。其中一种观点认为信任义务源于身份或职位，在英美普通法中被广泛采用；另一种观点则认为信任义务的目的是消除牺牲受益人利益的诱惑，以促进受益人的最大利益。[1]这两种观点都与代理关系、董事关系等有关。[2] 无论哪种解释，信任义务都被认为是商业秘密保护中重要的法律原则。它强调了受益人或职位相关方对商业秘密的机密性以及对他人利益的尊重和保护。在法律实践中，这些信任义务通常是根据具体情况和当地法律来确定的。

默示规则是合同法中的一个重要原则，用于填补合同中未明确约定的条款。其中包括推定默示条款和法定默示条款。推定默示条款是根据合同的明示条款、合同的性质和目的，以及交易习惯等因素来推断出合同中应当存在的条款。它们是根据特定情况和相关事实推定出来的，并非明确约定在合同中的条款。推定默示条款的目的是填补合同中可能存在的空白或不完整之处，以满足合同双方的合理期望和公平交易的要求。法定默示条款分为判例法上的默示条款和成文法上的默示条款。[3] 总之，默示规则是为了填补合同中未明

---

[1] 安德鲁·S. 戈尔德，保罗·B. 米勒．信义法的法理基础［M］. 林少未，赵吟，译．北京：法律出版社，2020：250.

[2] 龚乐凡．论商事组织中的竞业禁止［J］. 贵州大学学报，1997（4）：15-19.

[3] 聂鑫．商业秘密侵权中默示条款制度研究［J］. 南京理工大学学报（社会科学版），2018，31（5）：12-19.

确约定的条款，以满足合同双方的合理期望和维护公平交易原则。推定默示条款和法定默示条款在合同法中起着重要的作用，但具体适用范围和内容可能因不同的法律体系和司法实践而有所差异。

因此，代理关系下的商业秘密侵权应充分基于信任义务规则去解释基于这种特定关系下的侵权行为，以探析其具体构成要件。

典型案例：史密斯诉德拉沃公司案[1]

（一）阅读导引

史密斯基于业务关系对德拉沃公司是否具有默示的保密义务，进而披露该公司的商业秘密行为是否属于侵犯商业秘密行为？

（二）基本情况

20世纪40年代，里德姆·史密斯博士（Leathem D. Smith）发明了一种有助于船岸装卸和货物运输的装置。这种装置包括：在一端配备较高的门，其大小可以让一个成年男性方便地进入；防风雨装置和防盗装置；钻孔、可拆卸支架。这些支架有以下特点：第一，通过嵌入甲板凹槽来把集装箱固定在甲板上，或者在集装箱堆叠时把它们固定在一块，这是通过位于集装箱上侧的四个拐角处的容纳插口实现的；第二，在甲板与集装箱之间、集装箱与集装箱之间留出足够空隙，能让起重机的货叉方便地插入；第三，配有起重孔，这些起重孔与经特别设计的起重机一起，能够将集装箱放到船只、有轨电车或卡车上，或者将集装箱从这些运输工具上移下来。装置的外观大小能够完全符合标准铁路的北美有轨电车或者窄轨铁路的南美火车，并且符合大部分水路船舶的货仓。

第二次世界大战结束时，里德姆·史密斯的西夫韦集装箱公司（Safeway Containers）已经在制造和销售此类集装箱上取得了一些成功。1946年6月23日，由于里德姆·史密斯的意外离世，里德姆·史密斯的集装箱业务将被整体出售，并且公司将不再制造新的集装箱。一开始被告德拉沃公司（Dravo

[1] Smith v. Dravo Corp.，203 F. 2d 369 (7th Cir. 1953).

Corp.）对西夫韦集装箱公司很感兴趣，想把它的产品用于自己的子公司 Union Barge Lines。1946 年 10 月，被告通过西夫韦集装箱公司的一个客户艾格威莱斯（Agwilines）获取了集装箱的一些相关信息，并且在观看艾格威莱斯使用所述集装箱进行装货的操作后，询问是否有可能购买大量此种集装箱。后被告通过艾格威莱斯与西夫韦集装箱公司的东部代表科文（Cowan）取得联系，并就集装箱销售的计划进行磋商，但是，随着双方谈判的进一步深入，被告对整体集装箱的生产业务表现出强烈的兴趣。由此，被告由原本只想购买集装箱转变为购买整条集装箱生产线的业务。

由于被告表现出对集装箱生产线业务的高度兴趣，科文向被告邮寄了关于该业务更加详细的信息，其中包括：(1) 关于“可拆卸”和“固定”集装箱的专利申请；(2) 两者的设计蓝图；(3) 西夫韦集装箱的缩小模型；(4) 西夫韦集装箱潜在用户的询价信；(5) 和西夫韦集装箱潜在客户的进一步通信。此外，被告的代表们前往造船公司的所在地——威斯康星州的斯特金，并考察了操作车间、存货车间以及生产操作流程。随后，西夫韦集装箱公司先后两次开出具体的价格，但都被被告否决，谈判最终陷于破裂。

1947 年 1 月 31 日，被告向艾格威莱斯宣称，其“打算设计生产一种极为实用的船运集装箱”，用于“沿海轮船、内陆河流以及高速公路运输和铁路运输”，该项目得以迅速开展，1947 年 2 月 5 日，被告与艾格威莱斯确定了一批集装箱备货订单，该种集装箱主要是利用了原告的专利申请中的技术方案而设计出来的。被告和西夫韦集装箱公司产品的一个显著区别是：没有使用西夫韦集装箱公司设计中的支腿和插口，而是使用了横跨整个集装箱长度的制动器和凹槽。然而，客户艾格威莱斯并不认同被告的该项设计，坚持要按照西夫韦集装箱公司的设计做出修改。随后，被告对设计进行了调整，调整后的集装箱囊括了西夫韦集装箱公司设计的许多特征。经过如此设计，该产品被市场接受，到 1948 年 3 月，被告已出售约 500 个集装箱。这些买方大多是对西夫韦集装箱公司设计表现出浓厚兴趣的那些公司。

被告的集装箱与西夫韦集装箱公司集装箱相比的另一个显著特征是，其宽度设计要比西夫韦集装箱公司的设计少 4 英寸，从而突破其产品主要用于海运的限制，令被告产品的适用范围更加广泛。由于尺寸的不兼容，西夫韦集装箱公司的集装箱与被告的集装箱不能交替使用，就使得客户不得不停止使用西夫韦集装箱公司的产品。这就意味着西夫韦集装箱公司的产品将失去市场，不得不停止整条集装箱生产线，从而带来了巨大的经济损失。

西夫韦集装箱公司诉称，被告利用商业合作关系获得了西夫韦集装箱公司相关的设计、计划和潜在用户相关的信息，随后不正当地使用这些信息为自己谋利，造成西夫韦集装箱公司的损失，违反了保密义务，构成商业秘密侵权。

（三）争议焦点及分析

本案的争议焦点集中在原告并未向被告要求作出保密承诺，基于业务合作关系，原告是否需要承担默示的保密义务？

法院查明，尽管西夫韦集装箱公司向被告透露了一些信息，但关于如何设计集装箱的信息仍然属于商业秘密。非保密性披露不会引起诉讼，西夫韦集装箱公司认为其披露信息的前提是基于对被告购买意向的信任，如果不是被告默示的保密承诺，原告不可能将具有如此大商业价值的秘密信息告知被告，因此原告的利益应该受到保护。很明显，在该案中原告向被告提供相关信息时并没有要求被告作出明示的保密承诺。但是，值得讨论的是，双方关系中是否含着默示保密承诺。倘若被告没有默示的保密承诺，原告不会告知其商业秘密信息，倘若没有原告的披露，被告将无法从原告处获知集装箱设计。被告自己的证词也可以表明，直到其获得了原告相关的信息后，才开始设计集装箱。很明显，在艾格威莱斯的要求下，被告修改了自己的设计，将原告集装箱中的折叠支腿和插口包括进去，使得被告与原告产品之间具有惊人的相似性，足以证明被告以不正当手段使用了从原告处获得的商业秘密信息。

而且，在该案中被告的不诚信行为是相当明显的，被告在与原告商谈合作的过程中，在 1947 年 1 月 30 日，被告拒绝了原告的报价，而在 1947 年 1 月 31 日，被告就向艾格威莱斯宣称打算设计生产一种极为实用的船运集装箱，并在 1947 年 2 月 5 日，被告确定了一批集装箱备货订单。从如此密集的“拒绝合作—宣布生产—实际生产”时间点可见被告在谈判过程中就不存在交易的诚意，只是拖延时间利用原告提供的商业秘密信息自行生产，具有明显恶意。

（四）评论与思考

本案中，被告之所以能够获得原告商业秘密信息，是基于原告对其信任以及原告对合作达成的追求而主动披露的，故此，该过程是合法的。但原告将商业秘密告知被告属于“有限制的披露”，即原告以获得经济收益为目的将商业秘密信息告知特定的人，在此情况下并不会导致该商业秘密的秘密性丧失。被告对此合法获取的商业秘密信息进行非法利用，获得了不正当经济收益的行为，应当被认定为商业秘密侵权行为。

典型案例：麦达可尔（天津）科技有限公司与华阳新兴科技（天津）集团有限公司及一审被告王某、张某、刘某侵害商业秘密纠纷案❶

（一）阅读导引

在生产经营过程中，经营者掌握的尚未被有形载体固定的仅停留在思维中的观念、计划或创意构思所组成的商业信息是否能够构成商业秘密？雇员对雇佣关系期间掌握的客户信息和名单是否具有保密义务？

（二）基本情况

华阳公司系主营工业清洗产品研发的企业，王某于1996年始，一直就职于华阳公司，并曾担任总经理、董事等高管职位，并于2012—2016年一直为华阳公司法定代表人。2015年10月，王某成立麦达可尔公司，但成立之初法定代表人登记的为王某亲属，2016年4月变更为王某，主营清洗剂的生产与销售。

2001年，张某加入华阳公司，并担任技术部经理等职位，2016年跳槽至麦达可尔公司，担任技术部经理。2010年，刘某加入华阳公司，任销售部主管，2015年年底跳槽至麦达可尔公司，主管公司人力资源。张某与刘某在华阳公司就职期间，均与公司签订保密合同，保密范围包含产品、服务等各类商业秘密。

❶ 最高人民法院（2019）最高法民再268号判决书。

华阳公司的客户信息一直采用专业的电子信息系统进行管理。该系统中，存储的客户信息包括但不限于客户姓名、单位名称、联系方式等详细信息。华阳公司在诉讼中选择包含有43家客户信息作为被侵犯的商业秘密。43家客户在华阳公司经营期间与华阳公司进行了持续的多次交易。麦达可尔公司提交的《合作说明客户满意度调查》，描述了客户对麦达可尔公司的了解以及长期的交易意愿。

华阳公司向天津市第一中级人民法院起诉，其主张的被侵权客体即上述43家客户信息。详细名单为：某厨卫用具厂等与华阳公司交易的单号、产品名称、产品交易数量、产品交易结算货币等（此处省略）。华阳公司在本次诉讼中主张的秘密点为：与43家客户进行交易的过程中所掌握的有关客户名称、商品名称、商品规格、商品数量、商品销售价格、客户电话、客户地址等。本案由天津市第一中级人民法院于2017年作出一审民事判决，判决认为华阳公司主张的43家客户信息的基本情况与交易产品、价格、数量等深度信息结合形成的信息集合不为其所属领域相关人员所知悉，且需要通过登录电子信息管理系统才能获悉上述信息，采取了合理的保护措施并具有现实或潜在的商业价值。判决麦达可尔公司、王某等人立即停止侵犯原告涉案客户信息商业秘密，并判决被告麦达可尔公司等赔偿原告华阳公司60万元；麦达可尔公司对此判决并不认可，向天津市高级人民法院提起上诉。天津市高级人民法院于2018年作出二审民事判决，驳回上诉，维持原判。麦达可尔公司仍然坚信其未侵犯商业秘密，于是向最高人民法院申请再审。

最高人民法院经审查认可了麦达可尔公司的再审申请理由，依法对本案进行再审。最高人民法院根据麦达可尔公司提供的公证书，43家客户信息均可通过网络进行搜索查询。根据华阳公司提供的43家名单，最高人民法院认为，一方面，在互联网时代，网络传播十分便利，相关客户信息可以通过网络获取；另一方面，关于商品订单等各类信息并无较强的独特性，仅系一般性罗列，没有充分反映这些客户信息与一般性的信息有何独特性，故而认定43家客户信息属于商业秘密较为困难。不仅如此，从事实上看，华阳公司与王某、刘某等人并未签订竞业限制合同，麦达可尔公司无竞业限制禁止的义务。结合上述客户信息难以认定为商业秘密的情况，并不能认定王某等人的行为构成商业秘密侵权。王某等人不仅没有侵犯商业秘密，也无竞业限制义务，从原用人单位离职后利用在原用人单位获取的知识、技能与经验，开展与原用人单位相竞争的业务，并未违反法律法规。即便从道德角度来看可能有违一般的道德观，但这并不能作为认定其违法的依据。若对王某等人认定为违法并进行苛责，显然违背反不正当竞争法的立法初衷，实质限制了市场竞争，更不利于维护劳动者的相关权益。

因此，最高人民法院撤销一审、二审判决，驳回华阳公司诉讼请求。

（三）争议焦点及分析

本案的主要争议焦点在于，涉案43家客户信息包括商品销售价格、客户电话、客户地址等是否属于《反不正当竞争法》（1993年）规定的商业秘密。若构成，麦达可尔公司等主体是否实施了侵犯商业秘密的行为。

1. 43家客户信息是否属于商业秘密

判断某项公司信息是否属于商业秘密，首先要探寻商业秘密在法律上的构成要件，从我国《反不正当竞争法》第9条的规定和法理角度观之，商业秘密的构成要件包括秘密性、保密性、价值性与实用性四点，具体而言如下：（1）对于商业秘密的秘密性，即需要公司信息满足不能为公众知悉，既然属于商业秘密，显然需要满足秘密性的要件，正是由于公司的信息一直处于保密状态，无法为公司以外的第三方主体获取，才使得公司能够利用该信息形成自身的竞争优势。（2）对于商业秘密的保密性，这是对企业即商业秘密权利人的保密要求，即主观上权利人要有对商业信息保密的意愿，客观上要求其采取一定的保密措施防止商业信息被泄露，该措施包括但不限于限制外来人员进入访问，既包括线上访问，也包括线下访问、与包括员工在内的内部人员签署保密协议等。（3）对于商业秘密的价值性，这也是商业秘密所要保护的信息与一般信息的区别，该要件要求商业信息具有现实的或者潜在的商业价值，能为权利人带来竞争优势。（4）对于商业秘密的实用性，是指商业信息不是一种纯理论方案，而是可以实际操作、内容明确具体，能在生产经营中付诸实施的确定方案。

商业秘密中的客户信息通常是指企业在市场竞争中积累的具有重要商业价值的客户信息。这些信息包括客户的联系方式、需求、购买习惯以及其他对企业经营有利的信息。客户信息作为企业的无形资产，对企业的发展和竞争力具有重要意义。最高人民法院《关于审理不正当竞争民事案件应用法律若干问题的解释》第13条也对此进行了定义，“商业秘密中的客户名单，一般是指客户的名称、地址、联系方式以及交易的习惯、意向、内容等构成的区别于相关公知信息的特殊客户信息，包括汇集众多客户的客户名册，以及保持长期稳定交易关系的特定客户。客户基于对职工个人的信赖与职工所在单位进行市场交易，该职工离职后，能够证明客户自愿选择与自己或者其新单位进行市场交易的，应当认定没有采取不正当手段，但职工与原单位另有约定的除外。”在本案中，一审、二审法院均认为华阳公司的43家客户信息构成商业秘密，理由在于其满足秘密性、保密性与价值性的商业秘密构成要件。但最高人民法院认为，华阳公司的客户信息仅为一般性罗列，并未包含客户的具体交易习惯等深度信息，非华阳公司以外的其他主体也可以通过网络等途径轻松获取该信息，该信息不能构成法律保护的商业秘密。且华阳公司提供的43份客户名单中难以证明其销售的产品反映了客户的特殊产品需求，不能反映客户的特殊交易习惯，且有26家客户提交证明其自愿选择与麦达可尔公司进行市场交易。

一般而言，在诉讼中，原告若想证明其客户信息属于其公司的商业秘密，需要对具体明确的客户信息、客户信息与公知信息的不同、客户信息形成的劳动付出、持续稳定的交易关系四个方面进行证明，具体如下：(1) 证明客户信息的具体明确。这意味着原告需要证明客户信息中的每一个客户都是具有独立商业价值的，而非泛泛之谈。具体到每一个客户，都需要证明其联系方式、需求、购买习惯等方面的真实性。(2) 证明客户信息与公知信息的不同。这意味着原告需要证明客户信息中的信息是无法通过公开渠道获得的，即客户信息具有秘密性。这一点可以通过对比市场上公开的客户信息，以及竞争对手是否拥有相同的客户信息来证明。(3) 证明客户信息形成的劳动付出。这意味着原告需要证明企业在获取和管理客户信息过程中付出了大量的劳动和资源。例如，企业通过市场调研、客户拜访、数据分析等方式，付出了大量的人力和物力。(4) 证明持续稳定的交易关系。这意味着原告需要证明与企业有持续稳定交易关系的客户，他们对企业的经营具有重要的影响。

这一点可以通过交易记录、合同、发票等证据来证明。在证明以上四点后，原告还需要证明企业对客户信息采取了合理的保密措施，如限制员工访问、签署保密协议等。只有当以上所有条件都满足时，客户信息才能被认定为商业秘密。然而，值得注意的是，客户信息的商业秘密认定并非绝对的。在实际操作中，还需要根据具体情况来判断。例如，如果客户信息中的信息可以通过公开渠道轻易获得，或者企业的保密措施不到位，那么客户信息的商业秘密性就可能被质疑。此外，如果客户信息对企业的影响并不大，或者没有体现出企业的独特竞争优势，那么也无法被认定为商业秘密。

本案中，若要证明客户信息系商业秘密同样需要对上述四个方面进行证明，即要求华阳公司的客户信息具体明确，且能够区别于公知信息，与此同时该客户信息系华阳公司经过多年的商业努力和广告以及时间和金钱支出获得，并与客户形成持续稳定的交易关系。

在商业秘密纠纷中，客户信息被认为是企业的商业秘密之一。然而，在面临原告方指控时，被告方并非束手无策。他们可以从公知信息、合法来源、客户自愿等多个角度展开抗辩。(1) 被告方可以试图证明客户信息中的信息已经为公众所知悉，不满足商业秘密的秘密性要求。(2) 被告方可以主张客户信息的获取途径合法，并非侵犯商业秘密。接下来，被告方可以主张客户信息的来源并非企业的劳动付出，而是客户自愿提供。(3) 被告方还可以提出企业并未实际采取保密措施，或保密措施不足以防止客户信息泄露。例如，他们可以证明企业对客户信息的管理不善，员工可以轻易获取客户信息，从而质疑企业的保密措施的有效性。这一点提醒了企业要加强对商业秘密的保护，确保保密措施落到实处。本案中，麦达可尔公司若想从法律责任中脱身，可以考虑从以上三个方面提出抗辩。

2. 麦达可尔公司等主体是否实施了侵犯商业秘密的行为？

由于天津市第一中级人民法院与天津市高级人民法院作为本案的一审、二审法院，认为案涉43家客户的姓名、名称、地址等信息满足商业秘密的秘密性、采取相应保密措施、具有经济价值的构成要件，从而认定该信息属于华阳公司的商业秘密。在此前提之下，认定王某自2016年，组织张某等被告利用在华阳公司掌握的相关客户信息与华阳公司开展相同业务，组织生产大量与华阳公司相同或相似产品，并向客户进行与华阳公司生产商品一致性的宣传，同时展开低价倾销，给华阳公司造成巨大经济损失，因此麦达可尔公司与王某等人实施了侵犯商业秘密的行为。

但最高人民法院对此予以了否认，不仅没有认定案涉43家客户信息构成商业秘密。还认为从事实上看，华阳公司与王某、刘某等人并未签订竞业限制合同，麦达可尔公司无竞业限制禁止的义务，法院认为“在没有竞业限制义务亦不存在商业秘密的情况下，仅因为某一企业曾经与另一市场主体有过多次交易或稳定交易即禁止前员工与其进行市场竞争，实质上等于限制了该市场主体选择其他交易主体的机会，会造成不公平的竞争行为”。结合上述客户信息难以认定为商业秘密的情况，并不能认定王某等人的行为构成商业秘密侵权。

（四）评论与思考

实践中，对于客户信息是否构成商业秘密的认定较为复杂，需要充分考量客户名单所列客户交易需求与交易习惯信息是否有区别于公知信息的个性化内容。在本案的一审、二审法院的认定中，没有充分考虑到客户名单信息与公知信息的区分，因此，认定构成商业秘密。最终，最高人民法院在充分考虑清洗行业特点的基础上，认定诉争客户名单信息仅为一般性罗列，并未包含客户的具体交易习惯等深度信息，其他主体也可以通过网络等途径轻松获取该相关信息，是故，作出该客户名单信息不能构成商业秘密的判定。

典型案例：卡敏诉库诺案[1]

（一）阅读导引

在不同的法律关系中，对商业秘密是否负有保密义务的判断，会有不同的方法。就代理关系而言，如何判断代理人是否对在委托代理关系中获取的被代理人相关技术信息负有保密义务？

（二）基本情况

本案的原告卡敏（Kamin）25年来一直受雇于一家针织厂担任技工。

---

[1] Kamin v. Kuhnau, 232 Or. 139 (S. C. Ore. D 1. 1962).

1953年，卡敏开始从事垃圾收集业务，并就如何方便垃圾车装载，以及装载后压缩或包装材料的方法进行探索。1955年，原告利用自己的卡车，设计了一个由液压缸操作的提升装置，将铲斗从地面提升到卡车箱的顶部。并对该技术作出进一步改进，在提升装置上加装“犁”的部件，通过使用液压操作将装载材料压在卡车内部。在卡敏构思这一解决方案时，市场上的垃圾车车身已有包括液压操作犁的“打包”装置。然而卡敏对市场情况并不知晓。

1955年1月，卡敏与本案的被告俄勒冈州租赁设备公司的总裁兼经理理查德·库诺（Richard Kuhnau）达成协议，使用该公司的机器车间及要求其提供一名或多名员工协助，以便原告开展进一步的实验工作。这项实验工作进行了大约一年。根据原告的证据，所有的实验工作都是在他的监督下进行的，对于开发工作的进行方式，理查德·库诺没有发言权或控制权。理查德·库诺认为，他和俄勒冈州租赁设备公司的员工对开发和改进卡车车身和压缩机装置提出了一些建议和想法。在项目工作过程中，几名从事垃圾收集业务的人员也被邀请来到被告的机器车间，观察实验工作的进展，并就原告想法的实际应用提出建议。

当原告完成他的实验工作后，他开始收到需要其改进的卡车车身的订单。出售的前两套设备由俄勒冈州租赁设备公司制造。这两套设备出售后，理查德·库诺离开了俄勒冈州租赁设备公司。他在另一个地方租了一家机器店，并以R. K. 卡车销售商（R. K. Truck Sales）的名义开始营业。1956年5—10月，他为原告生产了10台卡车，原告支付了相应的费用。

1956年10月，理查德·库诺通知原告，由于对他为原告制造该种设备所收到的报酬金额存在分歧，双方关系终止。原告诉称，理查德·库诺终止关系的真实目的是要生产与原告相同的设备，与原告竞争，理查德·库诺制造的设备与他之前为原告制造的设备相似。然而，原被告的设计仍存在一些差异。主要区别在于，理查德·库诺将操作犁或刀片的液压缸安装在卡车底座下方，而原告卡车的液压缸位于底座上方。有证据证明，将液压缸放在卡车底座下方是原告的想法，但由于理查德·库诺认为不可行导致该建议未被采纳。

原告称被告理查德·库诺作为原告的独立承包商，负责提供垃圾车车身建造所需的人员和材料。原告改进了一种所谓的“打包机”垃圾车车身的电动装置，涉及使用“犁”这一装置，用于压缩放置在车身中的材料，以提高其容量。原告表示，这些改进技术属于商业秘密，被告理查德·库诺对此负有保密义务。被告违反这一义务，擅自制造包装车车身，与原告构成同业竞争。故此，原告要求法院禁止被告的不正当竞争行为，并赔偿因这种不正当竞争而造成的损失。被告对此否认并坚称，他们建造垃圾车车体所涉及的改进技术在原告实验之前已经进入公有领域，且被告制造的卡车车身不同于原告的产品。马尔特诺马县巡回法院判决，永久禁止被告的不公平竞争行为以及支付19272.48美元的赔偿金，被告不服提出上诉。美国联邦最高法院的奥康纳尔（O’Connell）法官认为，被告作为原告雇用的独立承包商，负有向原告提供垃圾卡车车身和原告发明的车身改进所需的劳动力和材料的义务，在此过程中，被告获取作为商业秘密的车身信息，并最终挪用了制造此类卡车车身的信息，违反了保密义务。因此，原告有权获得禁令和损害赔救济。

（三）争议焦点及分析

1. 诉争商业信息是否构成商业秘密?

被告举证证明在安排制造该装置时，市场上已经有各种用于包装装载的垃圾的压缩机装置。在这些装置中，有一种装置使用液压缸来移动犁或刀片，只是当时并不常用。有证据表明，原告并不知晓当时存在这种装置，其认为他正在开发一种压缩装载材料的新方法，故而继续进行实验。进一步看来，虽然原告并没有首先想到采用液压缸的封隔器主体的方法，但他获得了涉及液压原理的封隔装置专利。因此，被告主张其产品存在某种新颖性，尽管证据没有清楚地表明被告在其卡车车身构造过程中复制了所声称的对现有技术的改进。问题是，原告向被告理查德·库诺披露垃圾压缩机的设计，是否在市场上已有同类压缩机的情况下作出的，从而暗示理查德·库诺承诺不得自行使用该设计。

对此，美国联邦最高法院认为，如果理查德·库诺仅仅是受原告委托重现当地市场上已经上市且行业熟知的压缩机装置，那么就不会影响原告利益。但事实并非如此，据证实，原告制造的垃圾车车身类型并未出现在当地市场上。理由是，附近的其他垃圾收集者对原告开发的这个包装垃圾的项目表现出极大兴趣。原告和被告制造的卡车有较好的销售市场的事实进一步证明了这一点。不仅如此，原告对压缩机进行改进后其卡车比市场上的其他卡车更受欢迎，该现象也能对此进行佐证。原告已获得压缩机装置的专利，尽管专利并未直接确立技术的新颖性，但它将推定该技术具有新颖性，除非被告能够提供反证。但在审理不正当竞争案件时，并不要求原告的商业秘密确立专利性所必需的新颖性。该创意如果在披露时已经由其他人开发出来，这可能会降低其在市场上的价值。

2. 原告对商业秘密内容的披露是否会让被告免责？

被告辩称，原告通过广告和将卡车出售给他人，以及获得专利授权的行为，披露了他所称的设计改进，他的商业秘密（如果有的话）已向外界披露，被告或任何其他人可以从这些来源确定所称改进的技术信息，因此，地区法院发布的禁令救济是不适当的。

美国联邦最高法院认为，首先，虽然事实上与原告类似的卡车车身的设计和制造过程可以从这些来源中确定，但这并不排除原告遭受不公平竞争而应当获得的补救。关键问题不是披露人是否可以在其他地方获得披露的信息，而在于是否是通过不正当手段获得。这一原则适用于史密斯诉德拉沃案(Smith v. Dravo Corp)。在该案中，原告向被告披露了钢制货运集装箱的设计，被告是原告业务的潜在买家。此后，被告开始制造和销售类似设计的集装箱。被告的抗辩理由是，被告完全可以从原告已经出售的集装箱中确定具体的设计信息。在向被告披露的时间段里，原告制造的容器中有100个是公共使用的。法院表示，“仅凭合法获取信息这一事实并不意味着他可以通过泄密获得可用形式的信息，从而逃避法律责任”。必须承认，在陈述或适用不公平竞争原则时，披露的信息可能在其他地方可以获得，有些案件甚至没有达到上述史密斯诉德拉沃案的程度。但我们赞成史密斯诉德拉沃案中表达的原则，该原则为秘密披露信息的人提供了更广泛的保护。这些观点的选择将取决于个人对商业道德标准的看法。“法律的趋势，是在商业交易中朝着在越来越高的公平或商业道德标准去发展”。采用更高标准的“商业道德”的案件更强调对被告的信任的破坏，而不仅仅是商业秘密的存在。正如法院在瓦肯矿石诉美国罐头案（Vulcan Detining v. American Can）中所述：“可能过于强调过程中的绝对保密因素，而且被告的使用行为对于权利人而言带来的不公平性没有给予足够的重视。衡平法院处理的商业秘密不一定是一开始就进行保密，而是由相互理解渐渐产生保密义务，这也是道德原则的要求。”[1] 同理，在理查德·库诺案中，如果允许被告使用原告压缩机的改进技术，则会导致对原告的不公平。

3. 被告是否对原告负有保密义务？

被告上诉认为双方之间并不存在明示的保密义务。美国联邦最高法院认为，首先，没有必要证明被告明确同意不使用原告的信息，其保密义务也有可能是默示的。在本案中，原告和理查德·库诺之间的关系便是如此，理查德·库诺有义务不使用原告的改进。理查德·库诺很清楚，原告试图生产一种可以上市的产品，且是原告通过艰苦的和昂贵的实验完善该压缩机装置，生产这种压缩机装置将导致其获利。在该情况下，受雇于发明人的制造商无权自主使用发明人所开发出的创意。在海德公司诉赫芬斯案（Hyde Corporation v. Huffines）中，被告制造商通过与原告发明人签订的许可协议了解了垃圾压缩机，而后拒绝接受该协议，并自行制造和销售类似设计的压缩机。后被告被逮捕入狱。法院认为，双方之间存在保密关系，被告在这种关系中获得的与压缩机有关的信息不能被他盗用。该案与本案一样，被告是通过他们的合作关系从原告那里获得了这些信息，并因此承担了因为破坏信任关系而损害原告利益的责任。当原告与被告理查德·库诺就垃圾车装置的开发和制造达成协议时，我们认为这种关系隐含着被告不得开展竞争的义务。通过现场检查，法官也发现被告的卡车与原告的卡车在结构和设计上相似，认定被告使用了原告改进后的技术。法院认为，如果一个人制造的产品与权利人开发的产品相似，这种相似性足以证明其挪用了权利人的技术，因为不同的人在几乎相同的时间独立地发明出如此相似的设备几乎是不可能的。法院表示：“如果一个人承认知晓权利人的技术信息，然后继续制造具有类似性质的物品，并且在被要求作出解释时，回答说他是在使用自己的技术，而不是在抄袭或使用权利人的技术，那么他必须通过‘明确、令人满意且无合理怀疑’的证据来维持自己的立场。”正如法院所指出的，尽管仔细检查原告在市场上的产品可能会揭示其改进的特点，但这一义务仍在继续。基于上述分析，最

[1] Vulcan Detinning Co. v. Am. Can Co., 72 N. J. Eq. 387, 67A. 339 (1907).

高法院判决驳回被告上诉，维持原判。

（四）评论与思考

本案中，尽管法院认为类似的卡车车身的设计和制造过程可以从公开渠道和来源中确定，但这并没有排除原告遭受不公平竞争，而应当获得救济的权利。因为问题的关键是要重点考察代理人是否系通过不正当手段获得相关商业秘密信息。事实上，本案法院对于案件的审理一定程度回避了商业秘密的构成认定，而是从信赖关系的破坏而导致的权利人利益受损角度，作出被告行为有违公平竞争秩序的判定，最终颁发了永久禁令。

第四节　第三人恶意获取、使用或披露行为

在商业秘密保护中，一般将商业秘密的权利人称为第一人，指拥有该商业秘密并享有保护其机密性和经济价值的相关权益的个人或组织。第一人是商业秘密的合法所有者。与第一人相对应，如果有人通过不正当手段获取了权利人的商业秘密或者违反了保密义务而披露或使用了权利人的商业秘密，这个人被称为第二人，也被称为“直接侵权人”。第二人是商业秘密的非授权披露或使用者。另外，第三人则是指从第二人处获得权利人的商业秘密并进行使用或进一步披露的人。第三人并非直接侵权人，但他们间接参与了商业秘密的非授权披露或使用。❶

根据第三人的主观状态的不同，可以将第三人分为恶意第三人和善意第三人。恶意第三人是指明知或应知商业秘密信息是由第二人以不正当手段获取或违反保密义务而披露的，却仍然选择获取、使用或披露该商业秘密。恶意第三人有意识地利用非法获得的商业秘密进行自己的营利活动或其他不当行为。善意第三人是指在不知情或无重大过失的情况下，获取、使用或披露了第二人以不正当手段获取或违反保密义务所披露的商业秘密。❷ 善意第三人

❶ 张鸿．商业秘密侵权中的善意第三人责任浅析［J］．知识产权，2001（8）：15.

❷ 彭学龙．商业秘密善意取得与动产善意取得制度之比较［J］．政法论丛，2001（9）：23-24.

并没有意识到商业秘密的非法来源，并且可能是按照常规商业交易或合理信赖的基础上进行相应的行为。因此，商业秘密的第三人侵权需要探讨的问题包括第三人“恶意”的主观状态评介和善意第三人的责任两个方面。

一、第三人“恶意”主观状态的认定

对第三人“恶意”主观状态的认定，可以参照《反不正当竞争法》对行为人侵犯商业秘密的主观状态认定标准。《反不正当竞争法》第 9 条第 3 款规定，“第三人明知或者应知商业秘密权利人的员工、前员工或者其他单位、个人实施本条第一款所列违法行为，仍获取、披露、使用或允许他人使用该商业秘密的，视为侵犯商业秘密”。即行为人明知是权利人的商业秘密，而故意非法获取、披露、使用或允许他人使用，这种“明知”即为一种故意的主观状态。

反不正当竞争法区别于商标法、著作权法、专利法等传统知识产权类型，其更多体现为是对竞争者合法权益的保护，这些权益尚未上升为专有权利。因此，对不同类型的知识产权行为人侵权的主观状态判断标准则不一样，前者应要求行为人主观上具有故意，即明知其行为的不法性而处于苛责状态，竞争者明知其行为有违商业道德，仍然实施扰乱市场竞争秩序的行为，过失一般不构成不正当竞争；而后者行为人主观上须具有过错，包括故意和过失。而在适用惩罚性赔偿的具体规定中，这一区别表现更为明显。

我国《反不正当竞争法》第 17 条第 3 款规定：“经营者恶意实施侵犯商业秘密行为，情节严重的，可以在按照上述方法确定数额的一倍以上五倍以下确定赔偿数额。”该条款被视为属于侵犯商业秘密的惩罚性条款，可以看出，某个侵犯商业秘密行为主观上能够适用惩罚性赔偿条款，行为人在主观上应当比故意更为严重，即构成恶意实施的不正当竞争行为。

在《最高人民法院关于审理侵害知识产权民事案件适用惩罚性赔偿的解释》中将“故意”解释为包括《商标法》第 63 条第 1 款和《反不正当竞争法》第 17 条第 3 款规定的恶意。最高人民法院的司法解释将恶意规定为故意的一种，从语义上来讲，两者存在一定差异。《民法典》规定惩罚性赔偿的主观要件为“故意”，而《商标法》《反不正当竞争法》规定为“恶意”，然而实践中，事实上构成“故意”还是“恶意”很难严格区分，我国《反不正当竞争法》对侵犯商业秘密的“恶意”状态并未明确规定，这也导致司法实践中如何适用商业秘密惩罚性赔偿存在一定困难。

评价第三人“恶意”的主观状态相对简单，一般认为，对第三人“恶意”的评价只需要按故意的主观状态来认定即可，因为不管第三人是一般“故意”还是“恶意”的主观状态，均不需要考虑一般故意的“加重情节”，恶意第三人应对商业秘密权利人承担侵权责任为各国商业秘密法之通例。我国有学者将《反不正当竞争法》第 9 条第 3 款“第三人明知或者应知商业秘密权利人的员工、前员工或者其他单位、个人实施本条第一款所列违法行为，仍获取、披露、使用或者允许他人使用该商业秘密的，视为侵犯商业秘密”，视为第三人恶意侵权的依据，其中，“明知”即是一种恶意状态。“应知”(应当知道但因为过失不知道) 相当于美国法上的“have reason to know”，是一种重大过失的主观心理状态。[1] 显然，第三人侵犯商业秘密的主观状态范围要比行为人侵犯商业秘密的范围要更为宽泛，这种主观状态不仅包括故意，也包括重大过失，与行为人侵犯商业秘密的故意状态存在区别，在明知或者应知的情况下仍然获取、披露、使用或者允许他人使用通过第二人侵权所得的商业秘密，都构成侵权。如果第三人在获取、披露、使用商业秘密时，主观上不知道且不能知道该信息是他人的商业秘密，则不构成侵犯商业秘密。

二、善意第三人责任判定

(一) 商业秘密善意取得制度的国际背景

在法律语境中，“善意”一词来源于物权法上的善意取得制度，作为保护交易安全的一项重要制度，如何认定第三人“善意”取得某物权时的主观状态则显得尤为重要。“善意”一词来源于拉丁文 bona fides，亦称不知情，指不知存在足以影响法律效力的事实的主观状态。史尚宽先生认为：“善意取得制度是指动产物权之让与人，纵无让与之权利，以所有权之转移或以其他物权之设定为目的，善意受让该动产之占有者，取得所有权或其他物权。”[2] 即

[1] 孔祥俊．商业秘密保护法原理［M］．北京：中国法制出版社，1999：285.

[2] 史尚宽．物权法论［M］．北京：中国政法大学出版社，2000：122.

动产占有人非法转让其占有的动产时，第三人受让该动产时并不知道其无让与之权利。

善意取得制度能否适用于无形财产的商业秘密，从而免除善意第三人的责任，各国法律规定并不一致。我国《反不正当竞争法》第9条第2款仅仅规定了第三人明知或应当知道其获得、使用或披露的商业秘密是其前手通过不正当途径得来的情况，即只规定了“恶意”之主观情形，而没有对第三人为善意的情形作出规定。2020年，国家市场监督管理总局发布关于《商业秘密保护规定（征求意见稿）》第33条指出：“为生产经营目的使用不知道是未经商业秘密权利人许可的商业秘密，且能举证证明该商业秘密合法来源的，应责令侵权人停止上述使用行为，但商业秘密的使用者能举证证明其已支付合理对价的除外。前款所称不知道，是指实际不知道且不应当知道。前款所称合法来源，是指通过许可合同等正常商业方式取得商业秘密。对于合法来源，使用者或者销售者应当提供符合交易习惯的相关证据。”

商业秘密是否适用善意取得制度，即第三人在取得商业秘密时系善意，不知该信息为他人的商业秘密，但事后知道其为他人的商业秘密后，继续使用是否构成侵犯商业秘密，还是根据善意取得制度不构成侵犯商业秘密行为？目前我国立法并未对此作出明确规定，有学者认为这种情况下可直接适用《反不正当竞争法》第9条第3款而认定继续行为将构成商业秘密侵权。[1]也有学者认为，应当类推一般物权的善意取得制度而认为不构成侵权。[2]但自知悉违法获取事实后，应经权利人同意而继续使用，并向其支付合理的使用费，因为商业秘密以非公开性为必要，不能进行权利公示，因此善意使用或披露不宜以侵权行为论，但知悉其行为违法后，即应停止使用，或向权利人支付费用后使用。[3]

对商业秘密的善意取得制度，美国1939年的《侵权法重述（第一次）》

---

[1] 孔祥俊．商业秘密司法保护实务［M］．北京：中国法制出版社，2012：161.

[2] 汤茂仁．论商业秘密善意取得制度在我国的适用［J］．法律适用，2013（12）：59-63；彭学龙．商业秘密善意取得与动产善意取得制度之比较［J］．政法论丛，2001（4）：23-25.

[3] 吴汉东．知识产权法［M］．北京：法律出版社，2021：674.

对善意情形作了规定，即："行为人从第二人处获得他人商业秘密并使用，没有注意到其属商业秘密且第二人的披露违反了对他人的义务，或行为人因错误获知该商业秘密，没有注意到秘密性和错误，则（a）行为人对其在接到通知之前的披露或使用，对他人不承担法律责任；（b）对接到通知之后的披露或使用，对他人承担法律责任，除非在此之前其已善意支付了商业秘密的对价，或已相当地改变了其状态致使其承担法律责任失去公平。"这种善意的主观状态即为"没有注意到""错误获知"等，并将这种善意获取商业秘密以权利人通知为时间界点，即获取后权利人通知前其为"善意"，依法不承担责任，在权利人告知后如再披露或使用，将承担法律责任。而在后一种情形，也可因第三人支付了对价或因商业秘密的善意获取"改变状态"而不承担法律责任。这种"改变状态"，《侵权法重述》第 757 条规定为：①第三人获取商业秘密后，对厂房和设备进行了实质性投资；②第三人已清结了其他业务，以便在该商业秘密基础上开展新业务；③支出了重要的经费进行调查和开发，准备建立新的业务；为改进秘密工艺进行了努力等。

《日本不正当竞争防止法》第 19 条第 1 款亦对商业秘密的善意取得作出规定，即通过交易取得商业秘密的人，在通过交易获得的权限范围内的商业秘密使用或者披露行为，将不承担反不正当竞争法规定的停止侵权、损害赔偿等侵权责任。但这一例外，不能超出原有权利的限制。在交易中取得商业秘密的人员，包括那些在没有知悉或者没有应当知悉该商业秘密是不正当披露的情况下获得了该商业秘密，或者在他们因交易取得的权利范围内没有发现该商业秘密已经存在不正当获取或披露行为的情况下获得了该商业秘密。在这种情况下，他们可以在权利范围内使用和披露该商业秘密。在这里，善意主观状态表现为"不知悉"或"没有应当知悉"等，即他们可以合理地认为自己对该商业秘密的获取是合法的。除此之外，荷兰、英国、加拿大等国家法律也规定了商业秘密的善意取得制度，承认善意第三人有继续使用获得的商业秘密权利。

然而，以德国、斯洛伐克为代表的国家，则对善意第三人获取商业秘密采取了较为严厉的态度。其认为，允许该商业秘密进一步使用的前提即为此商业秘密已经进入公有领域，即"无永久之善意"。

由此可见，对商业秘密善意取得的保护主要以调整确定所有权和保护交易安全为目的，而为大多数国家所采用。探析善意取得的构成要件是研究善意取得制度的前提，该制度关系到多方主体的利益，其中主要是权利主体、受让主体、侵权主体三方的利益平衡问题。

（二）商业秘密善意取得的构成要件

如前所述，善意取得制度源于物权法，而商业秘密的善意取得和一般动产物权的善意取得构成要件上是否一致，亟待厘清两者之关系。

动产善意取得与商业秘密善意取得在主观上都为不知情，客观上为第二人无处分权而转移给第三人获取之事实，具有相似特征，包括：（1）动产占有人和商业秘密持有人均无处分动产或者使用披露商业秘密的合法权利；（2）动产善意取得和商业秘密善意取得制度都是为了平衡第一人和第三人利益，都是为了保护交易安全；（3）动产善意取得和商业秘密善意取得都对第三人提出了主观上善意的要求，即不知且非因重大过失不知第二人无权处分；（4）动产善意取得和商业秘密善意取得都要求第三人必须支付了合理对价，否则难以排除其主观恶意。

但是由于商业秘密善意取得制度所保护的客体是商业秘密这样一种无形财产权，就决定了商业秘密善意取得和动产善意取得必定存在区别。（1）动产物权和商业秘密的空间性差异：动产物权的有形性决定了其具有绝对的独占性和排他性，因此占有者对动产物的占有是唯一占有，该占有行为更容易被第三人合理地理解为占有者即权利人，而商业秘密不具有绝对的独占性和排他性，因此动产占有者的占有可能是非唯一占有，第二人的占有行为的非唯一性决定了法律对其保护的力度应适当弱于动产物权。（2）动产物权和商业秘密的时间性差异：在物权的善意取得中，一旦第三人取得了该物的所有权，则原权利人的权利损失是固定的，在此之后权利人不可能因为第三人的占有遭受到更大的权利损失，第三人善意取得的状态也会随时间被固定下来；而在商业秘密善意取得中，第三人取得商业秘密以后的状态如果是静止的，如果第三人仅获悉而不加以使用或继续披露该商业秘密，则原权利人的利益并不会受到影响，因此第三人“善意”的时间标准不同，将导致第三人的责任不同。假设善意第三人在受让商业秘密时并不知第二人对该商业秘密无处分权，其获得商业秘密的当下主观上无过错，然而有可能第三人在取得商业秘密时系出于善意，但他未能维持这种善意状态，在善意获取后获悉了第二人的侵权行为，而继续使用、披露该商业秘密，则其善意状态将不复存在。因此，法律在赋予商业秘密第三人善意抗辩权的同时，对其“善意”的持续进行界定是非常必要的，商业秘密第三人善意取得的状态在一定情况下是可能会发生变化的，它不会随时间的流逝被固定下来，为公平保护交易中各方的利益需要对持续性进行界定。甚至法律应该将规制的重点放在第三人善意取得商业秘密后的持续善意之上，这就决定了商业秘密善意取得的判断比动产善意取得制度要复杂得多。

通过对上述域外关于动产善意取得制度的立法比较，商业秘密善意取得的构成要件主要包括以下几个方面。（1）对取得方式的要求：第三人并非直接从商业秘密所有人处取得或受让商业秘密，而是从第二人或商业秘密持有人处转让取得或受让商业秘密。（2）对第二人的要求：第二人无权转让商业秘密，否则第三人的取得将被认为是合法的，不需要适用商业秘密善意取得制度。第二人的情况可以分为两种：①第二人持有商业秘密本身就是违反商业秘密所有人意愿的；②第二人虽然持有商业秘密是合法的或基于商业秘密所有人的意愿，但他没有权力将商业秘密转让给第三人。（3）对转让合同的要求：第二人与第三人之间转让商业秘密的交易行为除了不能存在处分权瑕疵外，其他方面都应该是合法有效的。这种转让通常会通过合同进行，如果转让合同本身存在瑕疵而无效，那么对第三人来说就无须特殊保护。（4）对第三人主观状态的要求：第三人在取得或转让商业秘密时必须是善意的，即不知道且非因重大过失而不知道商业秘密持有人无权转让商业秘密。（5）对价的要求：第三人需要支付适当的对价。如果没有对价或者只是支付了表面公平的对价来取得商业秘密，这种交易就不符合真正的市场交易行为，因此不受善意取得制度的保护。[1]

---

[1] 彭学龙．商业秘密善意取得与动产善意取得制度之比较［J］．政法论丛，2001（4）：24.

第六章　侵犯商业秘密行为的例外

第一节　商业秘密权利限制的法理基础

一、商业秘密权利限制的法理动因

在商业秘密所涉及的各类主体中，商业秘密所有权人和相对人（包括商业秘密传播者和使用者）的利益往往是最易产生冲突的一组利益。商业秘密作为一种稀缺信息，提高了信息拥有者在行业中的竞争优势地位，从而具有法律保护所要求的价值性。但是，商业秘密的价值性并不是稳定持续的，其价值性一方面取决于市场对该商业秘密信息附着产品的需求度，另一方面取决于对该商业秘密信息在行业内使用的广泛程度。其中商业秘密信息附着产品的市场需求度决定因素众多，甚至和整个时代背景以及经济环境高度相关。就商业秘密信息在行业内使用的广泛程度来看，当该商业秘密信息只被一人掌握时，其所带来的竞争力为绝对值，该商业秘密所有权人拥有绝对的市场竞争优势；当该商业秘密信息被多人掌握时，商业秘密所有权人的绝对市场优势即会被淡化；当该商业秘密信息因为商业秘密所有权人的主观原因或者客观原因成为公知信息时，商业秘密所有权人的绝对市场优势不复存在，该信息也会因为缺乏秘密性而不能继续受到商业秘密法的保护。

商业秘密是一种受到严格限制的权利，在一定程度上，商业秘密所禁止的行为是不当使用（通过侵权或违约）商业秘密；竞争者可以对通过独立发现、反向工程和信息持有人意外披露的商业秘密进行随意、免费的使用。[1] 因此，不同于专利保护，商业秘密所有权人并不享有绝对的排他权，不能禁止他人通过自行研发获取的商业秘密信息进而使用的行为。

究其权利设置的原因，是复杂且全面的，一方面是对商业秘密权保护的“低准入、长保护”的回应，商业秘密权的产生不需要经过冗长的行政审批程序，其信息的新颖性程度不必如专利般绝对，伴随着无具体时间限制的保护周期，从这个角度来看，于商业秘密所有权人来说，简直就是市场竞争的“永不消亡的绝对竞争优势”，但是这种优势于市场竞争和社会发展来说，呈现出来的弊端可能就十分明显。众所周知，竞争是市场经济内在本性的外在表现，市场经济活动中的市场主体需要通过积极从事经营活动对生产要素、市场份额展开竞争，此时的竞争就是社会经济发展的原动力，竞争往往比垄断更有利于市场效率，这种“永不消亡的绝对竞争优势”的存在极大破坏了市场，不利于效率的提高和经济的发展。另一方面，也是对同行竞争者努力的回应，只有不断打破以权利人个人利益为中心形成的竞争壁垒，才能充分保证竞争者的努力可以得到相应的回报，尊重其研发成果，鼓励其参与竞争，保护其竞争收益，普及甚至淘汰被市场筛选过的信息，从而实现技术信息更迭，推动全社会科技进步。

商业秘密保护作为知识产权保护的一项重要内容，有着其独立的保护逻辑，通过这样一套内在的保护逻辑，一方面使得其与专利保护的“高准入，严保护”相区别，供权利人选择的同时与专利保护在知识产权保护体系中各司其职；另一方面使得其可以兼顾商业秘密权利人利益与雇员以及社会利益的平衡。因此，商业秘密保护的过程是对围绕商业秘密产生的利益进行适当分配的过程，也是对商业秘密权利人的权利和义务进行适当配置的过程。[2] 利益平衡是民法精神和社会公德的要求，是“人权思想和公共利益原则的反映”，同样也是限制商业秘密权的主要依据。

---

[1] 理查德·A. 波斯纳. 法律的经济分析［M］. 蒋兆康，译. 北京：中国大百科全书出版社，1997：49.

[2] 冯晓青. 知识产权利益平衡理论［M］. 北京：中国政法大学出版社，2006：147.

一般来说，知识产权法在调整社会关系时，必须考量多个方面的利益，即知识资源提供者的利益、知识产品创造者的利益、知识产品使用者的利益以及社会一般公众的利益。知识产权法律的效益目标即是实现利益平衡并达到最大化。[1] 在此背景下，以利益平衡作为主要的权利配置与权利限制的依据，以确定侵犯商业秘密之行为的例外。

基于不正当竞争法律制度下的商业秘密保护制度，侧重商业秘密权利人和潜在的市场竞争对手之间的竞争性利益关系。从与竞争者利益、公共利益相均衡的角度考虑，商业秘密法需要对商业秘密权人的权利有所限制，同时赋予社会公众特别是竞争对手合法获得和使用商业秘密的权利。商业秘密法对商业秘密的保护，实际上是对相当多冲突利益的中和。[2]

二、商业秘密侵权之例外情形

与其他知识产权不同的是，商业秘密权的效力具有相对性，权利人不能禁止他人通过合法的形式与途径使用与自己已开发的相同的商业秘密。权利人可以通过采取合理的保密措施保护自己的商业秘密，但并非所有他人披露商业秘密的行为都构成可起诉的侵占。美国通过获取商业秘密手段的“正当性”，以此作为抗辩侵权的理由，因为他们没有直接否认商业秘密的存在和被告对商业秘密的使用，但是他们是竞争对手对商业秘密的合理利用。如《美国统一商业秘密法》对此类获取商业秘密的正当手段进行了列举，包括：（1）独立开发；（2）反向工程；（3）接受所有人的许可而获取；（4）通过观察公开使用或公平展示商品而获得；（5）从公共出版物上获取。《侵权法重述》第757条评注f则将其概括为（1）独立发明发现；（2）反向工程；（3）观察公用或公开陈列的产品；（4）从公开出版物上获取商业秘密，以及《不正当竞争法重述（三）》第43条规定，对公开产品或信息的独立发现和分析不构成不正当手段。我国《最高人民法院关于审理不正当竞争民事案件应用法律若干问题的解释》第12条指出，通过自行开发研制或者反向工程等

[1] 吴汉东．试论知识产权限制的法理基础［J］．法学杂志，2012（6）：2.

[2] 谢晓尧．论商业秘密的道德维度［J］．法律科学，2002（3）：85.

方式获得的商业秘密，不认定为侵犯商业秘密的行为。

2020 年，国家市场监督管理总局发布《商业秘密保护规定（征求意见稿）》，其第 19 条以列举式方式规定侵犯商业秘密行为的例外情形，包括：（1）独立发现或者自行研发；（2）通过反向工程等类似方式获得商业秘密的，但商业秘密或者产品系通过不正当手段获得或违反保密义务的反向工程除外；（3）股东依法行使知情同意权而获取公司商业秘密的；（4）商业秘密权利人或持有人的员工、前员工或合作方基于环境保护、公共卫生、公共安全、揭露违法犯罪行为等公共利益或国家利益需要，而必须披露商业秘密的。

因此，商业秘密诉讼中，被诉侵权人往往会以自行研发、反向工程、其他权利人处合法获取等作为合法获取商业秘密的抗辩事由，这些合法获取商业秘密的途径，作为认定商业秘密侵权行为的例外，需要在解决商业秘密纠纷时被考量。

第二节 商业秘密权利限制类型

一、独立研发

独立研发作为商业秘密侵权的一种例外，既是行为人行使侵权豁免的重要抗辩手段，也是对商业秘密权利人的一种权利限制。独立研发是一种通过自己创造性智力劳动成果获得与他人商业秘密相同或相似秘密信息的行为，是经营者合法竞争的重要形式。[1] 虽然重复研发在一定程度上会造成社会资源的浪费，但是在科技发展的同一水平阶段，为实现有效市场竞争，同一领域的重复研发似乎无从避免，因此，同行竞争者通过努力研发，获取技术效果相同或者相似的技术信息，是应该得到保护和认可的。可见，商业秘密并不排除其他权利人对商业秘密的正当获取和使用，当商业秘密处于保密状态时，他人经过自己的脑力及体力劳动独立创造出同一商业秘密，该商业秘密就是其智力成果，他人也可获得这项商业秘密权。这与著作权基于两个不同主体

---

[1] 张耕．商业秘密法［M］．厦门：厦门大学出版社，2006：231.

基于独立创作而形成的两幅完全相同的作品给予同等法律保护的理念相一致。

独立研发作为商业秘密侵权的抗辩手段之一，主要出现于商业秘密权利人在起诉他人侵犯其商业秘密案件中，基于原告和被告的身份不同而承担不一样的举证责任。司法实践中，“接触加相似原则”是人民法院在审理侵犯商业秘密案件中所采用的基本原则，即如果被告所使用的商业信息与权利人的商业秘密相同或实质性相似，同时权利人又有证据证明被告在此之前具备了掌握该商业秘密的条件，那么就必须由被告来证明其所使用之商业信息的合法来源，否则即应承担侵权赔偿责任。该原则合理地分配了原告与被告的举证责任，减轻了权利人在取得证据方面的被动地位，原国家工商行政管理局早在 1995 年颁布的《关于禁止侵犯商业秘密行为的若干规定》第 5 条第 3 款，对商业秘密的举证责任即作出了突破性的规定：“权利人能证明被申请人所使用的信息与自己的商业秘密具有一致性或者相同性，同时能证明被申请人有获取其商业秘密的条件，而被申请人不能提供或者拒不提供其所使用的信息是合法获得或者使用的证据的，工商行政管理机关可以根据有关证据，认定被申请人有侵权行为。”《反不正当竞争法》第 32 条第 2 款规定：“商业秘密权利人提供初步证据合理表明商业秘密被侵犯，且提供以下证据之一的，涉嫌侵权人应当证明其不存在侵犯商业秘密的行为：（一）有证据表明涉嫌侵权人有渠道或者机会获取商业秘密，且其使用的信息与该商业秘密实质上相同。”该条款包含两层含义：（1）过错的推定，法院在审理侵权案件时，一般将过错责任原则作为归责原则，而在审理商业秘密案件时，可以适用过错推定原则，即被告不能证明自己对损害的发生没有过错的，法律就推定其有过错。（2）对不正当侵害行为的推定，即以原告证明客体（商业秘密）的一致性和获得该客体的条件作为初步认定侵权成立的条件。[1]

而法院认定这种实质上的相同，主要根据：（1）被诉侵权信息与商业秘密的异同程度；（2）所属领域的相关人员在被诉侵权行为发生时是否容易想到被诉侵权信息与商业秘密的区别；（3）被诉侵权信息与商业秘密的用途、使用方式、目的、效果等是否具有实质性差异；（4）公有领域与商业秘密相

---

[1] 王建梅，孙巍．论商业秘密侵权案件的举证责任［J］．山东审判，2005（8）：28.

关信息的情况；(5) 需要考虑的其他因素。

而对“接触”一词的理解，《反不正当竞争法》与《关于禁止侵犯商业秘密行为的若干规定》基本一致，前者强调“有渠道或者机会获取”，后者侧重“有获取其商业秘密的条件”，都是指有获取可能的行为主体。根据《反不正当竞争法》第9条第1款，这一类行为主体主要包括：(1) 以盗窃、贿赂、胁迫、电子侵入等不正当手段获取商业秘密的人；(2) 基于保密协议掌握商业秘密的人，包括交易合同合作方、技术许可合同的被许可人、技术转让合同的转让方等；(3) 雇员。其三者共同点都是能够直接从权利人处获得商业秘密的人。

而作为被告需证明其独立研发全过程的真实性和合法性，包括研究方法、研究过程、研究数据的证明材料提交等，从而证明信息使用的合法性。在举证责任方面，被告必须证明其确实存在独立研发的事实，并通过该独立研发获得同一商业秘密的结果。主要包括以下几个方面：(1) 证明企业具有进行独立研发的基础条件，包括具有从事该领域研发具有资质的技术人员、试验软硬件设备等；(2) 有独立研发的存档记录，包括独立研发过程中的立项、研发计划、实施步骤、数据等文件存档记录，并由专人保管，形成企业独立研发所形成的文件、电子文档等；(3) 有为独立研发支出的财务记录，包括独立研发过程中招聘的人员、支付的财力和物力等。

典型案例：高某与一得阁公司、传人公司侵犯商业秘密纠纷案❶

(一) 阅读导引

如果他人不为公众所知悉整体配方的部分内容已被公开，基于该配方进行研发的行为是否可以认定为独立研发？

(二) 基本情况

北京一得阁墨汁厂成立于1965年1月1日，1997年12月26日更名为北京一得阁工贸集团，2000年11月16日又更名为北京一得阁工贸中心，2004

❶ 最高人民法院（2011）民监字第414号民事裁定书。

年7月7日又更名为北京一得阁墨业有限责任公司（以下简称“一得阁公司”）。高某在1978年进入一得阁墨汁厂工作，1984—1985年担任副厂长，主管墨汁新产品的研究开发及生产车间的设计，1995—1996年高某提出研制高档墨汁，此后研制高档墨汁的工作一直进行，研制工作要向高某汇报。一得阁墨汁厂于1967年成功研制了北京墨汁，并于20世纪80年代研制开发了品牌为“一得阁墨汁”和“中华墨汁”的产品。此外，自1995年开始，该公司还研制开发了名为“云头艳墨汁”的产品，并于2003年投入正式生产。关于保密方面，1996年5月24日，“一得阁墨汁”和“中华墨汁”被列为北京市国家秘密技术项目。这意味着这两种产品的相关技术和配方被视为国家机密，需要进行保密处理。另外，1997年7月14日，一得阁公司成立保密委员会，其中高某担任副组长。这表明公司对保护商业秘密的重要性给予了高度重视，并采取了相应的组织和管理措施来确保商业秘密的安全。一得阁公司采取了主辅料分别提供的办法来保护墨汁配方的保密。这是一种常见的保密策略，通过将配方的不同部分分别提供给不同的供应商或内部部门，以降低信息泄露的风险。传人公司成立于2002年1月9日，系家族式企业，共有股东13人，高某作为公司第一大股东，出资20万元，高某妻子王某系公司法定代表人。2002年年底，传人公司生产出国画、书法、习作三种墨汁产品。2003年5月，高某与一得阁公司解除劳动关系，同年5月27日一得阁公司公证购买了传人公司生产的三种产品，一得阁公司认为传人公司生产的以上三种产品的质量、使用效果等与其生产的“北京”“一得阁”“中华”三种墨汁相同或非常近似。

（三）争议焦点及分析

最高人民法院认为本案争议的焦点问题为一得阁公司的涉案墨汁配方是否不为公众知悉以及传人公司、高某是否侵犯了一得阁公司墨汁配方的商业秘密。

1. 一得阁公司的涉案墨汁配方是否不为公众知悉？

根据最高人民法院的认定，“一得阁墨汁”和“中华墨汁”两种墨汁产品被认定为国家秘密技术项目，并且列入了保密期限长达多年的北京市国家秘密技术项目名单。国家秘密是指与国家安全和国家利益有关的事项，经过法定程序确定，并仅限于特定范围内的人员知晓。持有国家秘密的单位，包括产生单位、使用单位和经批准的知悉单位，都必须遵守严格的保密管理规定。这意味着这些单位需要采取一系列措施来确保所持有的国家秘密不被泄露或未经授权使用，以维护国家的安全和利益。国家秘密技术项目的保密性质使得只有特定的授权人员能够获悉相关信息。它们尚未公开或依照相关规定不应当公开。相较于某些领域的相关人员广泛了解和容易获取的信息，国家秘密具有更高的保密级别。在我国的反不正当竞争法中，“不为公众所知悉”指的是相对于相关领域的相关人员普遍了解和容易获得的信息而言。这意味着这些信息并不广泛为公众所知晓，或者在一般情况下可以轻易获取到。而国家秘密由于其涉及国家安全和利益，处于尚未公开或依照有关规定不应当公开的状态。国家秘密的保密性质使只有特定的授权人员能够获悉，以维护国家的安全和利益。

被列为北京市国家秘密技术项目的“一得阁墨汁”“中华墨汁”在技术出口保密审查、海关监管、失泄密案件查处中均有严格规定。既然涉及保密内容，北京市国家秘密技术项目通告中就不可能记载“一得阁墨汁”“中华墨汁”的具体配方以及生产工艺。根据国家科委、国家保密局于1998年1月4日发布的《国家秘密技术项目持有单位管理暂行办法》第7条第2款规定，涉密人员离、退休或调离该单位时，应与单位签订科技保密责任书，继续履行保密义务，未经本单位同意或上级主管部门批准，不得在任何单位从事与该技术有关的工作，直到该项目解密为止。因此，“一得阁墨汁”“中华墨汁”产品配方和加工工艺在解密前，一审、二审判决已正确认定该配方信息不为公众所知悉。

一得阁公司的涉案墨汁是在传统配方的基础上发展而来，正如其创始人谢某曾言，“一艺足供天下用，得法多自古民书”。一得阁公司的墨汁能够传承一百多年，在业界享有盛誉，并被列为国家秘密，其配方的组分、比例及（或）加工工艺必有不为公众所知悉，能够给其带来竞争优势的信息。虽然高某提交的1959年出版的《墨汁制造》以及其他文献中记载了有关一得阁公司生产墨汁的制造工艺和配方，但并不意味着一得阁公司生产的墨汁配方于1959年被公众知悉。否则，也与1996年一得阁公司的相关墨汁被列为国家秘密的事实相矛盾。在高某提交的《北京工商史话》中，有1987年9月26日潘怡采编的“开墨林先河的一得阁墨汁厂”一文，记载了一得阁公司在企业的发展传承方面通过改变溶胶操作、调整墨汁原料等进行创新、博采众长、精益求精的事实。商业秘密的技术信息和经营信息关乎企业的竞争力，其内容是可以在原有的基础上进行改进和完善的，只要信息内容不为公众所知悉，具有实用性并能为权利人带来经济利益，同时，权利人采取了保密措施，就应当依法予以保护。一得阁公司在一审、二审中称其墨汁配方是不断改进的，存在延续性的主张符合市场规律和实际情况。因此，高某主张一得阁公司生产墨汁的配方已被公开无事实依据，最高人民法院对此不予支持。

2. 传人公司、高某是否侵犯了一得阁公司作为商业秘密整体信息的墨汁配方，并且利用他人不为公众所知悉的整体配方进行研发所获得的技术配方，若该整体配方的部分被公开，是否还可认定为独立研发？

高某提交的《精细化学品配方1000例》《新编实用日用化学品制造技术》《炭黑生产与应用手册》《实用化工产品配方工艺手册》中描述了墨汁制造的有关配方以及某项组分在每一种配方中可能起到的作用。上述文献中，墨汁的配方具体组分各不相同，有交叉也有重合；对于制作方法的描述也各有不同。因此，不能因为配方的有关组成部分被公开就认为对这些组分的独特组合信息亦为公众所知。相反，正是由于各个组分配比的独特排列组合，才对最终产品的品质效果产生了特殊的效果。他人不经一定的努力和付出代价不能获取。这种能够带来竞争优势的特殊组合是一种整体信息，不能将各个部分与整体割裂开来。一得阁公司的有关墨汁被纳入国家秘密技术项目，且一得阁墨汁在市场上有很高的知名度也反证了其配方的独特效果。高某关于一审、二审判决对传人公司的墨汁配方是依据公知资料独立研制的抗辩理由不予支持是错误的主张，最高人民法院对此不予支持。

高某在1978年进入一得阁墨汁厂工作，1984—1985年担任副厂长，主管墨汁新产品的研究开发及生产车间的设计，1995—1996年高某担任副厂长期间提出研制高档墨汁，此后研制高档墨汁的工作一直进行，研制工作要向高某汇报。2001年高某被聘任为副经理，任职期限三年，自2000年11月16日起算。高某在一得阁公司的工作领域涉及生产、技术、市场以及检测、技术革新等方面。一审、二审查明的事实足以证明高某具有接触墨汁的保密配方的可能或条件。高某申请再审关于其为一得阁公司行政人员，从未接触墨汁生产的主张，最高人民法院对此不予支持。

高某作为传人公司的股东，且是最大股东，他的妻子王某是传人公司的法定代表人。高某、传人公司在一审中就独立开发研制墨汁产品提交的证据，有的是由于证人没有出庭作证，一得阁公司对真实性以及所要证明的目的有异议；有的是因为虽提交了证人证言，但一得阁公司向法院提交了反证，证明该证人推翻了曾向传人公司出具的证言。传人公司出具的《传人牌墨汁初步研制阶段的记录材料》，研制人员为传人公司的法定代表人及股东，与本案有直接利害关系，在没有证据佐证下，其真实性无法证实。一审、二审法院对高某、传人公司提交的以上证据没有采信，并无不当。且根据公开的资料显示，对于墨汁的研发和生产需要经过反复多次的试验，投入大量的劳动和时间成本，传人公司不可能在成立后的短短几个月时间即开始进行大量生产和销售，在没有现成成熟配方的情况下，且没有专业技术人员的参与下要完成墨汁产品的研发、生产和销售是不可能的。一审庭审中，传人公司的股东曾陈述，他向高某咨询了墨汁的材料、配方等问题。考虑到一得阁公司的相关墨汁作为国家秘密的事实，高某具备接触一得阁公司商业秘密的条件。再结合传人公司设立及主张独立研发的证据，根据日常生活经验法则，一审、二审法院对传人公司非法使用了高某披露的一得阁公司生产墨汁的配方作出了认定，该认定并无不当之处。

针对高某提出的一得阁公司在墨汁配方中使用重铬酸钠的问题，需要明确一点：尽管重铬酸钠是一种有毒化学品，并且被国家禁止在某些情况下使用，但这并不意味着它不能作为墨汁产品的配料。重铬酸钠，也称为红矾钠，通常用作生产碱性湖蓝染料等颜料的氧化剂。尽管它具有毒性，但在合适的条件和控制下，可以安全地使用。墨汁生产中使用的化学物质往往需要遵循相关法规和标准，并经过专业机构的安全评估和批准。关于高某对一审、二审法院对剧毒物质作为配料保护的争议，最高人民法院并未采纳这一主张。因此，最高人民法院认为一审、二审法院对于墨汁配方中使用剧毒物质的保护并未损害广大消费者和社会公众的利益和健康。

（四）评论与思考

利用他人不为公众所知悉的整体配方进行研发所获得的技术配方，即使该整体配方的有关组成部分被公开，也难以认定为依据公知资料独立研制。本案中，“一得阁”墨汁配方作为一项整体性的商业秘密，虽然部分组成部分已经公开，但其他市场竞争者依然无法利用部分公开的信息进行独立研发，整体性的墨汁配方尚不完全成为公知信息。申言之，整体性配方组成部分的公开并不影响商业秘密所有人在墨汁市场所具有的绝对竞争优势。这是由于这种整体性技术秘密系部分的独特排列组合，他人不经一定的努力和付出代价无法获取到这种独特的排列组合。这种能够带来竞争优势的特殊组合是一种整体信息，在进行商业秘密的认定时不能分开认定。

二、反向工程

反向工程，也被称为“逆向工程”（Reverse Engineering），维基百科将其解释为：“将合法取得的某物分解并分析它的工作细节，通常的研究目的为，不对原物进行复制，但能制造出和原物具有相同功能性的物品。”从国际技术流通的角度来看，反向工程是新兴工业国家吸收发达工业国家技术溢出的有效途径，“二战”后许多国家利用反向工程实现了经济的腾飞和赶超。

在商业秘密保护领域，“商业秘密制度不排除反向工程，在一定的意义上可以认为是它鼓励以反向工程的形式扩散竞争。”❶ 商业秘密保护制度的实现是以支付大量的社会成本为代价，商业秘密保护越严格，权利人因此享受到的“近似于垄断性的利益”就越容易实现和维持，而此类信息就越难以扩散和传播，从而一定程度上影响全社会技术总量的增加以及行业技术水平的提升。因此，商业秘密保护制度有必要为竞争者留出“合理的呼吸空间”，让其可以在通过合法途径获取附着商业秘密信息的产品后进行分析研究，甚至因此获取与该产品功能相近的产品。

从商业秘密权利人的角度看，其选择通过商业秘密保护而非专利保护时，就应该预知该保护方式的“非排他性”，当其生产该产品并投放市场因此获得

❶ 冯晓青．知识产权法哲学［M］．北京：中国人民公安大学出版社，2003：302.

经济收益时，就应该预知其商业秘密信息有被他人通过反向工程破解的“风险”。可见，商业秘密权利人完全可以在选择前为自己的保护方式作出合理的评估，在此之后，一旦其选择了将该附着商业秘密信息的产品投入市场，就必须承担相应的风险。因此，合法实施的反向工程可以作为商业秘密侵权的一项抗辩理由，我国《最高人民法院关于审理侵犯商业秘密民事案件适用法律若干问题的规定》第 14 条规定：“通过自行开发研制或者反向工程获得被诉侵权信息的，人民法院应当认定为不属于反不正当竞争法第九条规定的侵犯商业秘密行为。前款所称的反向工程，是指通过技术手段对从公开渠道取得的产品进行拆卸、测绘、分析等而获得该产品的有关技术信息。”为了防止被诉侵权人滥用反向工程进行抗辩，法律规定被诉侵权人以不正当手段获取权利人的商业秘密后，又以反向工程为由主张未侵犯商业秘密的，人民法院不予支持。在罗某、邓某勇等侵犯商业秘密罪一案[1]中，被告即主张反向工程为由进行抗辩，法院认为，原告的商业秘密与核心技术进入市场后从未通过公开出版物或者其他媒体披露，产品涉及的尺寸、结构、材料、部件组合等内容无法通过公开渠道直接获取，且侦查机关查获的被告图纸、电脑中存储的技术图纸、订单、货品物料配方表等资料经对比与被告处取得的相关材料基本相同，足以证明被告通过直接窃取原告技术图纸、订单、货品物料配方表等商业秘密，进行仿制、加工、销售原告相关产品，达到非法获利的目的，而非通过反向工程对被告产品进行仿制、加工。上诉人罗某提出“未把图纸用于仿制产品上，而是通过反向工程自行开发研制相关产品”的理由与事实不符，不能成立。

因此，在适用反向工程抗辩时，应遵循以下几个方面：

(1) 产品需从公开渠道合法取得，产品取得方式的违法性将造成该反向工程所获得的商业秘密不具有合法效力。即需要严格控制反向工程的对象，不得违反“黑箱封闭”的要求，黑箱封闭是指行为人未获取该物品的所有权，只是通过其他方式合法占有了该物品，并且根据与权利人明示或者默示的约

---

[1] 湖南省衡阳市蒸湘区人民法院（2017）湘 0408 刑初 208 号刑事判决书。

定不能将该物品拆卸或分解，则不能通过反向工程获取商业秘密。[1] 只有在行为人通过合法途径（包括购买、接受赠与、继承等方式）获得该产品的所有权以后，才能对该产品展开拆卸、分析、研究，继而通过反向工程合法获得商业秘密。值得注意的是，此处的合法取得，指的是对该产品“所有权”的合法取得，如果仅因为存在托管、租用、修理等关系而合法占有该产品，不得对该产品实施反向工程。

（2）行为人必须依靠自身技术能力对合法取得的产品进行研究之后合法获取商业秘密。此处要求行为人研究的过程需要完全符合“净室程序”的要求。净室程序要求行为人在进行反向工程或独立研发时，应当与商业秘密信息相隔绝，如果行为人曾接触过或知悉他人商业秘密，则这种反向工程或独立研发的过程本身就是受到污染的，所以是不合法的。[2] 如行为人在实际获取部分商业秘密后再实施反向工程，或者完全没有进行反向工程而是全部获取商业秘密之后再进行侵权抗辩，或行为人实际为对商业秘密权利人负有保密义务的人，其反向工程将因缺乏合法性而不能成立。

与专利权人的专有性不同，商业秘密的所有人不能对他人独立开发反向工程的商业秘密主张权利。他人还可以通过对产品外观及其构造进行分析，或通过可利用的其他正当手段获得商业秘密。如何界定“正当”与“不正当”的边界，是正确判断商业秘密侵权的重要标准。在 1989 年美国联邦最高法院审结的 Bonito Boats，Inc. v. Thunder Craft Boats，Inc. 案[3]中，原告 Bonito Boats 公司于 1976 年为一艘玻璃纤维休闲船设计了一个原始船体，但并没有提出专利申请来保护船体的设计和制造工艺。被告首先使用原告的船舶打造出一副模具，再使用模具生产出与原告船舶完全相同的产品。根据美国佛罗里达州立法机构颁布的直接成型法规，[4] 任何未经许可使用直接成型工艺复制船

---

[1] 刘有东．商业秘密权［M］//张耕．商业秘密法律保护研究．重庆：重庆出版社，2002：174.

[2] 张广良．知识产权侵权民事救济［M］．北京：法律出版社，2003：117-118.

[3] Bonito Boats，Inc. v. Thunder Craft Boats，Inc.，109 S. Ct. 971（S. C. U. S 1989）.

[4] 该法规是指佛罗里达州制定颁布的含有直接成型规范内容的法规。Fla. Stat. § 559. 94（1987）.

体以供销售的行为都是不被允许的，因此，佛罗里达州地方法院判决被告的复制行为违法，不允许其他厂商对船舶进行反向工程。但是美国联邦最高法院推翻了地方法院的判决，其认为，根据专利法，直接成型法规应无效。[1] 美国联邦最高法院认为："禁止公众对从公共领域获得的产品进行反向工程是违宪的，这是联邦专利权的权能之一，而非商业秘密法、反不正当竞争法所能提供的保护。"[2] 美国国会在《经济间谍法》（The Economic Espionage Act of 1996，EEA）的立法理由书中阐述："问题的关键在于行为人是否实施了法律所禁止的行为，而非有无'反向工程'。如果行为人获得许可或者以其他合法手段获得商业秘密，这样的'反向工程'就是合理的。"[3] Bonito Boats 案使法院在自由公开竞争和激励创新之间取得新的平衡，为了兼顾私人利益与社会公益以及维护自由竞争，"反向工程"成为市场经济所不能禁止的领域。

典型案例：济南思克测试技术有限公司诉济南兰光机电技术有限公司侵害技术秘密案[4]

（一）阅读导引

反向工程属于商业秘密权利限制的例外情形。实践中，商业秘密权利人为对抗反向工程而采取相关措施的法律效力该如何认定？本案中，商业秘密权利人采取的保护措施是否能对不特定第三人通过反向工程获取其技术秘密进行对抗？

（二）基本情况

2017 年 8 月 23 日，济南兰光机电技术有限公司（以下简称兰光公司）向一审法院申请诉前证据保全，请求对济南思克测试技术有限公司（以下简称思克公司）涉嫌侵害其实用新型专利权的相关证据采取保全措施。

2017 年 9 月 4 日，一审法院相关工作人员及兰光公司工作人员前往山东

[1] U. S Patent Act，35 U. S. C. § § 1 et seq.（Public Law 593，66 Stat. 792）.

[2] Bonito Boats，Inc. v. Thunder Craft Boats，Inc，109 S. Ct. 971（S. C. U. S 1989）.

[3] 142 CONG. REC. S12212-13，daily ed. Oct. 2，1996（Statement of Sen. kohl）.

[4] 最高人民法院（2020）最高法知民终 538 号民事判决书。

罗欣药业集团股份有限公司（以下简称罗欣公司），对GTR-7001气体透过率测试仪采取了证据保全措施，该测试仪为思克公司生产。思克公司认为兰光公司系恶意诉讼，其目的是利用诉讼保全程序非法获取思克公司的技术秘密并运用在产品上，构成不正当竞争，故于2019年7月16日诉至法院。思克公司主张其产品GTR-7001气体透过率测试仪使用的技术即为本案的技术秘密，包含的秘密点包括：（1）智能模式测试；（2）储气罐储气保压、储气罐直连测试腔；（3）电磁阀控制气动阀、电辅生热抗温度波动技术；（4）储气罐扩容检测技术；（5）金属管塑料管混合使用、90度金属弯管工艺；（6）真空泵自动启停控制技术。

思克公司主张，测试仪的技术秘密由其自主研发，为此，向原审法院提交了《设计研发历程》《设计依据》《项目建议书》《设计开发计划书》《设计资料手稿》《设计开发验证报告》《试产报告》《生产工序指导书》《产品生产检定记录表》及生产图纸，以对此进行证明。

思克公司为证明其为涉案技术秘密采取了合理的保密措施，向原审法院提交了《公司保密管理制度》《劳动合同》《企业与员工保密协议》《竞业限制协议》《合作保密协议》，以及罗欣公司与思克公司签订的《设备购销合同书》及产品上“私拆担保无效”“品质保证撕毁无效”的防拆标签。《设备购销合同书》涉及技术秘密的条款内容为，需方有义务确保供方货物的技术机密信息安全，所有技术机密信息不得提供给任何第三方，违约须承担不低于总价50%的经济赔偿及连带法律责任。技术机密信息包括：产品图片、部件材质、部件型号、软件图片、软件试验模式、软件操作、液晶显示、说明书、装箱单等供方提供的所有产品及资料。

（三）争议焦点及分析

根据思克公司的上诉请求、理由，本案争议焦点应体现在如下三个方面：（1）思克公司对其主张保护的涉案技术秘密是否采取了“相应保密措施”？（2）兰光公司通过拆解、分析涉案产品获得产品技术信息的行为是否构成反向工程？（3）思克公司在商品上贴标签的行为能否对抗反向工程？

1. 思克公司对其主张保护的涉案技术秘密是否采取了“相应保密措施”？

思克公司对其主张保护的涉案技术秘密是否采取了符合《反不正当竞争

法》第32条第1款规定的“相应保密措施”。对此，二审法院认为，根据思克公司主张保护的涉案技术秘密及其载体的性质，综合审查本案现有证据，应认定思克公司未采取符合反不正当竞争法规定的“相应保密措施”，具体理由如下。

其一，鉴于思克公司所主张的“对内保密措施”与其所声称要保护的有关涉案技术秘密不相符，该措施可能无法满足反不正当竞争法规定的“相应保密措施”要求。《最高人民法院关于审理侵犯商业秘密民事案件适用法律若干问题的规定》第5条第2款指出：“人民法院应根据商业秘密及其载体的性质、商业秘密的商业价值、保密措施的可识别程度、保密措施与商业秘密的对应程度以及权利人的保密意愿等因素，认定权利人是否采取了相应的保密措施。”商业秘密权利人所采取的保密措施应具体而特定，并与商业秘密内容及其所在载体相对应。这表明保密措施应针对具体的商业秘密内容和其所在载体进行设计和实施，以确保商业秘密的安全性。在本案中，思克公司声称要保护的是其产品GTR-7001气体透过率测试仪所承载的技术秘密，其中包含6个保密要点。针对这种情况，思克公司应采取具体的、与这些技术秘密及其载体相对应的保密措施。思克公司提起诉讼声称兰光公司以非法手段获取涉案技术秘密，即“通过另外一桩诉讼的证据保全，拆解了思克公司的GTR-7001气体透过率测试仪”。由此可见，思克公司主张的“对内保密措施”，例如在与员工签订的《劳动合同》和《企业与员工保密协议》中规定相关的保密条款，制定并实施《公司保密管理制度》，为研发设备机器、研发车间、研发实验室等安装高级门锁，规定严格的来访者进出访问流程等，与兰光公司是否采用不正当手段获取并拆解思克公司GTR-7001气体透过率测试仪产品从而获得涉案技术秘密之间没有相关性。换言之，思克公司所主张的“对内保密措施”与其所声称要保护的涉案技术秘密及其载体不相符合。因此，思克公司所主张的“对内保密措施”无法被视为反不正当竞争法规定的“相应保密措施”。

其二，根据法律规定，思克公司所主张采取的“对外保密措施”在法律上很难具有约束不特定第三人的效力，可能只对合同相对方产生法律效果，并且可能未能体现思克公司的保密意图，因此不符合反不正当竞争法规定的

“相应保密措施”。一方面，尽管思克公司在与客户公司签订的《设备购销合同书》中约定了GTR-7001气体透过率测试仪产品的转让并不意味着客户公司取得该产品的任何知识产权，并要求客户公司承担合同义务，包括确保产品技术机密信息安全及不向第三方提供相关技术机密信息，但是这些约定并没有约束不特定第三人。而且，《设备购销合同书》也未限制客户公司对所购买的产品的处分或转让，因此不特定第三人可以通过市场交易获得该产品，并不受思克公司与客户公司签订的《设备购销合同书》约束。另一方面，思克公司在GTR-7001气体透过率测试仪的特定位置贴有标签，标签上包含“危险！私拆担保无效！”和“SYSTESTER思克品质保证撕毁无效”等内容。这些标签可能是安全性提示和产品维修担保提示，而不是为了保密防范措施。保密防范措施的目的是采取技术和管理手段，确保商业秘密的机密性和安全性。这些措施通常与商业秘密的保护相关，并根据具体的商业秘密内容和需求制定。因此，思克公司所主张采取的“对外保密措施”不符合反不正当竞争法规定的“相应保密措施”要求。

其三，根据涉案技术秘密及其载体的性质，可以认定思克公司未采取符合反不正当竞争法规定的适当保密措施。根据《最高人民法院关于审理侵犯商业秘密民事案件适用法律若干问题的规定》第5条第2款的规定，人民法院应根据商业秘密及其载体的性质等因素来判断权利人是否采取了相应的保密措施。在本案中，涉案技术秘密的载体是GTR-7001气体透过率测试仪。一旦该产品售出并进入市场流通，就在物理上脱离了思克公司的控制，与技术图纸、配方文档等内部载体不同，无法始终处于商业秘密权利人的控制之下。《最高人民法院关于审理侵犯商业秘密民事案件适用法律若干问题的规定》第14条第1款和第2款规定，如果被告通过自行开发研制或者反向工程获取了被诉侵权信息，法院应判定此行为不构成《反不正当竞争法》第9条规定的商业秘密侵权行为。

2. 兰光公司通过拆解、分析涉案产品获得产品技术信息的行为是否构成反向工程？

反向工程，是指通过技术手段对从公开渠道取得的产品进行拆卸、测绘、分析等而获得该产品的有关技术信息。一般而言，反向工程的认定需要满足如下几个构成要件。(1) 实施反向工程的主体必须是产品的所有权人。由于反向工程是一种由果推因的行为，实施反向工程往往涉及对产品的拆卸、分解等操作，其行为本质上属于对产品的处分。《中华人民共和国民法典》第207条规定："国家、集体、私人的物权和其他权利人的物权受法律保护，任何单位和个人不得侵犯。"第116条规定："物权的种类和内容，由法律规定。"第240条规定："所有权人对自己的不动产或者动产，依法享有占有、使用、收益和处分的权利。"根据《民法典》的上述规定可知，通过市场流通取得GTR-7001气体透过率测试仪的不特定第三人，其对该产品享有的所有权的内容应由法律规定，包括占有、使用、收益和处分四项权能，而不受思克公司单方面声明的约束。这一点也正是《最高人民法院关于审理侵犯商业秘密民事案件适用法律若干问题的规定》第14条第1款、第2款关于"通过反向工程获得被诉侵权信息不构成侵害商业秘密行为"规定的法理基础。权利人基于所有权得对所有物行使占有、使用、收益和处分行为，因而对所有物上承载的知识产权构成一定限制，这不仅体现在反向工程对商业秘密的限制，类似的还有画作的所有权对画作著作权人展览权的限制。(2) 主体在实施反向工程前不得接触涉案的技术秘密。根据《最高人民法院关于审理侵犯商业秘密民事案件适用法律若干问题的规定》第14条的规定，被诉侵权人以不正当手段获取权利人的商业秘密后，又以反向工程为由主张未侵犯商业秘密的，人民法院不予支持。因此，如果反向工程的实施主体采取不正当手段获取他人的商业秘密，又以反向工程为由抗辩的，不能成立。申言之，实施反向工程的主体不应该是对涉案技术秘密负有保密义务的人。这是因为这些人已经承担了保密义务，他们不得揭示或利用与其工作相关的商业秘密。此外，在实施反向工程之前或整个过程中也不能接触过涉案技术秘密，这是为了确保反向工程的公正性和避免商业秘密的泄露风险。本案中，兰光公司并未在反向工程实施前后获取到产品的技术信息。(3) 反向工程的对象必须是从公开渠道取得的产品。对于"从公开渠道取得的产品"的证明，要求产品的来源合法、取得途径合法、符合诚实信用原则，满足一般的商业道德标准和正常的商业运作方式。本案中，兰光公司系从公开销售渠道购买气体透过率测试仪，产品来源具有合法性。(4) 实施反向工程的主体应当举证证明其具备实施的客观条件且实际实施了反向工程。鉴于实施反向工程的过程，尤其是对结构复杂的精密仪器或技术含量很高的化工产品实施反向工程的，往往需要借助专业的实验平台才能开展反向工程。由于涉案产品技术信息相对简单，且兰光公司能够证明其具备实施反向工程的客观条件。(5) 当事人主张通过反向工程获取的秘点必须与涉案商业秘密的秘点一致，即通过反向工程所获得的技术信息应当与涉案技术秘密的秘点相对应。如果被告实际使用的技术信息与其声称的通过反向工程所能获得的技术信息不具有同一性，则不应认可反向工程抗辩的有效性。兰光公司通过拆解 GTR-7001 气体透过率测试仪，可直接观察到秘密点二、三、四以及五，同时本领域技术人员“通过常理”可知晓秘密点一和六，因此其通过反向工程获取的秘点与涉案商业秘密的秘点即具有一致性。综上，兰光公司通过拆解 GTR-7001 气体透过率测试仪并获取该产品相关信息的行为可以认定为反向工程。

3. 思克公司在商品上贴标签的行为能否对抗反向工程?

思克公司采取技术本身的性质和物理保密措施来确保技术秘密的安全性是一种常见的做法。技术本身的性质可以通过增加复杂性、特殊算法或其他高度复杂的设计原理等方式来实现。这样即使对产品进行拆解分析，也很难从中获知具体的技术秘密。例如，思克公司可以使用专利技术，这样即使他人试图通过拆解产品获取技术秘密，由于专利保护的存在，他们也无法合法地使用或公开该技术。此外，思克公司还可以采取物理上的保密措施来对抗反向工程。一种常见的方法是采用一体化结构或特殊组件设计，使得对产品的拆解将导致技术秘密的破坏或丧失。例如，某些组件可能需要特殊的工具或设备才能拆解，或者设计成不可逆操作，一旦拆解就无法重新组装。这样的物理保密措施可以有效防止他人通过反向工程获取技术秘密。

根据法庭查明的实际情况，兰光公司通过拆解 GTR-7001 气体透过率测试仪，相对容易获得产品相关的机密信息，所涉技术秘密不属于前述第一种情形。需要进一步分析的是，思克公司对 GTR-7001 气体透过率测试仪采取的保密措施是否属于前述第二种情形，以防止未知第三方通过反向工程获取其技术秘密。(1) 如先前所述，思克公司在 GTR-7001 气体透过率测试仪上贴有的标签，从标签所载内容来看，属于安全性提示和产品维修担保提示，并非以保密为目的的保密措施，因此不属于前述第二种情形。(2) 即使思克公司贴在产品上的标签中包含以保密为目的的内容，例如“包含商业机密，严禁撕毁”等，该标签仍无法构成可以抵御他人反向工程的物理保密措施。一方面，未经合同约束，通过市场渠道获得相关产品的未知第三方无须承担不得拆解产品的合同义务。另一方面，由于所有权，未知第三方在对相关产品行使处分权时不受思克公司单方声明的限制。因此，根据所涉技术秘密及其载体的性质，思克公司贴附在产品上的标签并不能构成可以抵御他人反向工程获取技术秘密的物理保密措施。

(四) 评论与思考

与其他知识产权相比，商业秘密权的排他性较弱。商业秘密权利人无法排除他人通过诸如反向工程、独立研发等正当途径获取、持有与其相同的商业秘密。商业秘密权利人一旦选择了将该附着商业秘密信息的产品投入市场，就必须承担相应的风险。通过以上案例可知，企业内部采取的一般保密措施，以及在产品上贴附标签对技术秘密作出单方面声明，禁止他人拆解的行为，并不影响商业秘密法中反向工程抗辩事由的成立，无法对抗他人通过反向工程的手段获取该产品的相关技术信息内容。

三、公共利益

(一) 公共利益衡平理论

商业秘密保护制度区别于传统的知识产权类型，作为一种具有商业价值的信息，这种信息的占有可以为权利人带来经济利益，尽管这种利益的产生不是独占性的，但对这种利益的攫取可以为不正当竞争者带来竞争优势，因而对商业秘密的保护则显得尤为重要。学者在论述商业秘密保护的合理与正当性时更多是从诚实信用、个人自由、共同道德、公平竞争而不单纯是促进思想和信息的传播等方面加以阐述。换言之，商业秘密源于个人自由、诚信关系、商业道德以及公平竞争等理念，❶ 而忽视商业秘密与公共利益之间的关系。商业秘密本身对信息传播的抑制性，与著作权、专利权等以公开获取保

❶ 冯晓青．知识产权法哲学［M］．北京：中国人民公安大学出版社，2003：285.

护促进技术的传播和流通这一特点相区别，使得学者偏向于忽视商业秘密保护基于公共利益正当性的考量。

商业秘密法作为平衡商业秘密权人和公共利益的制度设计，同样存在公共利益保护及与公共利益相冲突的问题。商业秘密保护的关键性问题是商业秘密的保护在限制信息流动的基础上是否在总体上存在增量利益。❶ 基于公共利益的保护体现在维护了商业交易的稳定性和安全性，从而促成了商业秘密在市场流转中的社会效用，“商业秘密法通过确定公正的规则使人们在商业交易中的关系稳定化，这种交易规则甚至在缺乏明示的合同的情况下也起作用，商业秘密法通过鼓励当事人在商业交易中的信息流动增加了效率、提高了生产力。”❷ 从这个角度来说，正是因为有了商业秘密保护制度，才使得基于秘密状态下的某些有用的商业信息，得以通过进一步的研究、投资、交易、许可等方式实现社会整体经济价值，从而实现增量利益，而这显然是一种重要的公共利益。

基于与公共利益的冲突方面，商业秘密本身毕竟是对技术和信息传播的公共利益的抑制，作为一种处于秘密状态兼具有经济价值的技术信息或商业信息，其存在因信息的私人占用与公众的信息利用之冲突，基于此，从与商业秘密权利人、知悉商业秘密的劳动者、竞争者利益与公共利益衡平角度考虑，商业秘密法需要对商业秘密权利人的权利进行适当的限制。因而，各国在保护商业秘密的同时无不注重协调权利人与社会公益之间的关系。这种关系可以表现为基于权利人长期信息占用而损害公众获取信息的机会，从而损害公共利益；另一种是基于商业秘密本身涉及危害国家及社会公共利益时，对披露或使用商业秘密的侵权豁免行为。

（二）公共利益冲突之路径解决

前者通过制度设计，兼顾在保护商业秘密权利人利益的同时，考虑公众获取商业秘密的合理性，如在权利的取得上，允许多个主体对同一商业秘密

---

❶ 冯晓青．知识产权利益平衡理论［M］．北京：中国政法大学出版社，2006：357.

❷ Melvin F. Jager. The Public Policies Underlying Trade Secret Law［M］. New York：Clark Boardman Company，Ltd.，1985：116.

享有所有权，扩大商业秘密的实施主体。在权利的维护上，商业秘密持有人仅有权对抗非法获取、传播和使用商业秘密的人，而对于自行研发或通过反向工程研发的商业秘密信息，商业秘密权利人则无权限制其使用行为。后者通过法律规定，倘若商业秘密涉及权利人的违法行为或严重危及国家及社会公共利益时，对此种商业秘密不给予保护。这种与商业活动有关，但不受保护的“反社会信息”，如经营者偷税漏税、制毒贩毒等反社会的商业信息，因违反公序良俗而不能成为法律保护的“正当利益”，该信息也不应被称为商业秘密。❶ 正如英国法官伍德在 Gartside v. Outram 一案中所指出的那样，“披露重大非法秘密”，因为“你不能让我成为犯罪和欺诈的心腹知己，不能要我对你胆敢告诉我的有关你欺诈意图的秘密守口如瓶，此种秘密并不存在。”❷

《美国统一商业秘密法》对于为公共利益而进行的商业秘密披露没有规定，公共利益被视为法院给予救济时的自由裁量因素。《侵权行为法（第二次重述）》第 942 条规定，对侵权行为发布禁令时，应当考虑第三人利益和公共利益。这也使得公共利益成为被告因泄露原告的商业秘密而面临违法责任的抗辩事由之一，表明法律开始在知识产权所有人的利益和公共利益的平衡间寻求解决两者矛盾的出路。并且这一原则在美国 1985 年的《统一商业秘密法》和 1995 年的《不公平竞争法（第三次重述）》等法律和文件中进一步发展。《加拿大统一商业秘密法草案》第 10 条第 1 款也将为公共利益披露商业秘密作为免责的抗辩理由之一：“在非法披露和使用商业秘密的诉讼中，如果被告满足了法院的下列要求将不承担责任……（2）根据商业秘密的性质，在披露或者使用时，披露或使用所具有的或者将会具有的公共利益超过了保护商业秘密的公共利益。”2020 年，国家市场监督管理总局发布关于《商业秘密保护规定（征求意见稿）》第 19 条第 1 款第（4）项规定，商业秘密权利人或持有人的员工、前员工或合作方基于环境保护、公共卫生、公共安全、揭露违法犯罪行为等公共利益或国家利益需要，而必须披露商业秘密的不视为侵犯商业秘密行为。

---

❶ 张耕．商业秘密法［M］．厦门：厦门大学出版社，2011：90.

❷ 孔祥俊．商业秘密保护法原理［M］．北京：中国法制出版社，1999：228.

在 Republic Aviation Corporation v. Schenk 案中，该案的原告公共航空公司诉称其两名前专家雇员和技术测量（Technical Measurement）公司因非法获取了其军用飞机武器监控系统资料并投入生产，侵犯了原告的商业秘密，请求法院颁发禁止被告继续生产的禁令。审理该案的法院认为，由于涉案技术是用于正在进行的战争的，禁止生产和向美国空军供应产品，将会影响美国军事行动和参战人员的安全。与给国家带来的损害相比，支持原告的诉讼请求必将危害国家安全。法院驳回了原告颁发禁令的请求，其主要理由就是出于保护美国国家安全利益的需要。而在 estcode Inc v. Daimler Chrysler Rail systems 案中，法院认为被告公开了原告的设计资料等信息，是为了方便剩余工程的施工，如果判决支持原告颁布禁令的请求，禁止其他工程承包方使用该设计，将使整个工程不能按期完成，将造成每天 30 万人的交通不便，这将极大地损害公共利益，而不符合商业秘密保护之初衷以及私人利益与公共利益平衡之精神。

前文论及商业秘密的保护与雇员劳动权的保护问题，在雇用契约中，雇主往往与雇员约定，雇员在被雇用期间或离职后不得泄露或自行使用企业的商业秘密，根据公共利益平衡理论，雇员有权披露雇主欺诈客户的账目信息之类的商业秘密，而无须承担侵权责任。根据宪法规定，雇员享有劳动就业的权利与言论自由权利，当雇主要求雇员因保守商业秘密而与上述权利发生冲突时，是否可以基于公共利益，而主张披露或使用商业秘密而无须承担责任？

第一种情形，雇员劳动就业的权利主要是指雇员离职后的竞业禁止问题，在雇用契约中往往会约定雇员在离职后不得从事与原雇主具有竞争关系的业务，这种约定如果其限制范围和期限如果过宽，是否可以违反公共政策、损害他人的合法权利而主张免责，以保护雇员的自由择业权的实现？在日本、阿根廷等国家的司法实践中，法院都曾作出不允许当事人在合同规定太长的竞业禁止期限的判决。❶

第二种情形，当雇员的公民言论自由权、公众的信息获知权与商业秘密

---

❶ 吴汉东. 知识产权基本问题研究：分论 [M]. 2 版. 北京：中国人民大学出版社，2009：604.

权发生冲突时，法律如何处理以凸显这种利益的平衡则显得尤为重要，即某种商业秘密涉及公众知情权时，雇员披露在工作中所获知的信息，是否构成侵犯商业秘密的行为？美国判例法已将对前者的保护上升为公共利益抗辩事由。在著名的五角大楼档案泄密一案❶中，作为记者的尼尔·西恩将从国防部保密档案中摘录的部分内容发表在《纽约时报》的头版头条，美国政府随即以对国家安全造成潜在危险为由向联邦法院申请颁发临时禁令，禁止报刊发表上述内容。审理该案的联邦最高法院的法官认为，“任何事先的限制（prior Restraint）都是宪法所禁止的，不应该给新闻出版任何压力，对新闻进行审查、颁布禁令或事先禁令都是有违宪法关于公民言论自由的规定，只有在国家处于战争状态且信息的公开将对战争产生不利的影响下，才可以颁发事先禁令”，而美国政府提交的现有证据也不能充分说明披露上述内容有可能对公共利益造成损害，因此法院驳回了原告美国政府要求颁发临时禁令的要求。在该案中，审判该案的法官就宪法所赋予言论和出版自由权与商业秘密权发生冲突时明确地指出：“一般而言，一项宪法赋予的权利被侵犯，必然引起公众的关注，因为维护宪法与每个公民都休戚相关。”在审判商业秘密侵权纠纷时，如何衡量公共利益已成为一个核心且棘手的难题。尊重并保护商业秘密和个人秘密都是公共利益的需要，公共利益应当成为利益平衡的尺度。❷ 而当前现有理论及法律规定对公共利益范围的确定以及公共利益抗辩规则并没有清晰明确的界定，亟待予以进一步探索。

典型案例：数码视频拷贝和控制协会诉邦纳案❸

（一）阅读导引

公民出版自由所涉的公共利益与商业秘密权利人的经济利益之间如何进

---

❶ New York Times Company v. United States，91 S. Ct. 2140（S. C. U. S. 1971）. 黄武双．“具有报道价值的公共利益”可否阻却临时禁令发布——美国商业秘密案件中的一个备受关注的规则［J］. 政治与法律，2007（8）.

❷ 黄武双．英美商业秘密保护中的公共利益抗辩规则及对我国的启示［J］. 知识产权，2009（3）.

❸ DVD Copy Control Assn. Inc. v. Bunner，116 Cal. App. 4th 241，251，10 Cal. Rptr. 3d 185（2004）.

行权衡？法院是否可以禁止或限制商业秘密信息的出版自由？

（二）基本情况

CSS（Content Scramble System）技术是保护DVD信息不被复制传播的技术措施。该技术会对磁盘DVD上的数据进行编码，使其只能在被授权的DVD播放器上解码和播放，CSS技术阻止他人复制DVD上的内容。显而易见，电影行业希望对CSS技术保密。但是，为了制造能够解读和播放受CSS技术保护的DVD播放器和计算机DVD驱动器，制造商必须拥有CSS“主密钥”，并了解该技术的工作原理。为了防止CSS被普遍所知，业界同意了一项限制性许可计划，并成立了数码视频拷贝和控制协会（Digital Video Disc Copy Control Association，DVD CCA），作为CSS的唯一授权许可实体。根据CSS许可计划，每个被许可人都会收到一个不同的主密钥，以纳入其设备，并有足够的技术知识来允许制造符合DVD标准的设备。所有被许可人必须同意对CSS技术保密。

1999年，挪威人乔恩·约翰森（Jon Johansen）通过反向工程开发了一种名为DeCSS的小程序破解了CSS技术，并将其公布在互联网上，并迅速传播到其他网站，包括被告的网站，DeCSS小程序的出现，为破解DVD盘的加密提供了技术密码，拉开了盗版电影DVD的序幕。紧接着，包括邦纳（Bunner）在内的多人都在网上公开DeCSS小程序。于是，DVD CCA于1999年12月27日向法院提交了禁令救济的即时申诉，指控邦纳和其他被告在明知DeCSS是通过不正当手段创建的，而仍然在其网站上发布DeCSS或DeCSS链接，从而盗用了CSS技术商业秘密。所请求的禁令救济旨在防止被告及其他用户使用DeCSS，禁止被告在其网站或其他地方披露DeCSS或其他专有CSS技术，以及将其网站链接到披露DeCSS或其他CSS技术的其他网站。

1999年12月29日，法院驳回DVD CCA的临时限制令请求。2000年1月4日原告再次起诉，初审法院于2000年1月21日发布了一项初步禁令，禁止被告在其网站或其他地方披露或以其他方式披露或分发DeCSS程序、CSS的主密钥或算法，或从这些专有信息派生的任何其他信息。但该禁令不禁止链接到其他网站，也没有明确禁止被告“使用”DeCSS。

（三）争议焦点及分析

本案最主要的争议焦点在于商业秘密权利人的经济利益与出版自由权所涉的公共利益二者间如何权衡。

初审法院认为，该案不涉及公共利益或社会问题，仅与邦纳的个人利益有关。初审法院阐述到，DeCSS 代码作为一种计算机信息代码，虽然对于部分主体而言具有巨大的经济价值，但是很难说对社会公众产生了巨大的社会价值，尤其是在社会经济、社会、文化等方面的社会价值显有不足。与此同时，邦纳将代码公开也并非出于引起社会公众的广泛讨论，充其量是出于个人利益或个人爱好。但初审法院仍然支持了原告请求颁发禁令的请求，法官指出“正如提出证据可加以证明的那样，对于采取什么方法披露可以绕过版权作品访问控制的技术手段，《第一修正案》没有明显的限制”，但“黑客社团的成员，肆无忌惮地将 DeCSS 披露给尽可能广泛的用户，是明显和司法目的相悖的行为”。

从胜诉可能性角度分析，上诉法院认为：（1）初审法院没有明确认定 DeCSS 中包含的专有信息在邦纳发布时并不为人所知。事实上，没有证据支持这一发现。邦纳在 1999 年 10 月 26 日前后首次意识到 DeCSS。但没有证据表明他实际上是什么时候发布的。DVD CCA 实际上敦促我们忽略这样一个事实，即在邦纳首次发布之前，所谓的专有信息可能已经分发给全球数百万观众。根据 DVD CCA 的说法，只要邦纳知道或应该知道他重新发布的资料是通过不正当手段获得的，他就不能依靠该信息向世界其他地方普遍提供，以避免对他适用禁制令。为了支持这一立场，DVD CCA 认为，拒绝禁令将违反商业秘密法所依据的公共政策，这些政策旨在执行商业道德标准，鼓励研究和发明，并保护所有者对其劳动成果的道德权利。DVD CCA 指出，这些政策的推进是通过确保盗用商业秘密的人不会通过广泛提供秘密来逃避“司法制裁”而推动的。这一论点的第一个问题是，法院拒绝初步禁令本身并不能保护不法行为者免受司法制裁，而司法制裁在大多数情况下是在根据案情进行审判之后进行的。（2）本案中关于违规程序是否实际上是通过不正当手段创建的证据非常稀少。反向工程本身并不是不正当的手段。在这里，创作者被认为是挪威居民，他可能不得不违反许可证才能访问他需要的信息。本案只有非常薄弱的间接证据来证明这种情况何时、何地或如何实际发生，或者是否曾经形成过禁止反向工程的可执行合同。（3）假设该信息最初是通过不正当手段获得的，并不一定意味着一旦该信息被公开，其他人就会仅仅因为知道其不道德的来源而根据商业秘密法重新发布该信息。在一个受到广泛宣传的案件中，几乎任何知道有争议信息的人也会知道它据称是通过不正当手段创建的。根据DVD CCA对法律的解释，在这种情况下，理论上公众只需将其披露给他人就可以对盗用负责，这不是商业秘密法的目的。不仅如此，DeCSS中包含的所谓商业秘密并不仅仅因为在互联网上发布而成为公有领域的一部分。相反，有证据表明，在本案中，最初的出版物被迅速而广泛地重新发布给热心的读者，因此DeCSS及其包含的商业秘密迅速被任何有兴趣获得它们的人所接受。此外，该记录没有证据表明邦纳在最初分发违规程序的过程中何时发布了该记录。因此，DVD CCA没有表明它有可能就其对邦纳的盗用索赔的案情而胜诉。

从行为导致的损害角度分析，上诉法院认为，保密因素也涉及临时损害问题。在商业秘密案件中，禁令救济通常是适当的，以确保不会因进一步未经授权使用商业秘密而造成额外损害，并剥夺被告从挪用中获得的额外利益。如果信息尚未广为人知，禁令也可能是适当的，通过防止公开披露来保护原告对商业秘密的权利。如果商业秘密已经进入公有领域，则禁令可能是适当的，以补救被告因挪用而获得的任何领先优势或其他不公平优势。但是，如果被告人没有从挪用中获得不公平的利益，则只能基于惩罚和阻吓的理由来证明禁止使用不再是秘密的信息的禁令是合理的。由于促进竞争的公共利益，这种惩罚性禁令在商业秘密诉讼中通常是不适当的。正如初审法院明确解释的那样，禁止披露的初步禁令旨在保护商业秘密。因此，即使邦纳对盗用负有责任，如果该信息后来为人所知，禁止披露的初步禁令也无助于保护该秘密，因为该秘密将不复存在。此外，假设禁止使用信息的禁令是有依据的，若信息已经为公众所知，显然禁止披露信息并不合适。本案的分析困难之一是它并不完全符合经典商业秘密侵权概念。在商业秘密案件中，典型的是被告是作为盗用原告的商业秘密以牟利的竞争对手。在这种情况下，被告与原告一样，都希望将秘密保密，使其远离善意的竞争对手，并远离公共领域。

但在这里，根据 DVD CCA 的说法，它没有善意的竞争对手。被指控的盗用者不仅想要这些信息，他们还希望全世界都拥有这些信息。本案的证据是无可争辩的，即到提起本诉讼时，已有数百个网站发布了该程序，使无数人能够下载和使用它。从这一证据中可以得出的唯一推论是，到 1999 年 12 月 27 日，当 DVD CCA 首次采取法律行动停止 DeCSS 的出版时，该技术已经提供给那些最有兴趣获得它的人。DVD CCA 没有提供任何证据证明它试图禁止的披露会遭受进一步的损害。因此，从损害的平衡角度分析其并不有利于 DVD CCA，不足以支撑初审法院同意颁发禁令的理由。

经过审理，上诉法院最终认为，原告提供的证据并不能证明发布禁令是合理的。DVD CCA 没有提供任何证据证明邦纳何时首次发布 DeCSS，也没有证据证明邦纳在发布 DeCSS 时，CSS 技术仍然处于保密状态。更何况有大量证据表明，当 DVD CCA 寻求禁止披露 DeCSS 程序的初步禁令时，DeCSS 已经被广泛传播，以至于 CSS 技术可能已经失去其商业秘密地位。故此，从案情上看，CSS 代码并没有披露价值，也没有证据证明如果不发布初步禁令，它将遭受进一步的损害。因此，初步禁令加重了保护 DVD CCA 财产利益所需的言论负担，是对邦纳言论自由权的非法事先限制，应该予以撤销。

（四）评论与思考

实践中，对于商业秘密权保护的公共利益限制尺度把握问题，关系到公共利益与私人利益的协调。在私人利益和公共利益产生冲突的情况下，法院往往会基于公共利益的优位考量，以牺牲私人利益为代价，不向侵权人颁发禁令。但是私人财产权也并不会随意遭到侵犯，其仍然需要遵守比例原则，限定在必要的限度内，严格解释和把握相关的门槛条件，否则私人财产权便得不到必要的保障。本案就为商业秘密保护的公共利益限制提供了样本，只有同时满足具有披露价值和涉及公众利益这两个要素，法院才会优先考虑保护被披露的信息即颁发临时禁令。而何为公共利益？一般必须是特指公众关注的焦点，能够对人们的健康、安全或人民财富等方面产生影响的商业秘密信息。

第七章　人才流动与商业秘密保护

第一节　人才流动与商业秘密保护的关系

一、人才流动与商业秘密保护的利益冲突与协调

人才流动是市场经济发展的客观需要，也促进了科技成果的转化，使劳动力资源得以合理地配置。在知识创造出更多生产力的今天，人才流动的频率不断增加、范围不断扩大，在充分促进经济发展的同时，也为商业秘密的保护增加了难度。因为人才不是一个空洞的符号，它必然包括这一人才的知识、技能、经验、科研能力等各方面的内涵。[1] 因此，人才流动使原单位的商业秘密面临泄露的风险，商业秘密权利人与其员工之间的利益存在明显的剧烈冲突。

2012 年，最高人民法院颁布《关于充分发挥审判职能作用 为深化科技体制改革和加快国家创新体系建设提供司法保障的意见》，该意见指出，要妥善处理商业秘密保护与科技人才合理流动的关系，既要保护企业的商业秘密，又要保障科技人才的合理流动，鼓励科研院所、高等院校与企业创新人才双向流动。为了平衡这种利益冲突，一方面，法律规定了劳动者具有择业自由。《宪法》第 42 条第 1 款规定，“中华人民共和国公民有劳动的权利和义务”，赋予公民自由选择职业和自由使用自己的一般知识和技能的权利。《劳动法》第 3 条第 1 款也有相关规定，“劳动者享有平等就业和选择职业的权利、取得

[1] 邵燕．人才流动与商业秘密的法律保护［J］．江海学刊，1995（6）：67.

劳动报酬的权利、休息休假的权利、获得劳动安全卫生保护的权利、接受职业技能培训的权利、享受社会保险和福利的权利、提请劳动争议处理的权利以及法律规定的其他劳动权利”。同时，一些政策法规也明确了劳动者享有合理流动的权利。1985 年 3 月发布的《中共中央关于科学技术体制改革的决定》，就允许科技人员在完成本职工作和不侵犯本单位的技术权益、经济效益的前提下进行兼职和流动。《国务院关于促进科技人员合理流动的通知》(1986 年) 第 1 条明确申明，政府应当创造人尽其才的环境，鼓励科技人员向急需人才的行业和单位流动，向更能发挥作用的岗位流动，各地应切实做好组织协调和管理工作，积极发展科技人员交流服务事业。上述法律、政策法规均体现出国家希望充分发挥科技的生产力作用，通过技术的流通促进市场经济的发展。

随着商业秘密在市场经营活动中起到越来越重要的作用，具有财产权性质的商业秘密权也得到法律的有效保护。《劳动法》第 22 条明确规定：“劳动合同当事人可以在劳动合同中约定保守用人单位商业秘密的有关事项”，《反不正当竞争法》也就侵犯商业秘密的行为类型和法律责任作了较明确的规定。同时，还有一些相关规定零散分布于国务院及其部委颁布的行政法规中。例如《国务院关于促进科技人员合理流动的通知》（1986 年）第 8 条即规定，“科技人员调离原单位不得私自带走原单位的科技成果、技术资料和设备器材等，不得泄露国家机密或侵犯原单位技术权益。如有违反，必须严肃处理”。又如国家科委《关于科技人员业余兼职若干问题的意见》（1988 年）第 4 条规定，科技人员在业余兼职活动中应当维护本单位的技术权益，未经本单位同意，不得将通过工作关系从本单位获得的技术成果提供或者转让给兼职单位，第 8 条还规定科技人员业余兼职损害本单位利益的，单位有权要求其赔偿损失。国家科委、国家保密局于 1998 年 1 月 4 日发布的《国家秘密技术项目持有单位管理暂行办法》第 7 条第 2 款规定，涉密人员离、退休或调离该单位时，应与单位签订科技保密责任书，继续履行保密义务，未经本单位同意或上级主管部门批准，不得在任何单位从事与该技术有关的工作，直到该项目解密为止。该“办法”将涉及国家秘密的竞业禁止设置为无期限，即直到该项目解密为止。随着市场经济改革的不断深入，劳动力资源由原来的计划分配转由市场配置，人才流动非常活跃，如何平衡人才流动与商业秘密保护之间的利益显得极为迫切。

可以看出，法律既保护劳动者的平等择业和合理流动的权利，也保护商业秘密权利人因商业秘密享有的财产权益。然而实践中，两者很难达到法律所希冀的平衡状态。在雇佣关系存续期间，员工尤其是高级员工不可避免地会知晓企业的商业秘密，如果这些员工“跳槽”后继续从事与在原单位相同或类似的工作，很容易侵犯原单位的商业秘密。❶ 从保护商业秘密的角度出发，需要限制员工的“跳槽”行为，这与劳动者享有的择业自由的权利相矛盾。出现这一冲突的原因是，在劳动关系存续期间，员工可能既掌握了赖以谋生的基本知识、经验和技能，又掌握了企业的商业秘密，有时两者融为一体，很难完全区分员工“跳槽”后使用的究竟是一般的知识和技能还是原单位的商业秘密。而且，商业秘密具有很强的人身性，技术往往随着人走，加剧了实践中通过挖同行业的科技和经营人才以获取他人商业秘密的不法现象。❷ 如何应对这一状况，（1）应当尽可能平衡人才流动与商业秘密保护之间的关系，在设置竞业禁止条款时设置合理的禁业期限；（2）需要准确甄别“跳槽”员工自身的专业经验与原单位的技术秘密，特别是雇员无意披露的情况下，应强调客观因素，旨在提出一种能够取代“不良意图”的新的认定要件——商业秘密与特定技能不可分，其经典表述即Pepsico案中的“除非Redmond具有区分信息的特异功能，否则他必然会使用PepsiCo的商业秘密”；❸（3）优化商业秘密中关于技术秘密的认定及鉴定，完善技术秘密侵权举证责任制度等。最高人民法院在“海带配额”不正当竞争一案中指出，职工在工作中掌握和积累的知识、经验和技能，除属于单位的商业秘密的情形外，构成其人格的组成部分，职工离职后有自主利用的自由，在既没有违反竞业限制义务，又没有侵犯商业秘密的情况下，劳动者运用自己在原单位学习的知

❶ 王瑜．人才流动与企业商业秘密的保护［J］．中国市场，2006（19）：16.

❷ 王靖．企业人才流动与商业秘密保护的法律思考［J］．商场现代化，2005（22）：127.

❸ 李逸竹．商业秘密不可避免披露原则适用标准澄清［C］//中华全国专利代理人协会年会第五届知识产权论坛文集（第一部分）．北京：知识产权出版社，2014：184.

识、经验与技能为其他与原单位存在竞争关系的单位服务的，不宜简单地以《反不正当竞争法》第2条的原则规定认定构成不正当竞争。❶

典型案例：节拍公司诉罗技泰克公司案❷

（一）阅读导引

罗技泰克公司所利用的是费舍尔的一般知识和技能，还是在任职节拍公司期间所接触到的商业秘密？

（二）基本情况

原告节拍（Tempo）公司是一家美国公司，主要的业务范围是生产一种被称为延时继电器的电子计时装置，并受让了一项涉及Gate电子电路的专利（美国专利号3082329）。费舍尔（Fischer）曾于1959年4月至1960年5月在原告公司担任工程师的职位，1961年9月，费舍尔离开原告并成立了罗技泰克（Logitek）公司，该公司也从事延时继电器的制造生产业务。原告指控被告制造、使用和销售延时继电器的行为侵犯其专利权，并利用了费舍尔在受雇于原告期间向其披露的商业秘密。

关于侵犯商业秘密的问题，原告认为，其对Gate电路相关信息一直作为商业秘密进行保护，并将这一事实告知了包括费舍尔在内的所有核心技术人员，但费舍尔违反了两者间的保密协议，将这些信息带到了罗技泰克公司，使得被告罗技泰克公司利用了费舍尔掌握的Gate电路的相关信息制造延时继电器。基于该信息，罗技泰克公司多次以低于原告的价格成功竞标，进行了不正当竞争。所谓Gate电路"相关信息"，原告指出是关于Gate电路的成本和价格、购买和使用制造继电器所需组件的技术以及原告使用的测试技术等信息。

法院经审理认为，尽管原告已经提供了一定证据，证明原告事实上将Gate电路信息作为商业秘密来保护，但是目前的证据无法证明，Gate电路的采购、制造和测试技术属于商业秘密，也就是说，这些技术信息不具备司法

---

❶ 最高人民法院（2009）民申字第1065号民事判决书。

❷ Tempo Instrument, Inc. v. Logitek, Inc., 229 F. Supp. 1 (E. D. N. Y. 1964).

保护的价值。

另外，原告声称，上述技术是在一段保密关系中向费舍尔透露的，然后被他在新公司使用从而构成不正当竞争。但是法院认为，费舍尔和许多工程师一样，曾受雇于许多电子公司，从事过几份涉及晶体管电路的相关工作，也从这些工作中获得了相关知识，并用这些知识为原告工作。原告节拍公司利用了费舍尔在本工作之前在其他公司工作的经验，因此就不能反对费舍尔将他在节拍公司工作时获得的经验融入他的头脑知识体系中，并在被告罗技泰克公司使用这些知识，费舍尔的经验、技巧、不成熟的思想和设计应该都属于他自身。换言之，法院认为原告声称被费舍尔泄露的商业秘密不过是一名雇员在正常工作中获得的一般知识和经验。

（三）争议焦点及分析

本案的核心争议焦点在于被告作出准确的成本估算是否利用了费舍尔任职原告工作期间接触的商业秘密。原告声称，被告之所以能够准确用估算成本的方法获得其相关销售信息，原因就是利用了费舍尔任职原告工作期间接触的商业秘密。但法院认为，这种方法并不属于禁止使用的商业秘密的范畴，而是属于经验、业务知识和判断力的问题。作出估算时要考虑的是内部成本、外部成本、管理费用和利润这些基本因素，构成每个因素的金额必然随着市场的变化而波动，如何获得良好的利润、加价比例必须达到多少等决定并不是什么秘密。在这个行业中，良好的估算和其他行业一样，都需要经验和智力。原告指控被告知悉了原告的供应来源和原告向不同客户收取的价格，这些信息是行业从事者在其从事工作中所获得的一般知识和经验的一部分。换言之，原告指控的信息属于费舍尔的知识和技能，这是由员工的经验和智力作出估算的，是雇员在工作中所获得的一般知识和经验的一部分，不属于商业秘密，这些知识和经验的使用不应被禁止。当然，法院在阐述这一观点之前，已经根据现有证据判定原告的Gate电路的采购、制造和测试技术不具备作为商业秘密保护的价值，原告也没有采取保密措施，因此不是商业秘密。

（四）评论与思考

商业秘密保护要处理和协调好与人才流动的关系问题。如上文所述，商业秘密保护与促进人才流动均具有各自的正当性基础。人才流动是市场经济发展的客观需要，也促进了科技成果的转化，使劳动力资源得以合理地配置。如果将商业秘密保护范围设定过于宽泛，将劳动者一般性的知识技能纳入商业秘密保护的范畴，就会阻碍劳动者的正常流动，毕竟知识技能是劳动者择业的基础性条件。反之，如果不对劳动者通过在企业工作期间所接触的商业秘密信息，所形成专门性的知识和技能利用进行任何限制，也不利于企业对商业秘密合法权益的保护，并且还会纵容员工“泄密跳槽”的现象，有损于市场诚信经营的商业道德。

二、人才流动与《反不正当竞争法》

我国《反不正当竞争法》与知识产权法的关系，曾被已故的郑成思教授形象比喻成海洋与冰山的关系，反不正当竞争法作为知识产权法的有益补充，在知识产权法无法涵盖的领域，起着填补法益损害的作用。如对有一定影响力的商品名称、包装、装潢、企业名称、姓名及特殊标识等通过限制仿冒以保护其权益。而在商业秘密的权益保护中，由于《反不正当竞争法》较深厚的行政法色彩，主要规定的是商业秘密侵权行为的行政处罚，民事责任制度并不完备，尤其是在适用范围上，主要适用于经营者之间的关系，对于经营者与雇员之间的保密关系并没有涉及，因此反不正当竞争法并不能解决一切因人才流动而造成的法律问题。

虽然人才流动及其竞业禁止不适用《反不正当竞争法》，但其中若有侵犯技术秘密的行为，则同样可以适用《反不正当竞争法》进行规制。我国《反不正当竞争法》规定，商业秘密是指不为公众所知悉、具有商业价值并经权利人采取相应保密措施的技术信息、经营信息等商业信息。人才流动中涉及商业秘密侵权的纠纷主要有以下几种情形：（1）雇员从原单位离职时带走技术信息并在新单位披露或使用；（2）雇员离职时带走经营信息并在新单位披露或使用；（3）雇员离职时利用原单位的技术信息或经营信息，自己经营使用。上述三种情形是否构成商业秘密侵权行为，应根据不同时期的法律规定加以分析。

作为雇员的侵权责任，2019 年《反不正当竞争法》修改时，将原先侵犯商业秘密的主体范围由经营者扩大到包括经营者及经营者以外的自然人、法人或非法人组织。雇员如果明知其带走的技术信息或经营信息是原单位的商业秘密而实施上述行为，则构成侵犯商业秘密，可依据《反不正当竞争法》追究其侵权责任。对于新单位是否构成侵权责任，则应根据其主观状态予以认定，如果新单位是出于攫取原单位的商业秘密而聘任雇员，其主观目的就是获取竞争对手的商业秘密，且通过高薪或优厚待遇等方式教唆、引诱其雇员披露、使用原单位商业秘密，构成《反不正当竞争法》第 9 条第 1 款第 4 项教唆、引诱侵犯商业秘密行为。如果新单位并无攫取竞争对手商业秘密之故意，而是雇员在新单位自行实施了原单位的商业秘密，因新单位在主观上并不存在故意或过失，则应不认定为侵权。

囿于后者情况，如果原单位发现新单位存在使用其商业秘密的行为，如何寻求救济？我国现有法律并未进行规定。有学者认为，此种情形下按照效率与公平原则，合理平衡两方之间利益冲突。美国法院常会判令新单位承担使用他人商业秘密的侵权责任，同时考虑其缺乏侵权的故意，而不必支付惩罚性赔偿金。此司法判例反映出对商业行为严格约束的立场，为维护正当竞争，对商业秘密侵权责任的追究日趋“严格化”，即不问被告主观有无过错，这值得我们借鉴。❶

第二节　竞业限制

作为商业秘密的一种保护手段，用人单位制定保密政策、通过专人管理保密信息等措施来防止员工泄露商业秘密是必要有效的，但其只能约束单位内部的在职员工，对人才流出的职工却无约束力，因而在人才流动中商业秘密的保护措施，主要是与员工签订保密协议和竞业禁止协议。而这两种方式与人才流动本身存在天然的冲突，在人才流动和商业秘密保护的利益冲突中，牺牲任何一方都会损害社会公共利益，两者均直接影响我国市场经济能否健康、持续、稳定地发展，具有同等重要的地位。换言之，人才必须合理流动，

---

❶ 缪剑文．人才流动中不正当竞争的法律分析［J］．山东法学，1997（3）：17-20.

商业秘密也应当依法得到保护，特别是竞业禁止。这就要求我们做到合理区分商业秘密与雇员的一般知识和技能，尝试寻找一些可操作性的界限。

一、竞业限制的概念与法律特征

竞业禁止也称竞业限制或竞业避让，一般是指“对于权利人有特定关系之人的特定竞争行为的禁止”。[1] 竞业禁止是合理限制竞争的产物，但因其涉及对员工劳动权益与自由就业的限制，因此各国法律无不对竞业禁止加以严格的限制。我国《劳动合同法》规定，竞业限制的对象，应是对用人单位商业秘密负有保密义务的员工，因此竞业禁止主要适用于商业秘密保护的情形。竞业禁止一般分为两种类型，即法定竞业禁止和约定竞业禁止。[2]（1）法定竞业禁止，是指主体承担竞业禁止义务源于法律的直接规定，具有强制性特点，当事人不得以合同约定排除。例如我国《公司法》第 148 条规定，董事、高级管理人员不得自营或为他人经营与其任职公司同类的营业或者从事损害本公司利益的活动。此外，《合伙企业法》《个人独资企业法》等也规定了合伙企业的合伙人、个人独资企业的投资人委托或聘任的管理人员所承担的法定禁止义务，该类型多为在职竞业禁止。（2）约定竞业禁止，是指主体承担竞业禁止义务源于双方的约定，这种约定一般是采取双方签订竞业禁止协议的形式。我国《劳动合同法》第 23 条规定：“用人单位与劳动者可以在劳动合同中约定保守用人单位的商业秘密和与知识产权相关的保密事项。对负有保密义务的劳动者，用人单位可以在劳动合同或者保密协议中与劳动者约定竞业限制条款，并约定在解除或者终止劳动合同后，在竞业限制期限内按月给予劳动者经济补偿。劳动者违反竞业限制约定的，应当按照约定向用人单位支付违约金。”第 24 条规定：“竞业限制的人员限于用人单位的高级管理人员、高级技术人员和其他负有保密义务的人员。竞业限制的范围、地域、期限由用人单位与劳动者约定，竞业限制的约定不得违反法律、法规的规定。在解除或者终止劳动合同后，前款规定的人员到与本单位生产或者经营同类

---

[1] 李永明．竞业禁止的若干问题［J］．法学研究，2002（5）：94-97.

[2] 吴汉东．知识产权法［M］．北京：法律出版社，2021：686.

产品、从事同类业务的有竞争关系的其他用人单位，或者自己开业生产或者经营同类产品、从事同类业务的竞业限制期限，不得超过二年。”

根据上述规定，商业秘密保护中的竞业限制，是指用人单位与本企业的员工签订竞业禁止协议，禁止该员工在离职后一定时间内，利用在职期间掌握的用人单位的商业秘密，在一定范围内从事与用人单位相竞争的业务，但用人单位需给予该员工一定的经济补偿。❶ 需要说明的是，虽然现行法律没有明文限制员工在职期间的兼职行为，但用人单位通常会通过劳动合同或工作制度进行限制，尤其是在工作时间内自营或到竞争对手处从业的行为。❷

从竞业限制的定义来看，其是一项基于雇佣关系，雇主为保护商业秘密而与离职雇员签订协议的特殊措施。在竞业限制措施出现之前，权利人可用来保护其商业秘密的手段无非两种：（1）与所有可能接触其商业秘密的雇员签订保密协议，要求雇员承担保密义务；（2）当侵犯商业秘密行为出现时，要求侵权人承担侵权的民事责任。第一种手段只能证明权利人曾对准备作为商业秘密保护的信息采取过保密措施，使该信息符合秘密性的要件，对商业秘密的保护并无太大效果。第二种手段为权利人提供了商业秘密被侵犯时的救济途径，但存在两方面的不足之处：（1）权利人需要证明他人有侵害其商业秘密的行为，而对此类行为的证明有时是非常困难的；（2）即使权利人取得了存在侵权行为的证据，但此时商业秘密很可能已经丧失，造成无法挽回的损失。这两种手段是事后的补救手段，对于权利人权利的维护比较迟滞，难以提供有效的保护。竞业限制则弥补了上述不足：（1）竞业限制是一种事前保护措施，防患于未然，减少侵权的可能性；（2）当员工通过工作将雇主的商业秘密变成其知识技能的一部分时，禁止其使用是不正当的，也是强人所难的。❸ 此时，竞业限制既可以防止员工带走商业秘密以维护商业秘密权利

---

❶ 胡良荣，冯涛．全球视域：我国商业秘密保护中竞业禁止制度的审视［J］．江苏大学学报（社会科学版），2009，11（5）：29.

❷ 邓恒．论商业秘密保护中竞业禁止协议的法律性质［J］．西南民族大学学报（人文社科版），2018，39（2）：98.

❸ 桂菊平．竞业禁止若干法律问题研究［J］．法商研究（中南政法学院学报），2001（1）：17.

人的利益，也给予员工一定的经济补偿防止员工的利益受到过度妨碍。用人单位依约可以与负有保密义务的劳动者约定竞业限制，即通过限制负有保密义务的劳动者从事竞争业务而在一定程度上防止劳动者泄露、使用其商业秘密。

然而，如果用人单位与员工只规定竞业禁止，而欠缺商业秘密保护的其他要件，则司法实践中用人单位也很难主张通过商业秘密保护来获得法院支持。相关信息作为商业秘密受到保护，必须具备反不正当竞争法规定的要件，包括采取了保密措施。而保密措施一般认为应包括以下三个构成要件：(1）权利人具有保密的主观愿望。(2）需要明确商业秘密保护的信息的范围。(3）正常情况下足以防止涉密信息泄露的措施，主要通过制度措施和物理措施来实现，前者如签订保密协议、竞业禁止、建立保密制度并在文件上注明密级等；后者如对重大信息文件设置密码锁、加强门卫保卫措施、限制外人参观生产技术过程、派专人封存和保管相关资料等。而签订竞业限制只是其中的一个构成要件，如果该约定没有明确用人单位保密的主观愿望和作为商业秘密保护的信息的范围，而不构成《反不正当竞争法》第9条规定的保密措施。在上海富日实业有限公司与黄某瑜、上海萨菲亚纺织品有限公司侵犯商业秘密纠纷一案中，最高人民法院即强调，符合《反不正当竞争法》第9条规定的保密措施应当表明权利人保密的主观愿望，明确作为商业秘密保护的信息的范围，使义务人能够知悉权利人的保密愿望及保密客体，并在正常情况下足以防止涉密信息泄露，单纯的竞业限制约定，如果没有明确用人单位保密的主观愿望和作为商业秘密保护的信息的范围，不能构成《反不正当竞争法》第9条规定的保密措施。[1]

二、竞业限制的商业秘密保护条款

竞业限制商业秘密条款的具体设置是一个复杂的问题，需要兼顾多方利益，合理地分配权利与义务，主要涉及以下内容。(1）限制主体。我国《劳动合同法》第24条规定，竞业限制针对的对象限于用人单位的高级管理人

[1] 最高人民法院（2011）民申字第122号。

员、高级技术人员和其他负有保密义务的人员。竞业限制的对象应该是因职务关系直接接触或有可能接触到公司商业秘密的员工，任职期间没有接触过公司商业秘密的员工无须承担此义务。一般情况下，公司的高级管理人员和技术人员会接触到公司的商业秘密，部分普通员工在某些具体项目中也可能获悉公司的商业秘密。因此，将竞业限制的对象范围设定为上述人员较为合理，不能是全体员工。(2) 限制期限。时间限制是竞业禁止协议的必备条款，时间过长会不合理地损害员工就业的权利。各国对竞业限制的时限规定各不相同，《德国商法典》第 74 条 a 项规定："自雇佣关系终止时起，禁止不得扩及于两年以上期间。"❶《意大利民法典》第 2125 条第 2 款规定："经理级人员离职后竞业禁止协议的时间限制不得超过 5 年，其他人员的限制不得超过 3 年；约定期限超出上述限制性规定的应当相应削减。"❷ 而在美国判例中，通常情况下，竞业禁止的最高年限为 5 年。只有在特殊情况下，才可以适当延长或缩短约定期限。如果雇员已经接触到核心的、具有重大利益的商业秘密，并且该秘密的泄露可能会给权利人造成重大的、不可估量的损失，此时权利人可与雇员签订无期限竞业禁止协议。❸ 我国《劳动合同法》第 24 条第 2 款则规定竞业限制的期限不得超过 2 年，这与我国目前的经济发展状况相适应，是合理的。(3) 限制地域和范围。关于竞业限制的地域、范围，《劳动合同法》第 24 条只作了原则性规定，即由用人单位与劳动者约定，这样规定比较符合实践需求，首先各行业的特点不同，难以形成一个合理的适用于所有行业的具体规定；其次，这也是雇用双方意思自治、契约自由的体现。一般来说，应以可能与用人单位产生实质性竞争关系的经营区域为限，但不能扩大到用人单位将来可能开展经营的区域。关于竞业禁止的范围，我国《劳动合同法》第 24 条第 2 款规定，竞业限制的范围，是指生产或经营同类产品、从事同类业务。除限制措施外，《劳动合同法》第 23 条第 2 款还规定，用人单

---

❶ 德国商法典 [M]. 杜景林，译. 北京：中国政法大学出版社，2000：28.

❷ 意大利民法典 [M]. 费安玲，丁玫，译. 北京：中国政法大学出版社，1997：529-530.

❸ 郑瑞琨，王芳. 竞业禁止协议效力若干问题研究 [J]. 北京科技大学学报（社会科学版），2007 (1)：74-78.

位在解除或终止劳动合同后，即竞业禁止期间，应按月给予负有保密义务的劳动者以经济补偿。但我国并没有规定可操作的竞业禁止补偿标准，也缺乏明确的司法禁令救济制度等，需要不断地完善。

司法实践中，并不是所有的竞业禁止协议都可以被执行，执行应当建立在该协议具备合理性的基础上。与法律规定的其他合理性标准一样，何为合理，最终取决于具体情况。在商业秘密制度比较完善的美国，不同州判定竞业禁止协议合理性的标准不同，下面两个案例展示了不同州的法院如何处理竞业禁止协议的可执行性问题。

典型案例：金宝汤公司诉德萨特尼克案❶

（一）阅读导引

竞业禁止协议作为用人单位对员工采取的一种常见的保密措施，其可执行性有赖于相关条款设定的合理性。实践中，应从哪些维度，遵循何种标准，审查判断竞业禁止协议条款是否具有合理性？

（二）基本情况

被告德萨特尼克（Desatnick）于1979—1994年在一家广告公司工作，他首先担任客户主管一职，后来成为该公司管理团队的一员，在后期，主要负责该广告公司客户金宝汤（Campbell Soup）公司的广告业务。1994年2月，金宝汤公司得知德萨特尼克正在考虑辞职去广告公司工作时，便询问德萨特尼克是否有兴趣加入金宝汤公司，双方最终达成协议，金宝汤公司向德萨特尼克提供了一份广告总监的工作。

德萨特尼克于1994年4月4日入职时与金宝汤公司签署了一份名为《专利—商业秘密协议》的保密协议，承诺在任职期间和离职后对金宝汤公司“保密的营销计划或数据”和“潜在的新产品介绍”等信息保密。后德萨特尼克又分别在1996年和1997年签署了两份竞业禁止协议，而1997年签订的协议是本案的重点。

❶ Campbell Soup Co. v. Desatnick，58 F. Supp. 2d 477（D. New Jersey. 1999）.

1997年7月25日，德萨特尼克与金宝汤公司签署《非合格股票期权和竞业禁止协议》（以下简称“1997协议”）。“1997协议”规定，在德萨特尼克受雇于金宝汤公司期间以及在此之后的18个月内（如果自愿离职），不得受雇于世界上任何地方的任何与金宝汤公司业务有竞争关系的企业。双方还协商确定了一张“安全网”条款，以防德萨特尼克无法在非竞争对手公司找到工作。

1998年11月，德萨特尼克觉得自己在金宝汤公司的职位晋升受到限制，便萌生了“跳槽”的想法。1998年12月和1999年2月19日，德萨特尼克与品食乐（Pillsbury）公司的管理人员会面，双方讨论了首席营销官一职。德萨特尼克于1999年2月25日和1999年3月2日分别给在品食乐公司任职的麦卡德尔写信。品食乐公司在信中确定提供给德萨特尼克首席营销官的职位，德萨特尼克也表明了自己的期望和计划，例如通过“在公司营销活动的有效性和效率方面达到卓越的新水平、创建更广泛的体验平台”，让品食乐“以无缝集成的方式接触并包围消费者”，以及“通过加强品食乐公司的招聘、培训、开发、评估和提升营销人员的流程，领导创建世界级的营销组织”。德萨特尼克提出要通过“参与品牌定位、战略、执行和营销人员的决策”等方式来实现这些目标，并附上了一份关于如何实现这些目标的工作计划，包括定义“关键角色和举措”，以及提议修订品食乐的广告和业务发展职能的组织结构等。1999年3月16日，品食乐公司总裁向德萨特尼克发出担任营销副总裁的正式邀请，但条件是德萨特尼克确保金宝汤公司的竞业禁止协议不能影响其在品食乐公司的工作，比如通过金宝汤公司书面弃权的方式。

针对上述情况，金宝汤公司向法院提出申请，请求执行与德萨特尼克签订的竞业禁止协议。法院经审理，否决了德萨特尼克提出的禁止金宝汤执行“1997协议”的诉求，并禁止德萨特尼克接受品食乐公司的雇用邀请。

（三）争议焦点与分析

1. 金宝汤公司是否存在合法的商业利益需要保护？

本案中，被告德萨特尼克认为其与金宝汤公司签订的竞业禁止协议无法执行，是因为金宝汤没有合法的商业利益需要保护。具体而言，德萨特尼克认为其在金宝汤任职期间所了解的信息已经不再是机密信息，因为金宝汤已经将这些信息公开，并以金宝汤向金融分析师透露公司未来发展规划和预测的消息为例进行了说明，而金融分析师又在给股票经纪客户的通讯中传达了即将发生的战略规划和预测的信息。

然而，法院经审理发现，实际情况是这些金融分析师报告只是对金宝汤公司的一项投资评估，而不是具体的战略规划，并且金宝汤公司拒绝向分析师透露进一步的信息。具体而言，被公开的只是有关金宝汤公司未来计划和战略的大致信息，而作为其基础的核心机密规划和战略信息并没有被披露。德萨特尼克作为金宝汤公司领导小组的一员，每月都会开会讨论战略规划、财务业绩、财务预测和资源分配等问题。虽然德萨特尼克并不是由少数高管组成的、更加严密的高级领导团队的成员，但他也是规划和审查公司业绩的管理团队中的重要一员。德萨特尼克在金宝汤工作期间实际上接触了相当多的高度敏感的竞争信息，这些信息根据美国新泽西州的法律是应当受到保护的。

根据德萨特尼克的工作经历可以看出，他负责监督金宝汤公司3.8亿美元的全球广告、授权和公司推广预算，其职责包括品牌定位、创意战略、广告和促销活动、金宝汤网站、公司授权以及媒体策划、购买和研究。作为金宝汤领导团队的一员，德萨特尼克参与了金宝汤公司战略规划、财务业绩、财务预测、资源配置等事项的高层机密讨论，在领导团队会议上讨论的很多信息都比公开来源披露的信息或向金融分析师和股东发布的信息更加详细。因此，金宝汤的商业秘密是应当受到保护的。

2. 竞业禁止协议是否具有合理性？

本案由美国新泽西州的法院进行审理，根据美国新泽西州的法律："如果一项限制雇员在解雇后与雇主竞争的协议只是保护了雇主的合法利益，不对雇员施加不适当的困难，而且不对公众造成损害，那么该协议通常被认为是合理的。""为了最大限度地减少给雇员带来的困难，一份可强制执行的禁止竞争协议的地域、时间将限制在保护雇主合法商业利益的合理必要范围内。"本案法院如果要承认并执行竞业禁止协议，只需雇主证明有必要保护其合法利益、有合理的期限、地域限制以及存在有效对价即可。

据此，本案法院主要从以下方面考量竞业禁止协议条款是否具有合理性：

(1) 关于竞业限制的范围，本案中德萨特尼克与金宝汤公司签订的竞业禁止协议仅限于与金宝汤公司业务存在竞争关系的企业。德萨特尼克指出，金宝汤公司的一些内部文件没有将品食乐公司列为主要竞争对手，比如金宝汤公司的非凡农庄（Pepperidge Farm）品牌。但事实上，法院发现在汤类和墨西哥辣酱等产品中，品食乐公司和金宝汤公司存在主要的竞争关系。品食乐公司最近发起了一项大型广告宣传活动，明确将浦氏（Progresso）作为金宝汤公司的高级替代品，德萨特尼克还参与制定了金宝汤公司对抗浦氏广告活动的计划。同时，金宝汤公司的Pace品牌直接与品食乐公司的老埃尔帕索(Old EI Paso）产品竞争，德萨特尼克不仅负责Pace品牌的创意广告，还参与设计了接下来一年的Pace品牌计划，包括应当追求和放弃的产品理念，以及目前的产品定位建议等。

(2) 竞业禁止协议给予德萨特尼克补偿是否合理？本案中，德萨特尼克与金宝汤公司签订的竞业禁止协议中约定了“安全网”条款，该条款缓解了德萨特尼克离职后的经济损失，因此无论从金额还是时间来看，都是有一定合理性的。另外，德萨特尼克表示，他在品食乐的工作可以进行暂时性压缩，且直到金宝汤公司公开宣传浦氏和老埃尔帕索品牌的368个营销和广告前，不去参与相关品牌的工作。德萨特尼克指出，浦氏和老埃尔帕索在品食乐公司的总销售额中所占比例不到6%，他可以限制自己不参与在品食乐的该领域业务。但法院认为，这样的职责分割对品食乐来说不公且没有实际作用。①品食乐一再寻求金宝汤公司全面放弃竞业禁止条款，因为该条款适用于整个首席营销官职位，而没有涉及职责的分割。②如果要将德萨特尼克从浦氏、老埃尔帕索等品食乐相关产品的职责中分离出来，那么法院需要给予他极大程度的信任，以确保他的行为符合竞业禁止条款的要求。但是，在德萨特尼克看来，如果金宝汤公司的商业计划、战略规划等信息已被部分披露，那么这些信息就是可以披露的和可以使用的。这就已经证明他不具备这种信任基础，德萨特尼克的错误认识使他在新职位上面临严重的泄密风险。

综合以上因素考量，法院认为，金宝汤公司的商业利益是现实存在的，执行竞业禁止协议并非不合理，并且协议中期限（18个月）和经济补偿也是适当的，不会给离职的员工造成不适当的困难。故此，金宝汤与德萨特尼克签署的竞业禁止协议是合理且可执行的。

（四）评论与思考

在当今高度竞争的商业环境下，拥有核心商业秘密已经成为企业市场竞争优势的关键所在。商业秘密保护对企业具有重大意义。商业秘密的泄露可能造成企业竞争优势的丧失和难以估量的经济损失，投入巨资打造的核心技术可能瞬间成为竞争对手的知识产权。同时，对于保护商业秘密的措施——竞业禁止协议，要从限制的范围、限制的对象、限制的期限以及补偿费是否合理等方面来进行考察。本案中，法院认定竞业禁止协议保护了金宝汤公司的合法利益，并且有合理的期限、地域限制以及存在有效对价，因此予以认定。总的来说，商业秘密的保护需社会各界的共同努力，在支持商业发展的同时，也能与道德规范和公平竞争的商业环境相协调，这样企业才能更专注本领域，创造更高商业价值。

典型案例：雷蒙德·爱德华兹诉安达信会计师事务所案[1]

（一）阅读导引

美国各州基于不同的公共政策倾向，对竞业禁止协议的宽严程度亦不相同，存有不同的规定，本案是如何体现加利福尼亚州竞业禁止协议中所蕴含的公共政策？

（二）基本情况

1997年1月，注册会计师雷蒙德·爱德华兹二世（Raymond Edwards Ⅱ）被安达信（Andersen）会计师事务所（以下简称安达信）洛杉矶办事处聘为税务经理。在确定相关岗位前，安达信和雷蒙德·爱德华兹签署了一份竞业禁止协议，该协议禁止他在被解雇后的有限时间内为安达信的某些客户工作或招揽客户。不仅如此，安达信还要求所有经理签署该协议，协议中约定：“如果您被解职或辞职，在离开公司后的18个月内，你同意不再为你在解职或辞职前的18个月内服务的任何客户提供类似的专业服务。但这并不妨

---

[1] Edwards v. Arthur Andersen LLP，44 Cal. 4th 937（S. C. Cal. 2008）.

碍你接受客户的雇用。在你离开事务所后的12个月内，你同意不招揽（提供与你所提供的类型类似的专业服务）在你被解职或辞职前的18个月内被分配到的任何客户。你同意在你被解职或辞职后的18个月内不从事务所招揽任何专业人员。”雷蒙德·爱德华兹同意该协议并在协议上签了字。

2002年，雷蒙德·爱德华兹进入该公司的私人客户服务实务组，他的工作职责是为收入和净资产较高的个人和企业处理所得税、赠与税和遗产税规划。由于他的优异表现，他被提拔为高级经理，并有望成为一名合伙人。天有不测风云，2002年3月，美国政府起诉安达信，2002年5月，安达信宣布将终止在美国的会计业务，并开始将其业务集团出售给其他企业。2002年6月，安达信内部宣布，汇丰美国公司（总部位于纽约的银行公司）将通过一个新的子公司财富和税务咨询服务（WTAS）收购安达信税务业务的一部分，包括雷蒙德·爱德华兹所在的集团。

2002年7月，汇丰银行向雷蒙德·爱德华兹提供了一份工作邀请。其中要求安达信任何员工在接受雇用之前，必须签署一份“终止竞业禁止协议”（TONC），该协议要求员工遵守以下规定：（1）自愿从安达信辞职；（2）免除安达信的“任何及所有”索赔，包括“以任何方式产生的与雇员受雇、与被告有关联或从被告获得补偿的索赔”；（3）继续无限期地保存机密信息和商业秘密，除非法院或政府机构另有要求；（4）不贬低安达信或其相关企业或合作伙伴；（5）就任何针对安达信的调查或诉讼与安达信开展合作。作为交换，安达信同意雷蒙德·爱德华兹的辞职和他受雇于汇丰银行，并解除1997年的竞业禁止协议。

雷蒙德·爱德华兹加入了汇丰银行，但最终没有签署这份终止竞业禁止协议。作为回应，安达信终止了与雷蒙德·爱德华兹的雇佣关系，并扣留了他的遣散费。汇丰银行也撤回了对雷蒙德·爱德华兹的聘用邀请。2003年4月30日，雷蒙德·爱德华兹对安达信、汇丰和WTAS提起诉讼，指控他们有意干预预期经济和反竞争商业惯例，同时指控安达信的竞业禁止协议违反了《美国商业与职业法典》第16600条。

初审法院在听取双方的辩论后，对双方的证据均没有采信。最终，法院作出了有利于安达信的判决，并特别裁定竞业禁止协议没有剥夺雷蒙德·爱德华兹从事他选择职业的权利，没有违反《美国商业与职业法典》第16600条规定。

上诉法院对此案提出了与初审法院不同的意见。根据普通法，只要对职业、商业或贸易实践的限制是合理的，那么这些限制就应当认为是有效的，即使在加州也应如此。然而在1872年，加州立法机关制定民法典时，确立了支持公开竞争的公共政策，并拒绝了普通法中的“合理性原则”。因此在加州，除非特定情况下的几种例外情况，否则禁止竞争的契约被视为无效。

《美国商业与职业法典》第16600条规定：“除本章另有规定外，限制任何人从事合法职业、贸易或任何种类的商业活动的合同都是无效的。”该章不包括出售或解散公司（第16601条）、合伙企业（第16602条）和有限责任公司（第16602.5条）的竞业禁止协议。《美国商业与职业法典》第16600条确立了一项有利于公开竞争和员工流动的政策。因此，根据该法规的字面含义，雇主不能通过合同限制前雇员从事其职业、贸易或业务，除非该协议属于该规则的例外情况。

然而，安达信主张，应该对《美国商业与职业法典》第16600条下的“限制”一词解释为简单的“禁止”，因此只有完全禁止雇员从事其职业、贸易或业务的合同才是违反法律的。所以根据《美国商业与职业法典》第16600条，只要有合理的依据，仅限制雇员从事其特定相关职业是被允许的。该案中，第一项被质疑的协议内容是禁止雷蒙德·爱德华兹在18个月内为任何客户提供他在安达信期间所提供的专业服务，第二项被质疑的协议内容禁止雷蒙德·爱德华兹在离职后一年内进行“招揽”，根据协议的定义，“招揽”是指向安达信洛杉矶办事处的任何客户提供专业服务。该协议禁止雷蒙德·爱德华兹为安达信在洛杉矶的客户服务，限制了他从事会计职业的机会，因此雷蒙德·爱德华兹在安达信开始工作前必须签署的竞业禁止协议无效。

安达信又提出了一个新的请求，请求法院采纳美国联邦第九巡回法院在金宝汤诉小利兰·斯坦福大学校董会案中所讨论的《美国商业与职业法典》第16600条的有限或“狭义约束”例外情况，因为初审法院就是根据这个例外情况维持了竞业禁止协议的有效。在金宝汤案中，第九巡回法院承认加州拒绝了普通法中关于限制从事某一职业的“合理规则”，但得出的结论是，

《美国商业与职业法典》第 16600 条只有在使那些阻止某人从事合法职业、贸易或商业的限制情况下才是非法的。本案上诉法院则认为，《美国商业与职业法典》第 16600 条的规定是相对明确的，如果立法机关在立法时计划该规则只适用于不合理或过分宽泛的限制，完全可以在立法时予以明确，但立法机关并没有这样做。因此，上诉法院驳回了安达信的应该对《美国商业与职业法典》第 16600 条采用例外的要求。上诉法院认为这应当属于立法机构的工作，立法机构认为必要时，要么放松该法定限制，要么对《美国商业与职业法典》第 16600 条下的禁止限制规则采用例外规定。

综上，上诉法院认为安达信和雷蒙德·爱德华兹签署的竞业禁止协议在《美国商业与职业法典》第 16600 条下无效，因此驳回了安达信提出的采用“狭义约束”例外请求。

（三）争议焦点和分析

1. 加州最高法院作出的拒绝执行雷蒙德·爱德华兹签订竞业禁止协议的判决是如何体现公共政策的？

本案中，加州最高法院根据文义解释的方法对《美国商业与职业法典》第 16600 条作了解释：“除本章另有规定外，限制任何人从事合法职业、贸易或任何种类的商业活动的合同都是无效的”中的“限制”不应作狭义理解，应当根据文义解释直译为“一切约束竞争的行为”。同时，还对《美国商业与职业法典》第 16600 条的历史来源作了梳理，即在制定民法典之前，加州依据普通法是承认合理的竞业限制的效力的。但是，民法典颁布之后的政策则偏向于支持竞争，民法典规定除了几种特殊的情况，一切限制竞争的行为都应予禁止。雷蒙德·爱德华兹签订的竞业禁止协议不属于法律规定的特殊情况，因此加州最高法院遵守促进竞争和人才流动的公共政策，拒绝了普通法的“合理性原则”，认定雷蒙德·爱德华兹签订的竞业禁止协议无效，不可执行。

2. 本案与上述金宝汤诉德萨特尼克一案有何区别？

金宝汤诉德萨特尼克一案中，新泽西州的法院认定，被告德萨特尼克与原告金宝汤公司签订的竞业禁止协议在时间、期限方面均是合理的，因此驳回了德萨特尼克提出的禁止金宝汤执行“1997 协议”的诉求，德萨特尼克不得接受品食乐的雇用邀请。但在本案中，由于根据加州的法律，一切限制竞争的契约都是无效的，因此法院对雷蒙德·爱德华兹与安达信签订的竞业禁止协议的合理性并没有进行审查。

可以看出，美国不同州法院对执行竞业禁止协议的条件把握并不相同，因为美国不同州的公共政策不尽相同。在倾向于维护雇主利益的州，通常竞业禁止协议被认为是合理的，除非雇员证明该协议明显不合理。在倾向于保护竞争利益和人才流动的州，除非雇主证明这类协议是合理的，否则这些协议就会被法院认定不合理。

（四）评论与思考

关于竞业限制协议的法律规定，因国家和地区而异。一些国家或地区对竞业限制协议有着严格的法律限制，如要求协议的时限、地域范围和限制内容必须合理，并确保员工的权益不受侵犯。而另有一些国家或地区则对竞业限制协议秉持较为宽松的态度，允许雇主自由约定协议的内容和时限。正是由于竞业禁止制度中蕴含着商业秘密保护与择业自由权的冲突协调问题，我们有必要对竞业禁止限制范围的合理性进行慎重和深入地思考，最终在维护企业利益和员工利益之间进行平衡，从而推动整个社会思想交流和技术水平的平衡发展。

第三节　不可避免披露原则*

一、不可避免披露原则概述

（一）不可避免披露原则定义

不可避免披露原则，又称不可避免侵占原则，是法院为保护商业秘密潜在的披露而引起的禁令救济原则之一，主要用于禁止掌握前雇主商业秘密的离职雇员在原雇主的竞争对手处从事相同或相近似的工作。如果雇主能够证明离职雇员的新工作将会不可避免地导致自己的商业秘密被泄露时，法院可

* 该内容部分节选自：聂鑫．商业秘密不可避免披露原则的制度发展与移植设想[J]．知识产权，2016（9）：66-71.

以应雇主请求对该雇员发布禁令，禁止其为雇主的竞争者工作，即使雇主与雇员之间没有签订竞业禁止协议。❶ 这种禁令可以是暂时禁令，也可以是永久禁令，主要是针对商业秘密潜在的侵占行为（threatened misappropriation）采取的保护方式。❷

不可避免披露原则起源于美国判例法，最早出现在 1902 年的 Harrion v. Glucose Sugar Refining Co. 一案中，作为一种阻止离职雇员可能侵犯雇主商业秘密行为的事前救济手段，雇主可以在其商业秘密还未被公开时，提起诉前救济申请，请求发布禁令，有效防止损失的发生和扩大。后经 1919 年纽约州最高法院的 Eastman Kodak v. Power Film Products 一案得以确定下来。该案中被告沃伦（Warren）原来是原告柯达公司的员工，后准备跳槽到柯达公司竞争对手能影（Power Film Products）公司。虽然沃伦与柯达公司签订了竞业禁止协议和保密协议，但是柯达公司仍认为如果沃伦到竞争对手公司，在任职过程中会不可避免地披露其掌握的柯达公司商业秘密，因此其提出诉讼，希望法院核发禁止令，阻止沃伦到其竞争对手公司就职。尽管柯达公司没有证明其实际侵犯商业秘密的行为存在，但法院还是支持了双方签订的竞业禁止协议和保密协议效力，认为如果让被告到原告竞争对手的公司就职会导致原告柯达公司商业秘密的泄露和给其带来不可弥补的损失，因此最终核发了禁止令。虽然 Kodak 案建立了不可避免披露原则，但是该原则没有随之得到广泛推广，在接下来的几十年里美国法院很少适用该原则。直到 1964 年的 E. I. DuPont v. American Potash 案，美国法院才首次正式使用“不可避免披露”一词。1995 年美国联邦第七巡回法院在 Pepsi Co. Inc. v. Remond 这一经典案例中，为防止商业秘密的潜在侵占，首次明确将不可避免披露原则作为核发禁止令的立法依据，并开始在美国司法判例中广泛引用。

（二）不可避免披露原则性质与特点

不可避免披露原则从其性质而言源于侵权法中即发侵权理论，即侵权人

---

❶ 祝磊．美国商业秘密法不可避免披露原则研究［J］．社会科学辑刊，2008（4）：75.

❷ 廖荣华，王永杰．论商业秘密保护中的不可避免披露原则［J］．科技与法律，2001（12）：65.

正准备进行侵权，但由于侵权行为尚未实施，因此没有对权利人造成实质损害，[1] 且其并不以竞业禁止协议或保密协议的存在作为前提，因此也被学者视为侵权法理论的延伸和竞业禁止协议的补充，起到转移证明责任对象的补充作用。一方面，即使没有证据证明被告有实际侵权行为，但有竞业禁止协议情况下，也可以请求法院强制执行竞业禁止协议，发布禁令限制前雇员到竞争对手任职。另一方面，在没有竞业禁止协议存在的前提下，也可以独立适用，2010 年的 Bimbo Bakeries v. Chris Botticella 案[2]中对于禁止令的核发没有以竞业禁止协议作为前提，就是对该原则性质的验证。这一性质来源于普通法、衡平法以及大陆法系成文法中雇员保密商业秘密的一般义务。[3]

虽然在美国不同州之间对于不可避免披露原则之适用存在观点之争，但不容否认的是，基于统一商业秘密法典的推广力和传统商业秘密保护手段的滞后性，不可避免披露原则在当今社会的作用和意义愈加凸显，最后，不可避免披露原则的适用需要考量雇主与雇员之间的利益平衡。从对不可避免披露原则适用持折中说的判例来看，在该原则之上所增设之适用条件均是考虑平衡雇主与雇员之间的利益之故，因此，总体而言，折中说一方面既保护经营者投入时间、人力、金钱成本之商业秘密不被跳槽员工泄露，另一方面又顾及了员工自由流动和择业权益之保障，因此无论较之支持说还是反对说都更具合理性。[4]

二、不可避免披露原则的扩张与移植

不可避免披露原则作为在美国发端的商业秘密保护方式，能够提供给商业秘密权利人主动防止商业秘密被泄露手段，从该原则在美国的适用发展来看，虽然存在不同声音之间的争议，但该原则的适用有不断扩张的趋向。基

[1] 郑成思．知识产权文丛（第四卷）［M］．北京：中国政法大学出版社，2000：18.

[2] Bimbo Bakeries USA，Inc. v. Chris Botticella，613 F. 3d 102（3rd Cir. 2010）.

[3] 彭学龙．不可避免披露原则再论——美国法对商业秘密潜在侵占的救济［J］．知识产权，2003（6）：60-64.

[4] Wei-Lin Wang. Inevitable Disclosure Theory in the US Legal System and its Influence on other Jurisdictions［J］. Journal of the Patent and Trademark Office Society，2016（1）：74.

于我国商业秘密保护的现实需求和相关立法的现状，我国具有引入不可避免披露原则的必要性和可能性。我国作为成文法国家，不能像美国一样通过判例来确立不可避免披露原则，只有通过立法对该原则明确地予以确认和接纳。在我国对不可避免披露原则的立法接纳过程中，基于不可避免披露原则作用的两面性，即一方面能起到保护商业秘密和维护商业道德的作用，另一方面可能还会损及员工自由流动和择业的基本权利，我们应注意通过对该原则在美国适用经验的借鉴，对适用条件予以严格规范和限制，慎重该原则的适用，以平衡前后雇主与雇员之间的利益关系。

不可避免披露原则通过禁止令的申请核发，可让原雇主主动防范离职员工到竞争对手处任职时不可避免地披露其商业秘密，该原则既可解决实践中我国商业秘密保护手段的滞后与乏力问题，理论上又可丰富商业秘密保护制度，因此该原则在我国的引入是具有必要性的。此外，不可避免披露原则在我国亦是具有引入可能性的，主要基于以下原因：（1）如前文所述，不可避免披露原则衍生于侵权法即发侵权理论，目前虽然我国《民法典》中没有明确规定即发侵权，但在第1167条中明确规定了预防性侵权责任[1]，因此《民法典》已为不可避免披露原则的引入预设了一定的立法空间。（2）基于TRIPs协议第50条明确规定：对于权利人提出制止即将发生侵权的请求，成员方司法当局应当采取迅速有效的措施，我国作为TRIPs协议成员方已分别于2000年和2001年落实和完成《专利法》《著作权法》《商标法》等知识产权立法对于知识产权即发侵权行为的规制任务。[2] 最高人民法院2001年公布实施的《关于对诉前停止侵犯专利权行为适用法律问题的若干规定》和2002年公布实施的《关于诉前停止侵犯注册商标专用权行为和保全证据适用法律问题的解释》两项司法解释则是这一任务的具体配套落实。因此，作为商业秘密即发侵权形式的不可避免披露原则在我国移植是具有其他知识产权立法的参照和路径可以遵循的。（3）我国的司法实践中，已有商业秘密侵权案例

[1] 我国《民法典》第1167条规定：侵权行为危及他人人身、财产安全的，被侵权人有权请求侵权人承担停止侵权、排除妨碍、消除危险等侵权责任。

[2] 2000年第二次修订的《专利法》第61条、2001年第二次修改的《著作权法》第49条和《商标法》第57条均对即发侵权行为予以了明确规定。

对不可避免披露原则进行了实践探索，如 2003 年由北京市第一中级人民法院审理的“一得阁案”，在该案中法官虽然没有直接通过适用不可避免披露原则规制即发侵权行为，但是创新性地将不可避免披露原则变通运用到了证明已发生侵权行为的举证责任分配上，也为不可避免披露原则在我国商业秘密司法实践中的引入进行了初步的探索和尝试。❶

基于上述原因，不少学者建议我国应引入不可避免披露原则，完善我国预防性商业秘密保护机制，并论证了引入不可避免披露原则的可能性。(1) 我国《民法典》目前虽然没有明确规定即发侵权，但是存在预防性侵权责任条款，❷ 为纳入不可避免披露原则提供了制度空间。(2) 为了响应 TRIPs 协议成员方对于权利人制止侵权的请求应当迅速采取有效措施的规定，我国已经在专利权、著作权、商标权完成对即发侵权的规制任务，❸ 为同属知识产权的商业秘密中不可避免披露原则的移植提供了参照。

虽然不可避免披露原则能够起到对于商业秘密权利人权利有力保障的作用，但该原则的适用毕竟可能会侵犯员工自由流动和择业的权利，所以我国在对不可避免披露原则的引入过程中，应注意平衡前后雇主与员工之间的利益关系，须对该原则的适用施以严格的条件限制。主要包括：(1) 员工知悉商业秘密的程度和价值。知悉商业秘密是员工可能披露商业秘密的前提条件，因此不可避免披露原则适用首先需要前雇主证明商业秘密的存在，而前雇员知悉该商业秘密，并且诉争的商业秘密须是对于前雇主而言较为重要或具有重大经济价值的商业秘密。(2) 新旧雇主之间的竞争关系。商业秘密的价值是一种比较优势或竞争优势，员工对商业秘密的披露导致前雇主竞争优势丧失是不可避免披露原则的正当性基础。如果新旧雇主不存在竞争关系，商业

---

❶ 龙文懋，李元．从“接触加相似”到“不可避免披露”——从一得阁案看中国商业秘密侵权证明责任的进展［J］．首都师范大学学报（社会科学版），2007（6）：111.

❷ 《民法典》第 1167 条。

❸ 《专利法》（2020）第 72 条规定：“专利权人或者利害关系人有证据证明他人正在实施或者即将实施侵犯专利权、妨碍其实现权利的行为，如不及时制止将会使其合法权益受到难以弥补的损害的，可以在起诉前依法向人民法院申请采取财产保全、责令作出一定行为或者禁止作出一定行为的措施。”《著作权法》（2020）第 56 条、《商标法》（2019）第 65 条均作出了类似规定。

秘密的披露就不会存在竞争优势贬损的问题。[1] 因此，不可避免披露原则之适用还需要前雇主证明与新雇主之间存在直接的竞争关系。（3）员工新旧职位之间的相似程度。员工新旧职位之间的相似程度是评判员工是否不可避免披露的依据和基础。由于员工没有区分一般知识或经验与商业秘密信息的能力，因此如果新旧职位存在功能上的等同或相似性，决定了员工为履行工作职责，就必须使用其在前雇主处所知悉的技术信息或经营信息，该条件亦是平衡员工自由流动和择业权利的关键条款。（4）员工和新雇主的主观意图。员工或者新雇主的主观意图在审核不可避免披露原则的适用过程中虽然并非决定性因素，但是也应当予以考虑。[2]（5）不可弥补的损害发生。不可避免披露前雇主的商业秘密毕竟是一种即发侵权类型，被诉侵权人还没有实际实施侵权行为，只有在如果禁止令不发布会导致不可弥补损害结果发生的情况下，才有适用不可避免披露原则的合理性，否则可直接待侵权行为实际发生后，追诉侵权人法律责任，赔偿商业秘密权利人相应损失即可。需要注意的是，这里指针对的损害是一种潜在的经济损失，而非确定的已经发生的经济损失。

不可避免披露原则在美国的判例中已经多次适用，由于该原则直接限制了劳动者的一项根本权利——自由流动权，即使在其发源地美国，该原则也没有被所有州无异议地接受。下面将通过三个案例探讨美国不同州对不可避免披露原则截然不同的态度及其原因，以期更深入地了解该原则在司法适用中存在的限制与争议。

典型案例：百事股份有限公司诉雷德蒙案[3]

（一）阅读导引

虽然不可避免披露原则能够起到对于商业秘密权利人权利有力保障的作

---

[1] 朱谢群．商业秘密保护中“不可避免披露”原则［J］．深圳大学学报（人文社会科学版），2004（5）：37.

[2] 彭学龙．不可避免披露原则再论——美国法对商业秘密潜在侵占的救济［J］．知识产权，2003（6）：64.

[3] Pepsi Co. Inc. v. Remond，54 F. 3d 1262（7th Cir. 1995）.

用，但该原则的适用同时也可能会侵犯员工自由流动和择业的权利。实践中，法院主要通过哪些条件和因素判断员工对于前雇主商业秘密的披露是“不可避免”，从而适用不可避免披露原则？

（二）基本情况

百事公司通过与汤姆斯·立顿（Thomas J. Lipton）公司和优鲜沛公司（Ocean Spray Cranberries，Inc）共同合资进入饮料市场。在饮料行业，桂格（Quaker）公司是百事公司主要的竞争对手，尤其是在“运动饮料”和“新时代饮料”领域。桂格公司在1994年年底收购了一家大型的新时代饮料制造商斯奈普（Snapple）饮料公司，桂格公司旗下的运动饮料佳得乐（Gatorade）是作为其旗下主导品牌。1994年3月和4月，百事公司推出了佳得乐的竞争对手“全运动”（“All Sport”）品牌，但“全运动”的销量远远落后于佳得乐。

1995年，百事公司制订了一系列计划来增加其市场占有率，而桂格公司则试图通过整合佳得乐和斯奈普的分销渠道来巩固其领先地位。与此同时，百事公司和桂格公司都面临来自可口可乐公司和独立饮料生产商的激烈竞争。可口可乐公司推出了自己的运动饮料“动乐”（“PowerAde”），并在1994年推出了与斯奈普竞争的产品“水果国度”（“Fruitopia”）。

1984—1994年，雷德蒙在百事可乐北美分部工作。1993年6月，雷德蒙成为北加州事业部总经理，并在一年后晋升为覆盖整个加州的业务部总经理，该部门的年收入超过5亿美元，占百事可乐北美分部在全美利润的20%。

雷德蒙和百事公司的其他管理层员工一样，与公司签署了保密协议。根据该协议的相关规定，他在任何时候都不能向公司高管或员工以外的人披露或使用与百事公司业务有关的机密信息。

然而，1994年年初，唐纳德·乌兹离开百事公司，成为桂格公司佳得乐部门的负责人。5月，他向雷德蒙发出加入桂格公司的邀请。1994年8月，雷德蒙在芝加哥会见了桂格公司的高管。同年10月20日，唐纳德·乌兹继续邀请雷德蒙加入桂格公司，并担任销售副总裁。雷德蒙并没有立即接受该职位，而是继续与桂格进行加薪谈判。1994年11月8日，唐纳德·乌兹向雷德蒙发出了一份书面邀请，邀请他担任佳得乐现场运营副总裁的职位，雷德蒙接受了这个职位。

百事公司于1994年11月16日提起诉讼，请求法院发出一项临时限制令，以禁止雷德蒙在桂格公司履行其职责，并阻止他向新雇主透露商业秘密或机密信息。地方法院在同一天批准了百事公司的请求，但两天后随即撤销了该限制令，原因是法院认为百事公司未能证明他们将遭受不可弥补的损害。法院发现，百事公司对雷德蒙的担忧是基于对他在桂格公司新职位的错误理解，而对雷德蒙可能不恰当地泄露任何机密信息的发生概率仅仅只是基于猜测。

1994年11月23日至12月1日，地区法院就该事项举行了初步禁令听证会。在听证会上，百事公司提供了如下证据：(1) 百事公司提交了百事可乐北美分部的一份高度机密的战略计划，是根据包括雷德蒙在内的百事可乐北美分部总经理的意见制定的，每年修订一次，包括百事可乐北美分部的竞争计划、财务目标以及未来三年的制造、生产、营销、包装和分销战略。百事公司表示，百事可乐北美分部于1994年7月举行了一次会议，会议披露了公司最新的战略计划，雷德蒙参加了此次会议。此外，还在该会议上介绍了立顿即饮茶和1995年及以后的“全运动”计划，包括新口味和包装尺寸。这份战略计划的泄露将使竞争对手可以预测百事可乐北美分部的下一步商业行动。(2) 百事公司指出，百事可乐北美分部的年度运营计划也是商业机密。年度运营计划是特定年份的全国性计划，指导百事可乐北美分部的财务目标、营销计划、促销活动日历、增长预期和当年的运营变化。年度运营计划由包括雷德蒙在内的百事可乐北美分部部门总经理实施，并包含来年所有百事可乐北美分部计划的具体信息。年度运营计划上标有“私有和机密——不要复制”的标签，被百事可乐北美分部经理认为是高度机密的。特别是，年度运营计划包含关于“定价体系结构”的重要而敏感的信息，该份信息揭示了百事可乐北美分部如何在市场上为其产品定价。定价体系结构涵盖国家定价方法和特定地区的特定价格点，它还包括百事可乐北美分部参考贸易渠道、包装尺寸和产品目标客户的其他特征，针对所有运动饮料和新时代饮料的目标进行的定价。此外，定价体系架构还包括百事可乐北美分部的客户发展协议，这些协议规定了零售商参与百事可乐北美分部产品的某些推销活动的条件。与年度运营计划中包含的其他信息一样，定价体系结构是高度机密的，并且对竞争对手非常有商业价值。披露百事可乐北美分部的定价架构将使竞争对手能够预测百事可乐北美分部的定价趋势，并在战略上随时压低百事可乐北美分部的报价。百事公司提供的证据表明，雷德蒙对百事可乐北美分部的定价架构有详细的了解，他知道并参与制定了百事可乐北美分部与加州和全国客户的发展协议。百事公司表示，作为加州的总经理，雷德蒙应该为他的业务部门实施定价架构指导方针负责。(3) 百事公司提供了关于百事可乐北美分部销售和配送系统创新的商业机密证据。根据该计划，百事可乐北美分部正在测试一种新的配送系统，该系统耗资100多万美元，历时两年多时间进行开发，可以使百事可乐北美分部在与零售商就货架空间和商品销售进行谈判时具有更大的优势。该试点项目目前正在加州进行测试，作为加州的总经理雷德蒙十分清楚和了解该套系统相关信息。

根据以上证据，百事公司认为，雷德蒙在他的新职位上将不可避免地会向桂格公司披露这些信息，包括佳得乐和斯奈普在定价、成本、利润率、分销系统、产品、包装和营销等方面的相关内容，从而让百事公司丧失与桂格公司的竞争优势。

对此，雷德蒙和桂格公司则反驳说，雷德蒙在桂格公司担任现场运营副总裁的首要职责是整合佳得乐和斯奈普的分销，然后管理分销以及这些产品的推广、营销和销售。雷德蒙表示，整合将根据事先制订的计划进行，他所掌握和了解的百事可乐北美分部计划战略与此并没有关系。这种不相关性不仅源于雷德蒙将实施预先存在的计划，还源于百事可乐北美分部和桂格公司以完全不同的方式分销产品的事实，即百事可乐北美分部的分销系统是垂直集成的并直接将产品交付给零售商，而桂格公司将产品运送到批发商和客户仓库，并依赖于独立的分销商。被告还指出，雷德蒙与桂格公司签署了保密协议，禁止他泄露“属于他人的任何机密信息”，此外，桂格公司的道德守则禁止员工采取“非法或不当行为获取竞争对手的商业秘密”。雷德蒙在听证会上还承诺，如果他在桂格公司面临可能涉及使用或披露百事可乐北美分部信息的情况，他将会向桂格公司内部律师寻求帮助，避免使用或披露百事可乐北美分部相关信息的方法。

百事公司进而指出没有证据表明雷德蒙只是在实施一项已经制订好的商

业计划。相反，截至 1994 年 11 月，佳得乐和斯奈普的分销整合计划只有一份单一的分销协议和一份两页的“合同条款摘要”。这样一个基本的计划并不适合在 300 多家独立的斯奈普经销商中广泛应用。由于整合过程可能会面临斯奈普分销商的抵制，而桂格公司没有针对这种可能性提供解决方案，雷德蒙作为负责人，可能会对整个过程产生很大的影响。百事公司进一步认为，斯奈普 1995 年的营销和推广计划不一定是在雷德蒙加入桂格公司之前完成的。唐纳德·乌兹作证时表示，佳得乐和斯奈普的分销整合计划是未来才会发生的事情，因此，雷德蒙可能会参与重新制订这些计划，如果他这样做了，他将不可避免地在制定决策时运用到百事可乐北美分部的战略计划和 1995 年的年度运营计划。

此外，百事公司还表示，其将很难确切了解雷德蒙在桂格公司具体会做什么。雷德蒙将自己的工作描述为“管理佳得乐的整个销售工作，可能包括战略规划”，唐纳德·乌兹则将雷德蒙的职位描述为“根据我们的分销计划，首先重组和整合我们的斯奈普和佳得乐分销系统”，然后“在市场上执行营销、促销和销售计划”。唐纳德·乌兹还否认曾向雷德蒙提供任何商业计划的详细信息，但是雷德蒙则在一份宣誓书中详细描述了这一计划，并表示他是从唐纳德·乌兹那里得到的信息。因此，百事公司断言，雷德蒙将在佳得乐的层级中拥有很高的地位，而百事可乐北美分部的商业机密和机密信息必然会影响他的决策。即使雷德蒙能够像他承诺的那样从某种程度上不去依赖这些信息，但他离开百事可乐北美分部以及唐纳德·乌兹雇用雷德蒙的行为，有关雷德蒙关于新职务的各种证词，都不能使百事公司对雷德蒙放心。

百事公司提供的证据表明，雷德蒙对百事可乐北美分部 1995 年在运动饮料和新时代饮料的战略目标拥有广泛而深入的了解。地方法院根据这一陈述得出结论：除非雷德蒙拥有一种区分信息的“神奇能力”，否则他必然会依靠他对百事可乐北美分部商业机密的了解作出有利于佳得乐和斯奈普的决策。百事公司希望避免的不是“他在百事公司任职期间获得的一般技能和知识”落入桂格公司之手，而是“在劳动关系存在时，由百事可乐北美分部制定并向他披露的 384 项具体计划或流程，这些计划或流程是业内其他人所不知道的，这让雇主在与竞争对手的竞争中获得了优势”。此外，雷德蒙和桂格公司又提出另一说法，他们认为法院针对他们发出的禁令过于宽泛。他们认为禁止雷德蒙参与斯奈普和佳得乐分销系统的整合并不合适，无论雷德蒙拥有什么商业秘密和机密信息，这些信息与桂格公司的整合任务完全无关。他们还认为，由于雷德蒙只是在执行一个已经起草完毕的计划，因此该计划不应被禁止。虽然被告的观点并非毫无道理，但地方法院认为，诉讼中的“整合”要求雷德蒙做的不仅是执行别人起草的计划，还包括许多其他事项，因此雷德蒙对百事可乐北美分部的商业秘密和机密信息的了解将不可避免地影响这种“整合”，所以不能单纯相信雷德蒙会避免这种利益冲突。故此，地方法院最终判定认为雷德蒙的新工作将会不可避免地使用和披露百事公司的商业秘密和机密信息，并表示根据伊利诺伊州的成文法和普通法，这些都是被禁止的；并于1994年12月15日发布命令，禁止雷德蒙在1995年5月之前在桂格公司担任职务，并永久禁止使用或披露任何关于百事可乐北美分部的商业秘密或机密信息。

被告雷德蒙不服地区法院的裁判结果，提起上诉。上诉法院即美国联邦第七巡回法院认为案件的焦点是本案中是否存在不可避免泄露商业秘密的情况。在聚焦这一问题之前，第七巡回法院首先确定本案的法律依据是《伊利诺伊州商业秘密法》。根据《伊利诺伊州商业秘密法》，如果商业秘密存在“实际或可能的泄露”，那么法院可以禁止相应的侵权行为。因此，本案的关键是原告百事公司提供的证据是否能证明被告雷德蒙的新工作会不可避免地泄露原告的商业秘密。

桂格公司和雷德蒙坚称，他们没有也不打算使用雷德蒙因之前受雇而获得的任何机密信息。他们指出，雷德蒙已经与桂格公司签署了一项协议，约定雷德蒙不得泄露任何商业秘密，桂格公司也不能获取他早期的工作中收集到的机密信息。他们还指出，关于分销系统，即使桂格公司想要窃取百事可乐北美分部的分销计划信息，但在试图整合佳得乐和斯奈普饮料生产线时，它们不会起到任何作用。但是第七巡回法院并不认同被告的观点。在本案中，泄露的危险并不在于桂格公司声明要使用百事可乐北美分部的秘密来创建分销系统或利用百事可乐北美分部的广告和营销理念。相反，而是桂格公司不公平地掌握了百事可乐北美分部计划，从而得以预测其分销、包装、定价和营销等举措。雷德蒙和桂格公司甚至承认，雷德蒙在有些时候会面临一个可能会受到他在百事公司期间获得的某些机密信息的影响的决定。换句话说，如果这是一场比赛，那么百事公司是比赛一方的教练，雷德蒙是一名球员，而在比赛开始之前，雷德蒙竟然携带着教练事先制定好的战术手册加入了对方的球队。

据此，第七巡回法院认为雷德蒙在桂格公司的新工作中将会不可避免地依赖百事可乐北美分部的商业秘密，因此，维持了地区法院的禁令，禁止雷德蒙在1995年5月之前进入桂格公司工作，并禁止他披露百事可乐北美分部商业机密和机密信息。

（三）争议焦点及分析

本案的争议焦点在于雷德蒙泄露百事公司的商业秘密是否为“不可避免”的？百事公司提供的证据证明雷德蒙知晓其公司的商业秘密和机密信息，包括百事可乐北美分部的“战略计划”、年度运营计划和新的销售和配送系统，并详细说明了这些信息的具体内容和价值。雷德蒙的新工作是在桂格公司担任佳得乐和斯奈普合并后公司的首席运营官，属于高层人员。因为截至1994年11月，佳得乐和斯奈普的分销整合计划只有一份单一的分销协议和一份两页的“合同条款摘要”，雷德蒙在这个新职位上必然利用原有的知识，从而对佳得乐和斯奈普的分销整合计划作出很大贡献，例如定价、成本、利润率、分销系统、产品、包装和营销方面。百事可乐北美分部的商业机密和机密信息必然会影响他的决策，雷德蒙也将不可避免地会向桂格公司披露这些信息，在即将与百事公司的竞争中给桂格公司带来不公平的竞争优势。因此，地区法院和上诉法院均作出雷德蒙到桂格公司工作将不可避免地泄露百事公司商业秘密的结论。

（四）评论与思考

不可避免披露原则作为保密措施，能够对雇主保护商业秘密不被披露起到重要作用：一方面，在存有竞业禁止协议的情况下，不可避免披露原则可以作为竞业禁止协议的补充，并且在转移证明责任对象方面发挥了补充作用。即使没有证据证明被告实际侵犯了商业秘密，仍然可以向法院请求强制执行竞业禁止协议，以发布禁令来阻止前雇员到竞争对手任职。另一方面，在没有竞业禁止协议或者由于某种原因竞业禁止协议无法执行的情况下，不可避免披露原则可以独立存在，充当竞业禁止协议的替代物。在适用不可避免披露原则时，法院应根据具体案件的事实和情况确定该原则的具体适用方式。

典型案例：怀特诉西勒奇门锁公司案❶

（一）阅读导引

在美国的联邦法律体系中，由于美国各州经济和法律环境各异，各州对待不可避免披露原则的态度也各不相同，有的州采取较为宽松的态度，在一定范围内承认不可避免披露原则；而有的州则严格否认不可避免披露的适用，本案中，法院对不可避免披露原则的观点与百事公司案的法院观点存有何种差异？

（二）基本情况

西勒奇（Schlage）是英格索兰（Ingersoll Rand）公司的子公司，凯特安（Kwikset）和西勒奇是主要的竞争对手，它们都制造和销售门锁及相关产品。家得宝（The Home Depot）是门锁的主要销售商，其销售额占西勒奇总销售额的38%。为了与家得宝争夺销售空间，它们展开了激烈的竞争。

怀特曾担任西勒奇的销售副总裁，负责家得宝和其他“大卖场”零售商门锁的销售。怀特签署了一份保密协议，以保护西勒奇的专有信息，并同意遵守西勒奇的道德准则，该准则规定禁止将机密信息披露给个人或非公司用途。但怀特并没有签署禁止竞业的相关协议。

家得宝定期对其供应商的产品线、价格、定价和营销优惠以及交付产品的能力进行审查。家得宝使用一种“产品线审查”来决定出售哪些产品，将哪些产品下架。作为产品线审查的一部分，家得宝经常要求凯特安和西勒奇等供应商提交关于定价、营销优惠、促销折扣、广告资金以及产品变化与新产品的信息。

❶ Whyte v. Schlage Lock Co., 101 Cal. App. 4th 1443 (D. C. Cal. 2002).

2000年2月，家得宝与西勒奇公司进行了一次产品线审查。家得宝按照西勒奇的建议，撤掉了凯特安的泰坦（Titan）品牌的门锁，并在货架上增加了西勒奇的产品。怀特参与了这次审查，并起草确认了西勒奇和家得宝之间业务关系的产品线审查协议。

怀特的销售能力给凯特安总裁梅茨留下了深刻印象，于是梅茨以优厚的报酬向怀特发出邀请，请求其加入自己公司，2000年6月3日怀特同意加入凯特安。然而直到6月14日，他才从西勒奇辞职。6月5日，他仍代表西勒奇参加了家得宝的秘密会议。

2000年6月16日，怀特离开西勒奇。随即西勒奇指责怀特违背了保密协议，并窃取了公司的商业机密信息（包括一份与家得宝的产品线审查协议的电脑磁盘副本），并在返还公司信息方面撒了谎。怀特则否认窃取任何商业机密，声称他遵守了保密协议。

2000年6月25日，怀特成为凯特安公司的销售副总裁。他在凯特安的工作和在西勒奇时非常相似，即处理家得宝和其他“大卖场”零售商的门锁产品账户。

2000年7月11日，西勒奇以不正当竞争、侵占商业秘密、违反合同、违反诚信义务、故意和过失干涉经济关系、非法转化等理由向怀特提起诉讼。第二天，西勒奇提出单方面申请，要求法院颁发初步禁令，以暂时限制怀特使用或披露商业秘密。法院于7月25日批准了西勒奇的申请，并发布了一项临时限制令，禁止怀特使用或披露20类商业秘密信息，并强制怀特返还他所拥有的任何此类信息。怀特根据法院要求交出了一个垃圾袋，里面装着切碎的文件，还有一个密封塑料袋，里面装着7张被毁的软盘和9张被毁的zip盘。

在关于该申请的第一次听证会上，法院没有适用不可避免披露原则，但表示会根据实际泄露或可能泄露等情况而考虑发布禁令。当事人在第二次听证前提交了另外的声明、证据、司法通知请求和摘要，同时怀特要求解除临时限制令，而西勒奇则表示反对。

在2000年10月24日的第二次听证会上，法院表示将撤销禁令申请。其认为西勒奇诉请予以保护的信息不属于商业秘密，“我们不认为这些东西是商业秘密。”审理此案的法官表示，“我认为怀特先生应该继续自己的工作。”但补充说道，“当然，如果能证明他以某种方式使用了特定的秘密信息，那么他需要进行赔偿。”随即法院发布了一项简短裁定，驳回了初步禁令，并同意了怀特解除临时限制令的诉求，但没有说明理由。随后，西勒奇提交了一份冗长又复杂的复议请求，但是最终又撤回了。

西勒奇试图禁止怀特使用一系列所谓的商业秘密，这些秘密在临时限制令的第1段中被确定为：“a. 关于西勒奇的新产品的信息；b. 西勒奇销售给客户的产品定价；c. 出售给客户的产品的利润率；d. 公司生产销售给客户的产品的成本；e. 家得宝产品线审核文件；f. 对客户的价格优惠；g. 向客户提供的促销折扣；h. 向客户支付的广告费用；i. 其产品向客户提供的批量回扣；j. 对客户的营销优惠；k. 市场研究数据……p. 公司广告、销售和促销预算；q. 公司新产品和现有产品的精加工工艺；r. 复合材料工艺技术；s. 公司1年、3年和5年的战略计划文件；t. 公司的个人信息等……”

怀特认为，这些“广泛的”商业信息类别的描述没有足够的秘密性，不是商业秘密的保护对象。西勒奇则认为其已经按法院要求确定了具体要求保护的信息范围，并且为维护该信息的秘密性作出了合理的努力，因此这些信息属于商业秘密，应该受到保护。法院最终根据双方提交的证据，认定西勒奇试图保护的一些信息属于商业机密。

对于怀特是否实际或有可能泄露商业秘密，西勒奇认为，有直接和间接的证据证明怀特实际实施了或可能存在的泄露，并举出若干事实，比如怀特可以接触到公司的商业机密，并发誓要报复西勒奇的总裁、隐瞒了他计划离开西勒奇并参加家得宝的机密会议、放弃了保密协议、在归还机密信息、销毁西勒奇的机密信息方面撒谎、保留了一份下载到磁盘上的家得宝产品线审查协议的副本、发送了一份电子邮件并将一份机密报告附加到他的个人电子邮件地址，为了使用西勒奇的机密信息接受了凯特安的一个职位，并且该职位的职责与在西勒奇时期相同。

怀特否认了这些指控。他辩称，西勒奇公司并没有人出来作证关于自己要盗用或威胁要盗用商业机密的可能。且有证据表明，在他从西勒奇辞职之前已经销毁了所有包含西勒奇机密信息的东西，而下载家得宝产品线审查协议是应西勒奇营销副总裁的要求。凯特安也要求他不要泄露任何西勒奇的商业机密，并经几名凯特安经理证实，怀特并没有透露任何西勒奇的商业机密。

西勒奇认为本案与百事公司案具有“惊人的相似”，因此敦促法院禁止怀特在不可避免披露原则下为凯特安的门锁部门工作。法院认同两个案件的事实存在相似，比如西勒奇和凯特安是激烈的竞争对手；怀特在凯特安的工作职责与他在西勒奇的工作职责几乎相同；怀特知道西勒奇的商业秘密（尤其是那些对家得宝的客户很重要的秘密）；怀特签署了保密协议。而怀特的证据确实表明，凯特安曾努力保护西勒奇的商业机密。但本案法院拒绝适用不可避免披露原则。

法院认为，否决不可避免披露原则适用的裁决平衡了员工流动和商业秘密保护这两个相互矛盾的公共政策。不可避免披露原则允许雇主在没有证据证明雇员实际或威胁使用商业秘密的情况下，根据一种推断（或者间接证据）而命令前雇员离职，尽管雇员不可避免地会在新工作中使用他或她这些商业秘密。但这种结果导致该禁令不仅禁止使用商业秘密，还限制了员工的就业。

《美国商业与职业法典》第16600条一般禁止订立限制竞争的契约，加州的公共政策也支持员工的流动性，保护一个人“从事任何生活中常见的职业”的权利，并追求“他可以选择的事业或职业”。不可避免披露原则构成了事实上的限制竞争契约，而且与加州支持员工流动性的强有力的公共政策相违背。

因此，法院拒绝适用不可避免披露原则。如果禁止竞争的契约（例如禁止招揽条款）是雇用协议的一部分，不可避免披露原则就不能被援引来补充契约从而改变其含义，或使一个在其他方面无法执行的契约具有可执行性。在本案所呈现的情况下，雇主可以通过一项为保护商业秘密而起草的、经过一致同意的、合理的条款来防止商业秘密的泄露。因此，无论禁止竞争的契约是否是雇用协议的一部分，不可避免披露原则都不能作为证明商业秘密被实际或可能被泄露的而适用的理由。

最终，法院驳回了西勒奇提出的初步禁令申请并批准怀特提出的解除临时限制令的请求。

（三）争议焦点及分析

1. 法院依据什么理由，区分本案与百事公司诉雷德蒙案，从而作出不同的裁判?

百事公司诉雷德蒙案是适用不可避免披露原则的典型案例。在该案中，百事公司试图禁止其前雇员威廉·雷德蒙为其竞争对手桂格公司工作。百事公司和桂格公司是主要的竞争对手，特别是在“运动饮料”和“新时代饮料”领域。雷德蒙在百事公司担任高级职位使他能够接触到这些产品的商业机密，包括战略计划、产品创新、“定价架构”、销售以及营销“激进计划”。为了保护这些商业秘密，百事公司和雷德蒙德签署了一份保密协议。桂格公司向雷德蒙发出聘用邀请，他最终接受了该公司的一个高级职位。当雷德蒙从百事公司辞职时，百事公司立即寻求并获得了一项禁令，以阻止他在桂格公司任职。

百事公司并没有声称桂格公司窃取了商业机密，但坚称雷德蒙“在帮助制定桂格公司的新商业路线时，不得不依赖百事公司的商业机密”。美国联邦第七巡回法院同意了这一观点，并采用伊利诺伊州商业秘密法案，最终发布了一项禁止雷德蒙为桂格公司工作的禁令。第七巡回法院首先得出的结论是，伊利诺伊州法律允许法院防止不可避免的商业秘密泄露来禁止公司雇用员工。第七巡回法院随后认可了地方法院的裁定，认为：“除非雷德蒙拥有分割信息的‘神奇能力’，否则他必然会依靠自己对百事公司商业机密的了解从而作出对桂格公司产品有利的决定。”这种不可避免的披露，再加上雷德蒙和桂格公司“缺乏坦诚的态度，即使没有证据表明他们会使用或披露百事公司的商业机密”，导致第七巡回法院确认了禁止雷德蒙为桂格公司工作的禁令。

法院在适用不可避免披露原则时，考虑了雇员前职位和现任职位之间的相似程度、前雇主和现任雇主之间的竞争程度、现任雇主为保护前雇主的商业秘密所做的努力，以及前雇员“在跳槽到下一个工作之前在现工作中缺乏坦诚”等因素。

在本案中，法院认同西勒奇的观点，即虽然本案的事实与百度公司诉雷德蒙案的事实几乎一致，但应该立足于各州的法律规定和公共政策方面进行区分。百事公司案依据的是伊利诺伊州商业秘密法案，该法案支持法院禁止对商业秘密“实际或可能的泄露”。而本案明显立足于加州促进竞争和人才流动的公共政策的一边，拒绝适用不可避免披露原则。因此，法院驳回了西勒奇的初步禁令申请。

这两个案件体现了美国不同州法院对待不可避免披露原则截然不同的态度。正是由于雇员的晋升和流动性在社会上起着至关重要的作用，因此，法院往往非常谨慎地处理涉及不可避免披露原则的案件。法院是否会接受不可避免披露原则，往往与该州关于竞业禁止协议的政策有关。因此，对于不可避免披露原则的适用，应充分了解并知悉每个州的相关公共政策倾向，百事公司案和怀特案就分别代表了两个不同的方向态度。

2. 法院拒绝适用不可避免披露原则的理由是什么？

加州法院驳回不可避免披露原则的适用除了因为不可避免披露原则阻碍雇员自由选择职业、创造了一种事实上的限制竞争契约，与加州支持雇员流动性的强有力的公共政策背道而驰外，还因为不可避免披露原则实际上还会改变雇用协议。对于不可避免披露原则的适用，会扭曲雇佣关系的条款，打破法院在解释竞业禁止协议时试图达到的平衡。正如EarthWeb案中法院解释的那样，其结果是“在以保密协议的执行为标志的雇佣关系开始时，议价能力发生了难以察觉的改变”。当这种关系结束时，双方的保密协议可能会被用作限制性契约，而这取决于雇主如何看待前雇员接受新的工作，这导致该原则成为雇主手中的有力武器，因为单是诉讼风险就可能对员工产生“寒蝉效应”。适用不可避免信息披露原则的结果是，雇主从合同条款中获得了原本没有的额外利益，而雇员则受到法院强加的合同条款的约束，没有机会就条款或对价进行谈判。本案中，西勒奇和怀特没有就限制竞争契约达成一致，因此法院拒绝通过适用不可避免披露原则来强加和改变契约条款。

（四）评论与思考

在当今科技快速发展的时代，员工频繁跳槽已成为常态。员工的高速流动促进了新思想、新观点和新技术的传播，同时也可能转化为企业的创新力和竞争力，从而推动整个社会的思想交流活跃度和技术水平的提升。因此，对于竞业限制或者不可避免披露原则的适用，我们必须持审慎态度，应将其与相关公共政策的目标相契合。正如本案中，加州法院之所以没有承认和强制适用不可避免披露原则，主要是出于美国加州非常崇尚员工自由择业所带来的“流动价值”。事实证明，美国加州的经济社会文化主要也是通过这种流动中的“知识溢出”而获益。

典型案例：德尔蒙公司诉都乐食品公司案❶

（一）阅读导引

在影响不可避免披露原则适用情况的诸多重要因素中，对商业秘密性质的界定也一直备受关注。对于员工而言，他所可能接触到的公司信息是复杂且多样的，并且员工在运用自己的知识或者技能来处理这些信息之后还会产生一些新的对企业有价值的信息。在这些信息中，如何区分企业的商业秘密和员工一般的知识和技能？适用不可避免披露原则时，应如何解决商业秘密权利人举证责任过重的问题？

（二）基本情况

德尔蒙公司的主要营业地点位于美国佛罗里达州，与主要营业地点位于加利福尼亚州的都乐公司在销售菠萝、香蕉、甜瓜和落叶水果方面存在竞争关系，两者作为全球菠萝和香蕉的销售商在全球享有重要的声誉。

芬克博士是一名植物病理学家和神经病学家，拥有理学硕士学位和植物病理学博士学位，并担任过生产运营经理和香蕉运营主管。1980 年，芬克博士开始在德尔蒙公司工作，工作内容是为新的农作物开发杀虫剂项目，并于 1984 年担任加利福尼亚州研发和质量监督总监，并逐步晋升为研究开发和农业服务高级副总裁，最终进入公司高层并参与研究。1996 年 4 月，德尔蒙公司正式推出“德尔蒙公司黄金超甜”菠萝，这是一种名为 MD-2 的新菠萝品种的品牌名称。1999 年，都乐公司也推出了一款品牌名称为“都乐高级精选”的菠萝，与“德尔蒙公司黄金超甜”展开竞争。同年，在德尔蒙公司法律顾问的指示下，德尔蒙公司找到了一位专家，对本公司的 MD-2 和都乐的高级精选进行科学测试对比，对比的结果显示二者存在高度的相似性，于是

❶ Del Monte Fresh Produce Co. v. Dole Food Co., 148 F.Supp. 2d 1326 (S.D. Fla. 2001).

德尔蒙公司认为都乐公司窃取了本公司的商业秘密，并于2000年1月组建了一个诉讼团队，试图通过法律的方式维护自己的权利。芬克博士出席了德尔蒙公司举行的第一次诉讼团队会议，参与者还有外部法律顾问、知识产权专家、内部法律顾问以及具有MD-2相关知识的关键员工。芬克博士的任务是负责MD-2和“都乐高级精选”之间的遗传比较，并收集和汇编德尔蒙公司多年来总结的有关MD-2的所有机密研究资料。此后，芬克博士至少又参加了三次与诉讼团队举行的会议。

然而，芬克博士一直想跳槽到都乐公司。2000年4月6日，芬克博士给都乐公司写了一封信，表明其作为德尔蒙公司全球研发的负责人以及在农业生产审核、农药管理、环境保护和食品安全方面的经验和能力，并表示其背景和经验可能对都乐公司有特殊用处，其个人参加的具体项目可能对都乐公司具有重要意义。芬克博士自称自1984年加入德尔蒙公司以来，一直负责所有作物的技术项目，包括MD-2菠萝，新鲜切割的菠萝和甜瓜的商业开发，表达了愿意加入都乐公司的意愿。芬克博士于2000年9月如愿跳槽到了都乐公司。

德尔蒙公司得知后随即向法院请求适用不可避免披露原则，禁止芬克博士到都乐公司任职。德尔蒙公司表示，在离开德尔蒙公司之前，芬克博士是德尔蒙公司的高级科学家，也是德尔蒙公司最高级别的高管之一。在他任职的整个过程中，芬克博士可以访问高度机密的信息，这些信息涉及他所负责的公司业务的所有领域。此外，他还参加了公司机密的高级管理、营销和预算会议。芬克博士过去16年在德尔蒙公司的工作涉及机密的专有项目和知识，这些项目和知识在芬克博士的脑海中是无法分割的，即使他不打算透露这些秘密。由于芬克博士无法将他在德尔蒙公司学到的东西与他在都乐公司必须使用的东西分开，他不可避免地会向都乐公司披露德尔蒙公司的商业秘密。

都乐公司和芬克博士对此主张持反对态度，认为作为德尔蒙公司的高级管理人员，芬克博士从事的是审计或监督职能，而不是生产方面的工作。这意味着他对德尔蒙公司当地农业运营所采用的配方、工艺和技术的了解微乎其微。此外，芬克博士不需要在德尔蒙公司当地的农业经营中制定或应用特定的过程、配方或技术。

经审查，当芬克博士加入德尔蒙公司时，他与该公司签署了一项保密协议，该协议规定：在芬克博士受雇期间，他可能会获取有关公司运营及其研究实验或开发项目的机密或秘密性质的信息和数据。双方同意，在芬克博士终止雇佣关系期间或者之后，所有此类信息和数据均应保密。未经公司书面同意，不得向他人披露或公布，或出于为了公司利益以外的目的使用。并且，芬克博士还曾收到德尔蒙公司的公司保密政策通知：公司员工在受雇于本公司期间或之后，不得向任何第三方披露或使用本公司的任何机密信息或商业秘密……除非且直至此类信息因非本公司员工的过错而成为公众所知的问题。

值得一提的是，在受雇于德尔蒙公司期间，芬克博士从未与德尔蒙公司签订过竞业禁止协议。德尔蒙公司对都乐公司和芬克博士的诉讼依据的是《佛罗里达州统一商业秘密法》的相关条款规定："实际或威胁的盗用可以被禁止。在向法院提出申请后，当商业秘密不复存在时，禁令应终止，但该禁令可以再延长一段合理的时间，以消除其中可能被盗得的商业利益。"但佛罗里达州的商业秘密法规并不禁止知悉商业秘密的前雇员为竞争对手工作。它仅禁止"盗用"商业秘密，这意味着允许获取、披露和使用信息，因此对商业秘密所有者存在一定的不利影响。《佛罗里达州统一商业秘密法》明确规定了两种行为，即实际或威胁的盗用行为。一些法院在此之外推导出了第三种行为：不可避免的披露或挪用商业秘密。德尔蒙公司试图基于"不可避免的披露或挪用"和"实际或威胁的盗用"理论，起诉都乐公司和芬克博士。

同时，德尔蒙公司试图通过上述芬克博士写给都乐公司的信作为证据，证明即将受到的重大威胁，从而确定适用不可避免原则的必要性。单独来看，这一表述或许可以被解释为芬克博士试图诱使都乐公司根据他具有披露商业秘密或诉讼策略的能力去雇用他。然而，从给都乐公司的整封信和芬克博士对德尔蒙公司管理层的整体不满的角度来看，可以看出关于MD-2的声明只是芬克博士在吹捧在该行业所具有的经验。芬克博士在离开德尔蒙公司时没有随身携带任何文件或机密信息，也没有证据表明他试图获取这些信息。虽然他对这项业务有比较透彻的了解，但法院认为芬克博士的证词中关于他无法准确记起这些信息的部分是可信的。德尔蒙公司提供的证人罗斯·麦肯尼也表示，尽管芬克博士曾经知道商业秘密，但芬克博士不能准确回忆起公司的商业秘密。

此案可以受佛罗里达州或加利福尼亚州法律管辖，但由于这两个州均尚未采用不可避免披露原则，再加上法院认为，不能仅仅因为芬克博士知悉商业秘密，而禁止他向另一家公司求职，最终法院没有认同原告发布禁令的请求。

（三）争议焦点及分析

1. 芬克博士的新旧职位是否存在相似？

作为都乐公司质量监督副总裁，芬克博士担任的是具有高级监督职责的行政职位。德尔蒙公司声称，芬克博士在都乐公司的工作职责与他在德尔蒙公司的工作职责明显存在重叠，而都乐公司则认为芬克博士的大部分职责与德尔蒙公司的职责完全不同。都乐公司的招聘启事表明，芬克博士的一些职责实际上不是与在德尔蒙公司的职责相同或相似的，质量监督副总裁将成为生产设施的“核心”，并将制定并确保实施质量监督标准，该职位85%的业务内容都是与其在德尔蒙公司有区别的。在证词中，芬克博士表示，他在都乐公司的工作包括食品安全，其中包括杀虫剂、疾病控制和其他生物的控制。他补充说：“在质量监督方面，我认为我的工作就像我在德尔蒙公司所做的那样，确保食品安全，产品符合规格，这样我们就可以保证公司的发展。”在其他方面，芬克博士在都乐公司的岗位与在德尔蒙公司的岗位也存在不同。他在都乐公司的职责包括监管生产罐头的流水线，但他在德尔蒙公司并没有参与这个领域。此外，芬克博士并没有参与都乐公司的菠萝种植或育种。因此，芬克博士的新旧职位存在一定的区别。

2. 该案是否应该适用不可避免披露原则？

（1）双方对涉案商业信息是否属于商业秘密存在争议。《美国统一商业秘密法》将商业秘密定义为，一些包括公式、模式、编译、程序、设备、方法、技术或过程的信息：（a）不会被能够从其披露或使用中获得经济价值的其他人所普遍知晓，也不容易通过适当手段加以确定而获得独立的实际或潜在经济价值；（b）在上述情况下为保密而作出合理努力的对象。本案中，德尔蒙公司声称芬克博士在德尔蒙公司工作期间获得了许多商业秘密，包括与MD-2

诉讼和菠萝品种的种植技术、农药浓度和施用过程有关的信息。而都乐公司辩称，这些信息不符合商业秘密的定义，因为它在整个行业中都是众所周知的，且德尔蒙公司并没有试图努力保持其秘密性。

（2）在采用不可避免披露理论的案件中，雇主需要能够证明存在真实的披露危险，法院才可以发布禁令，以阻止雇员为前雇主的竞争对手工作。雇主无须出示竞业禁止协议，也无须证明存在实际或威胁挪用商业秘密的危险。根据德尔蒙公司在不可避免披露原则下所持的观点，在过去的16年里，芬克博士在德尔蒙公司的工作涉及公司机密的项目和知识，即使他不打算透露这些秘密，这些项目和知识在芬克博士的脑海中也是无法分割的。德尔蒙公司认为芬克博士不可避免地会向都乐公司披露德尔蒙公司的商业秘密。但此案受佛罗里达州或加利福尼亚州管辖，这些州尚未采用不可避免披露原则理论，也没有批准引用上述百事可乐案例，因此不能用来讨论不可避免披露原则的适用问题。即便不可避免披露原则理论可以适用，本案也不足以让德尔蒙公司从中得到救济。因为在没有实际或潜在威胁有可能窃取商业秘密的证据情况下，法院没有依据允许原告使用不可避免披露理论作为竞业禁止协议的依据。法院认为，当被告想在自己的企业中使用其他公司的雇员时，原告无论遭受多大的损失，也不应认为原告有权采取行动而禁止该行为。如果雇主具有不让雇员为他的竞争对手工作的意愿，那么雇主应当通过签订合同的方式来保证。由于德尔蒙公司没有与芬克博士签订竞业禁止协议，法院不会仅因为芬克博士拥有一些商业秘密而禁止他向另一家公司求职，即使他的新雇主是原告的竞争对手。因此，德尔蒙公司不得利用不可避免披露原则来禁止芬克博士在都乐公司工作。

3. 不可避免披露原则和即发侵权原则的关系是什么？

有的学者认为，不可避免披露原则与即发侵权规则属于同一个理论；另有学者认为两者属于相互独立且截然不同的理论；还有一部分学者认为不可避免披露原则应属于确立法定即发侵权规则的一种方法。❶ 如果采用后者的观

❶ 郑友德，钱向阳．论我国商业秘密保护专门法的制定［J］．电子知识产权，2018（10）：34-88.

点，德尔蒙公司则不能通过不可避免披露理论来得出存在披露可能的风险的结论。如果这两种学说是不同的价值理论，那么威胁披露就需要根据《统一商业秘密法》进行单独分析。下面的分析会从假设这两个理论是各自独立地进行展开。

美国佛罗里达州和加利福尼亚州的《统一商业秘密法》允许法院发布禁令，以防止商业秘密被威胁盗用，但它们并不禁止知晓商业秘密的前雇员为竞争对手工作，仅可以防止前雇员以不正当手段获取或使用商业秘密。

在初步禁令听证期间，德尔蒙公司没有出示任何证据证明芬克博士从德尔蒙公司带走了包含德尔蒙公司商业秘密的文件或记录。尽管如此，芬克博士还是对德尔蒙公司业务有所了解，包括一些受保护的商业秘密的信息。例如，芬克博士了解与MD-2诉讼有关的信息，并参与了MD-2的开发。德尔蒙公司能证明的仅仅是芬克博士知晓其商业秘密。但盗用商业秘密是故意侵权，要予以证明的不仅是可能的损害风险，还需要证明主观上存在故意。禁令不能仅仅用来消除未来受到伤害的可能性或未来权利受到侵犯的可能性，也不能仅仅用于减轻权利人恐惧、忧虑或缓和当事方的焦虑。商业秘密不会仅仅因为怀疑或担心受到损害就受到法院禁令的保护，权利人必须证明存在即将受到损害的重大威胁。在没有竞业禁止的契约或发现实际或意图披露商业秘密的证据时，雇员可以在与前雇主有实际直接竞争关系的其他雇主中选择自己想要从事的职位。仅仅拥有商业秘密并与竞争对手保持同等的地位并不能成为法院发布禁令的正当理由。

此外，当都乐公司和芬克博士协商确定芬克博士的岗位时，他们非常清楚芬克博士对德尔蒙公司在保密协议中规定的义务。都乐公司告诉芬克博士，他不得向其透露任何机密信息，并且都乐公司指示其员工不要向芬克博士索取任何信息，都乐公司一直让芬克博士远离任何与菠萝农业有关的工作。最重要的是，德尔蒙公司目前没有提供任何证据表明芬克博士向都乐公司的员工披露了任何机密信息。法院审慎审查了相关证据，最终没有发现任何有说服力的、可以裁定商业秘密受到披露威胁的信息。德尔蒙公司也没有提出任何证据表明芬克博士不愿意遵守其保密协议的条款。所有这些情况都表明，在雇员没有取得商业秘密、新雇主知道雇员对前雇主的义务以及雇员不能精确地记住商业秘密的情况下，前雇主的商业秘密信息不会有被披露或盗用的风险。

通说认为，不可避免披露原则来源于法定的即发侵权规则，但二者也存在一些区别。(1) 主观层面上的区别在于，不可避免披露原则旨在防止商业秘密的泄露，前员工并无故意侵犯商业秘密的主观意图，而法定即发侵害规则则要求员工泄露商业秘密时具有恶意的主观意图。(2) 在证明程度上也有区别，不可避免披露原则只需证明存在一个真实且当前存在的泄露风险，而法定即发侵权规则需要证明存在侵权的客观事实及损害后果。因此，不可避免披露原则相对于法定即发侵害规则更能有效保护个人或企业的商业秘密不被泄露。

在司法实践中，很难证明前员工泄露企业核心机密的主观意图，收集证据的过程也非常艰难。商业秘密权利人可能会耗费大量时间和金钱，却无法得到任何赔偿。此外，在某些情况下，前员工可能也并没有恶意泄露商业秘密的主观意图，但在跳槽到类似职位时，他们可能会在无形之中使用自己先前了解或涉及前雇主的核心商业秘密。在这种情况下，法定即发侵权规则显然不能及时有效地保护商业秘密不被泄露，而不可避免披露原则可以很好地解决这一问题。前雇主只需要发现商业秘密存在真实的披露风险可能，即可申请法院禁止前员工跳槽到竞争对手工作，从而有效地防止损害发生。这也是不可避免披露原则产生的原因和意义所在。

（四）评论与思考

能否对商业秘密的性质作出准确的界定，特别是准确区分雇员的个人一般知识与经验技能和企业的商业秘密信息，是决定是否适用不可避免披露原则的前提条件。我国司法实践对该原则的适用采谨慎态度，当雇员的人身技能知识与企业的商业秘密不可分时，法院一般为了保障雇员的自由择业权利，往往会倾向于保护雇员的择业自由权。正如英国克罗斯法官所指出的，如果原告认为“生产方法中的某些技术特征可合理地认定为商业秘密，且其职工将不可避免地在头脑中带走这些信息，原告保护自己的准确方法应该是签订限制离职员工从业领域的协议，而不是要求法院扩张一般的衡平法原则而突破信赖的合理界限”。[1]

---

[1] Printers & Finishers, [1965] RPC 239, [1965] 1 WLR 1.

第八章　法律救济

第一节　侵犯商业秘密的民事救济

商业秘密不管是基于《反不正当竞争法》下的权益保护，还是《民法典》下知识产权体系的产权保护，本质上都是一种私人财产权益。《反不正当竞争法》第 17 条规定："经营者违反本法规定，给他人造成损害的，应当依法承担民事责任。"民事责任的承担方式《民法典》沿用《侵权责任法》相关条款，于第 1167 条规定，包括停止侵害，排除妨碍，消除危险，返还财产，恢复原状，修理、重作、更换，继续履行，赔偿损失，支付违约金，消除影响，恢复名誉，赔礼道歉等。上述民事责任承担方式包括因侵害他人商业秘密导致的侵权行为和因违反约定保密义务或法律规定的保密义务而承担违约责任。以下主要从这两种责任出发，阐述侵犯商业秘密的民事救济方式。

一、侵权责任与合同责任

（一）侵犯商业秘密民事责任的特征

民事法律保障是商业秘密的司法保障中较为全面、高效的方法。相关企业商业秘密救济的民事法律散见于《民法典》《反不正当竞争法》、国家有关防止侵犯商业秘密活动的一些规则的立法、规章和司法解释中。❶ 当商业秘密受到损害后，所有权人可提出民事诉讼，要求人民法院保护其商业秘密或要

---

❶ 徐卓斌，张钟月．商业秘密侵权案件惩罚性赔偿的适用［J］．法律适用，2021（4）：31-40.

求被告人停止侵害，赔偿损失。我国现行立法对商业秘密侵害予以民事救济的规定目前主要见于《民法典》中的合同编和《反不正当竞争法》。《民法典》合同编主要规定的是违反合同的行为，包括默示的保密义务责任以及违约责任。如第501条规定，当事人在订立合同过程中知悉的商业秘密或者其他应当保密的信息，无论合同是否成立，不得泄露或者不正当地使用；泄露、不正当地使用该商业秘密或者信息，造成对方损失的，应当承担赔偿责任。其包含默示的保密义务，即使合同未约定保密义务或合同不成立，基于合同默示保密规则，行为人负有损害赔偿责任。第577条规定，当事人一方不履行合同义务或者履行义务不符合约定的，应当承担继续履行、采取补救措施或者赔偿损失等违约责任。该条视为合同项下对明示保密义务的责任规定，相较于默示的保密责任，其增加了继续履行、采取补救措施等违约责任。

反不正当竞争法则规定了损害赔偿和停止侵害两种救济。侵犯商业秘密的民事救济必须依商业秘密民事责任的承担为前提。侵犯商业秘密的民事责任是指行为人因违反商业秘密保护法的规定或者当事人之间的约定实施侵犯商业秘密的行为而应向权利人承担的不利民事法律后果。

侵犯商业秘密民事责任有以下几方面的特征：（1）由民事主体违反法定或者约定的义务而引起；（2）其兼具强制性与任意性；（3）其具有明显的补偿性；（4）主要是一种财产责任。按照责任引起的原因不同，侵犯商业秘密的民事责任可以分为侵权责任与合同责任两大类型。承担不同民事责任需要满足不同的构成要件。在合同责任中又分为缔约过失责任和违约责任，其中缔约过失责任的构成要件：（1）侵害商业秘密的行为发生于行为人与权利人合同缔结过程中；（2）行为人在主观上具有过错；（3）行为人违反了合同在磋商时应当承担的保密义务；（4）因为行为人违反义务的行为造成相对人商业秘密等利益遭受侵害，或者在遭受侵害同时使合同不成立、无效或者被撤销。违约责任构成要件为：（1）行为人基于其与权利人之间已经成立并生效的合同关系而承担保密义务；（2）行为人实施了违反保密义务的行为。商业秘密侵权责任的一般要件是行为人实施了侵权行为。侵权损害赔偿责任的构成要件为：（1）行为人为负有明示或默示保密义务的不特定人；（2）行为人主观上具有过错；（3）行为人客观上实施了以不正当手段获取等方式侵害商业秘密的行为；（4）已经发生或者可能发生商业秘密被侵害的后果；（5）不履行义务的行为与损害后果之间具有因果关系。

按照通说，民事责任是指民事主体在不履行法定或者约定义务时应当承担的不利后果。

这一责任有以下方面的特征：（1）由民事主体不履行其应当向权利人承担的义务而引起。按照一般民法法理，法律责任因义务的不履行而引起。就其实质而言，是民事主体因违反了其本应向他人承担的义务而被科加的不利后果。正是基于这个原因，有的学者将民事责任称为"第二次义务"。[1] 为保障权利人充分行使商业秘密权，权利人外的其他人应依法承担以下义务：①容忍与尊重权利人对商业秘密自由支配；②不得以盗窃、利诱、胁迫或者其他不正当手段获取商业秘密；③不得违反约定或者权利人关于保守商业秘密的要求，披露、使用或者允许他人使用其所掌握的商业秘密；④根据约定的方式确保权利人得以行使商业秘密权。（2）强制性。该民事责任是由国家强制力保障实施的。一旦权利人向司法机关主张义务人侵权并要求承担侵权损害赔偿责任，就由国家强制力保障该责任的实施。（3）补偿性。按照欲达到的目的与所起的作用不同，法律责任可以分为制裁性法律责任与补偿性法律责任两种。前者是指通过惩罚的方式使承担者感受到精神的压力，使其承受其行为消极后果的责任，刑事责任与大多数行政责任属于这一范畴；后者是指通过令承担者采取事前预防与事后补救措施的方式防止权益遭受侵害并弥补业已造成的损害，同时使被破坏的社会秩序恢复常态的责任，民事责任则属于这一范畴。而侵犯商业秘密的民事责任承担方式主要包括停止侵害、消除危险、排除妨害，销毁侵权工具与载体以及损害赔偿等，这些方式体现以预防与弥补损害为目的，旨在维护权利人的权益，因此属于补偿性法律责任。（4）财产责任。侵犯商业秘密民事法律责任主要是一种财产责任。按照内容不同，民事责任可分为财产责任与非财产责任。前者是指以给付一定财产利益为承担方式的责任，典型的如损害赔偿、支付违约金、返还财产，这一责任主要适用于补救财产利益损害的情形；后者是指以给付一定非财产利

[1] 张广兴．债法总论［M］．北京：法律出版社，1997：286.

益为承担方式的责任，典型的如消除影响与赔礼道歉等，这一责任主要适用于补救非财产利益损害的情形。而商业秘密权属于财产权中的知识产权，因此侵犯商业秘密的民事责任制度设置的主要目的在于补救作为受害人的权利人财产利益的损失，从而这一责任主要是一种财产责任。

（二）侵权责任与违约责任的竞合

商业秘密基于其特殊性往往存在侵权责任与合同责任的竞合。其特征如下：（1）因一个侵犯商业秘密的行为引起数个民事责任同时发生而起。侵犯商业秘密的民事责任包括缔约过失责任、违约责任以及侵权责任，三者的构成要件既有所不同也有所相同。故现实中一些行为可能同时具备其中两种责任的要件，引起复数责任同时产生。（2）同时引起的责任之间相互冲突。所谓“相互冲突”包含以下两个方面的内容：一方面各责任的承担方式有显著区别；另一方面各责任不能相互吸收，或者说由于它们存在承担方式的差异而相互不能包容与替代。侵犯商业秘密民事责任竞合的原因在于，各个责任里虽然存在引起事由的差异但在存在目的以及构成要件上有着共性。就目的而言，它们都主要在于以一定方式防止侵犯商业秘密的行为从而预防权利人利益遭受损害或者补救这一损害；就要件而言，它们都包括他人违反了法定或者约定义务实施了非法侵害商业秘密权的行为。故而同一个行为违反以上目的并符合前述要件时就引起两种以上的民事责任的产生。一般而言，侵权行为实施同时可能导致对合同义务的违反，因此有必要对不同责任竞合的情况进行分析。

当侵害行为同时具备侵权责任与缔约过失责任的构成要件时，会产生责任竞合。对于这一情形的处理，我国现行法未作规定。此前学术界存在以下三种不同的观点：（1）择一主张说，该说认为原则上允许权利人在向行为人主张缔约过失责任与侵权责任中作选择，在作出选择以后即不得再采用另一种；[1]（2）侵权责任说，该说认为在此种情况下权利人仅得以向行为人主张

---

[1] 王利明．再论违约责任与侵权责任的竞合［J］．中国对外贸易，2019（4）：25-26.

侵权责任;[1]（3）并行主张说，该说认为此时权利人得以以主张各项责任为由同时或者分别起诉。[2]

第一种学说可能会使权利人的损失难以获得全部赔偿。当一行为同时符合缔约过失责任与侵权责任要件时，权利人可能遭受以下几方面的损害：（1）因商业秘密遭受侵害而已经或将要蒙受的损失，包括因开发商业秘密而投入的费用、侵权行为实施期间权利人因侵权行为而遭受的损失、未来的可得利益损失以及其他合理费用。（2）因合同不成立或者无效从而交易目的无法实现而遭受的期待利益损失，其中包括缔约费用、准备履行所支出的费用、先期履行所支出的费用及返还财产所需成本、先期履行的财产的减少或灭失的损失、丧失与第三人订立合同的机会的损失以及上述费用的利息。为了使防止上述损害的扩大以及使损失得到充分的补救，从而使权利人的权益得到有效保障，其至少应得请求行为人采取三种措施：（1）消除危险、停止侵害、排除妨害以及处置侵权工具与产品，以此预防损害程度的继续扩大；（2）就商业秘密已经遭受的损害承担赔偿责任；（3）就合同不成立或者无效从而交易目的无法实现而遭受的期待利益损失承担赔偿责任。结合侵犯商业秘密的缔约过失责任与侵权责任承担方式法理可知，如果主张缔约过失责任，则消除危险、停止侵害等措施将无法采用，从而权利人权益有被进一步侵害的可能；而如果主张侵权责任，则无法主张因合同不成立或无效而导致期待利益损失的赔偿责任。因此如果采取第一种学说，权利人被侵害的权益很难得到充分的救济，这与商业秘密保护法的立法宗旨极为不利。第二种学说迫使权利人选择侵权责任而放弃缔约过失责任，不仅导致与第一种学说一样的弊端，还违背了民法的意思自治原则以及民事诉讼法的权利处分原则。相对而言，按照第三种学说的主张，即允许权利人同时或者分别主张侵权责任与缔约过失责任，才能够充分救济权利人的损害。此前，有的学者对于采用这一方式心存两点疑虑：（1）如此允许当事人在法院对案件进行实质性审理以后再重

---

[1] 李扬，马更新．试论缔约过失责任与侵权责任的竞合［J］．电子知识产权，2002（10）：52-55.

[2] 卡尔·拉伦茨．德国民法通论（上册）［M］．王晓晔，邵建东，程建英，等译．北京：法律出版社，2013：85.

新起诉，这违反了一事不再理原则。（2）会导致诉讼成本的极大浪费。[1] 但笔者认为，一方面，民事诉讼法中的“一事不再理”原则的含义是当事人不得就同一事实以同一理由向法院起诉。而权利人在商业秘密遭受侵害后同时以追究侵权责任和缔约过失责任为由起诉属于两个诉由，从而不属于以“同一理由”起诉，与该原则并不相悖。另一方面，诚然采取这一做法会在一定程度上增加诉讼成本，但以此能换来权利人权益得以完全受保护，因此从事科学技术开发的积极性能得到大大提高，因此这一做法被采取所产生的正效应会远远大于负效应。综上，未来商业秘密保护法在出现缔约过失责任与侵权责任竞合时的处理方式可以作以下规定：原则上允许权利人同时向行为人主张侵权责任与缔约过失责任，但出于防止权利人不当得利以体现公平原则，在两项主张得以同时保护的利益已经因行使一项主张而得到补救时，为另一项主张时即不得重复请求补救。例如，因商业秘密被侵害而业已遭受的损失已因行为人以损害赔偿方式承担了侵权责任而挽回时，权利人即不得以缔约过失责任为由要求行为人再行赔偿。[2]

当侵害行为同时符合侵害商业秘密的侵权责任与违约责任构成要件时即产生这两项责任的竞合。对于两者竞合的处理，我国《民法典》作了对两者得以选择其一主张的规定，择一保护对于保护权利人权益而言存在不足。因为违约责任引起的损害赔偿范围包括违约行为导致的实际损失以及违约方在订立合同时预见到或应当预见到的可得利益损失，譬如在合同得以完全充分履行情况下能够取得的利益。而侵权责任引起的损害赔偿范围为因商业秘密遭受侵害而蒙受的损失，包括因开发商业秘密而投入的费用、侵权行为实施期间权利人因侵权行为而遭受的损失、未来的可得利益损失以及其他合理费用等，可见两者范围不同。如果仅允许权利人得以主张其中一种，必将使其损失不能完全弥补。因此，有学者认为原则上应当采取相同于侵权责任与缔约过失责任竞合相同的处理方法，即一般而言允许权利人同时或者分别向行

[1] 王利明．民法总则研究［M］．北京：中国人民大学出版社，2003：284.

[2] 齐爱民，李仪．商业秘密保护法体系化判解研究［M］．武汉：武汉大学出版社，2008：235.

为人主张侵权责任与违约责任，但在两项主张得以同时保护的利益已经因行使一项主张而得到补救时，为另一项主张时即不得重复请求补救。有所不同的是，如果当事人已经对违约金的金额进行了约定，那么根据合同优先原则应当依照违约金额确定损害赔偿范围。❶

二、停止侵害责任的适用

商业秘密作为一种私人财产权益，属于一项民事权利，侵犯他人商业秘密，应当承担民事责任。而停止侵害作为《民法典》11种民事责任承担方式中的一种，在商业秘密民事责任中占据非常重要的地位。相比较于其他民事权利，商业秘密因其秘密性而具有价值，因此，防止他人进一步披露对维持商业秘密的价值性具有重要的意义，此时停止侵害责任的适用显得尤为重要。停止侵害请求权，是指商业秘密遭受侵犯时，所有权人得要求当事人停止损害活动。目的在于停止损害关系，并防止损害的进一步扩大。

商业秘密停止侵害适用包括：（1）禁止或持续利用商业秘密。（2）制止以违反商业秘密而制造的商品。关于停止侵害计算的时间点，即法院判决禁止利用商业秘密或禁止以违反商业秘密而制造的商品的时间如何界定，学界和实务界一直存在争议。《最高人民法院关于审理不正当竞争民事案件应用法律若干问题的解释》第16条就停止侵害责任承担方式的具体时间限制规定为："人民法院对于侵犯商业秘密行为判决停止侵害的民事责任时，停止侵害的时间一般持续到该项商业秘密已为公众知悉时为止。依据前款规定判决停止侵害的时间如果明显不合理的，可以在依法保护权利人该项商业秘密竞争优势的情况下，判决侵权人在一定期限或者范围内停止使用该项商业秘密。"结合前述不正当竞争司法解释的具体规定，实践中，在商业秘密民事纠纷案件中确定适用停止侵害责任承担方式时，应当关注如下两方面的问题：①适用停止侵害责任承担方式的前提是诉争商业秘密尚未进入公有领域，即以商业秘密存在为必要条件。如果系争商业秘密在法院判决时已经进入公有领域，

❶ 齐爱民，李仪．商业秘密保护法体系化判解研究［M］．武汉：武汉大学出版社，2008：235.

成为公知信息，则判令停止侵害已无实际意义。[1] ②适用停止侵害责任承担方式具有期限限制。根据前述不正当竞争司法解释，停止侵害一般持续到该项商业秘密公开为止。但是，并非所有案件均会作出这样的判决，某些案件会对期限作出限制。对此，《最高人民法院反不正当竞争司法解释起草说明解读》作了解释，"从国际惯例看，对侵犯商业秘密适用禁令的时间，不是一律都持续到该商业秘密为公众所知悉为止，而是要考虑商业秘密自身获得的难度大小。如果一项商业秘密比较简单，本领域的相关人员在一定的时间内就能获得，或者此项商业秘密仅在一定的范围内具有竞争优势，超出这个范围对原告就不会构成威胁，法院往往只在保留原告的竞争优势的情况下，判决侵权人在一定期限或范围内禁止使用。"在具体的司法实践中，法院通常会根据原被告双方有无保密协议而作出不同的判决结果，在存在保密协议的情况下，法院一般会尊重当事人的意思自治，以双方约定的保密期限作为停止侵害责任承担方式的期限。在没有保密协议的情况下，主要根据上述解释，综合考虑竞争优势的范围及劳动付出，判决被告在某个明确的期限内停止侵害。(3) 颁发临时禁令。尽管不正当竞争司法解释未明确规定商业秘密民事纠纷案件可以颁发临时禁令，但是，《民事诉讼法》第 100 条和第 101 条提供了操作的法律依据。实践中，早在 2013 年 8 月，上海市第一中级人民法院即就美国礼来公司、礼来（中国）研发有限公司诉被告黄某侵害技术秘密纠纷案作出行为保全裁定，裁定禁止黄某披露、使用或允许他人使用美国礼来公司、礼来（中国）研发有限公司主张作为商业秘密保护的 21 个文件内容。[2] 当然，由于颁发临时禁令需要综合考虑申请人的胜诉可能性等，但是，作为权利基础的商业秘密是否存在往往需要经过复杂的庭审程序后才能确定，很难在诉前阶段作出申请人存在胜诉可能性的判断，因此，申请获颁诉前禁令一般会存在较大的难度。

国外的禁令救济制度较为完善，尤其在专利等知识产权侵权案件上较为

---

[1] 北京市高级人民法院知识产权庭课题组．《反不正当竞争法》修改后商业秘密司法审判调研报告 [J]．电子知识产权，2019 (11)．

[2] 潘静波．国内首个商业秘密行为禁令在沪执行 [N]．中国青年报，2013-08-07 (3)．

常见，在我国并不能完全将停止侵害等同于禁令救济，但显然临时禁令对于及时保护商业秘密权利人具有显著作用。TRIPS 协议第 41 条规定，“成员应保证本部分所规定的执法程序按照其国内法可以行之有效，包括及时地阻止侵权的补救措施和对进一步侵权的救济”。与 TRIPS 相关规定相配合，我国《专利法》《商标法》《著作权法》都作出了相关规定。但是由于我国缺乏商业秘密单独立法，《反不正当竞争法》也未对商业秘密的临时禁令或保全作出明文规定。目前，我们可以依据《民法典》规定，通过将商业秘密定性为知识产权民事财产权利，适用《民事诉讼法》中关于禁令救济的规定，为我国商业秘密保护领域的禁令救济制度提供法律适用依据，其中第 100 条的保全制度，为商业秘密救济领域的禁令制度适用提供了法理基础。

三、赔偿责任的确定

除了停止侵害的民事责任，作为商业秘密民事责任承担方式最重要的另一主要方式即是损害赔偿。作为即发性侵权行为，商业秘密因披露、扩散，进入公共领域，极大地减损了权利人的商业竞争优势，其不再是市场的唯一垄断者，市场份额被瓜分，且彻底丧失了商业秘密的价值性，而这种损害是不可逆的。传统的民事损害赔偿责任中，一般都以填补性损害为主，即以被侵权人因侵权所遭受到的实际损失为限的“填平原则”。然而，区别于传统的物权侵权方式，基于专利权、著作权、商标权等知识产权的无形性特点，其侵权行为隐蔽而不易发现，极大地滋生了对知识产权恶意实施的侵权行为，通过惩罚性赔偿方式以发挥法律的威慑作用，已经逐渐成为当下与补偿性赔偿相并立的侵权行为损害赔偿的重要方式。

当前商业秘密赔偿责任的确立主要依托《反不正当竞争法》和《民法典》双重维度。2019 年修订的《反不正当竞争法》第 17 条确定了商业秘密权利人可以要求侵权人承担相应赔偿责任，并对赔偿数额作出规定。

（一）赔偿数额的确定

商业秘密的侵权，由于难以估计权利人的利润损失或侵权人的不当收益，且与专利权、著作权、商标权等传统知识产权的侵权不同，后者一般是因侵害他人知识产权而获利，而对于商业秘密而言，不正当获取和披露的行为主体不一定是其竞争者，而有可能是员工或负有保密义务的第三方的披露行为，因此这种侵权行为造成的损失数额往往具有高度的随机性和不确定性，且无法计算侵权人因侵权所获得的不正当收益。《最高人民法院关于审理侵犯商业秘密民事案件适用法律若干问题的规定》第 19 条规定："因侵权行为导致商业秘密为公众所知悉的，人民法院依法确定赔偿数额时，可以考虑商业秘密的商业价值。人民法院认定前款所称的商业价值，应当考虑研究开发成本、实施该项商业秘密的收益、可得利益、可保护竞争优势的时间等因素。"权利人可以根据上述因素计算因被侵权所受到的实际损失。尽管最高人民法院对赔偿数额的认定给出了具体的指导意见，但司法实践中，商业秘密权利人需要对开发成本、收益、可得利益及可保护竞争优势的时间等方面进行举证，且这种方式与其竞争优势所造成的损失往往并不匹配，权利人更多倾向于参考许可费用来计算。第 20 条规定，权利人请求参照商业秘密许可使用费确定因被侵权所受到的实际损失的，人民法院可以根据许可的性质、内容、实际履行情况以及侵权行为的性质、情节、后果等因素确定。如果不存在许可的情况下，又无法计算侵权人因侵权所获得的利益或侵权人不存在获利情形，则可以根据《反不正当竞争法》第 17 条第 4 款由人民法院根据侵权行为的情节，综合考虑商业秘密的性质、商业价值、研究开发成本、创新程度、能带来的竞争优势以及侵权人的主观过错、侵权行为的性质、情节、后果等因素给予权利人 500 万元以下的赔偿。

与损害赔偿数额的确定最重要的另一个问题是，如何计算未来可得利益的损失。在专利、商标侵权的司法实践中，一般通过权利人近几年利润的证据来计算未来利润的损失，但该方法存在较大的缺陷，企业的营收利润往往受到多重因素的影响，近几年的利润并不能直观反映是因专利、商标的加持而产生的利润，且对于企业而言保持稳定且上升的利润走向趋势对于这种计算方式才有意义。然而就目前为止，这种方法，正如在美国诉格里菲斯·卡曼公司一案中所适用的判决标准，"在适当的情况下，可以通过证明因侵权人侵犯商业秘密导致现有利润相比于侵权之前利润的减少，以此来确定未来可得利润的损失，这通常是唯一可用的证据。然而，损害的事实必须被证明是肯定的，这个量并不需要数学上的精确，但证据必须形成一个合理的近似的基础。”❶ 因此，从目前来看，该标准是我国司法实践中计算权利人未来可得利益损失的可以参考的重要尺度。

（二）惩罚性赔偿的适用

惩罚性赔偿制度肇始于古罗马时期，最先是作为遏制犯罪行为，维护良好社会治安秩序的一种刑事责任制度，后与普通法结合，最终在英国得以正式确立，用以弥补精神损害案件中受害人无法获得经济赔偿的不足。《布莱克法律辞典》将惩罚性赔偿定义为“当被告的行为是轻率、恶意、欺诈时，法庭所判处的超过实际损害的部分，其目的在于通过处罚做坏事者或以被估计的损害作例子对其他潜在的侵犯者产生威慑”。❷ 作为民事责任“填平原则”的重要补充，惩罚性赔偿主要针对行为人主观恶意严重且行为恶劣的情形而实施，加重了故意侵权人的经济负担，提高了其侵权成本，并威慑其他潜在侵权人，遏制故意侵权行为，特别是一些较为隐蔽、难以被发现的反复恶意侵权行为，对维护法律的权威性及充分保障权利人的权益具有重大意义。

美国于 1784 年在 Genay v. Norris 一案中最早确认惩罚性赔偿制度，《侵权法重述（第二次）》规定，惩罚性损害赔偿可以判决适用于令人发指的行为，以惩罚被告的邪恶动机或被告对他人权利的鲁莽漠视。相较于补偿性损害赔偿，其体现为一定的惩罚性，主要起告诫或威慑作用。我国 2019 年修正的《反不正当竞争法》正式启用惩罚性损害赔偿用于商业秘密损害赔偿责任中，第 17 条第 3 款规定，经营者恶意实施侵犯商业秘密行为，情节严重的，可以在按照上述方法确定数额的 1 倍以上 5 倍以下确定赔偿数额。赔偿数额还应包括经营者为制止侵权行为所支付的合理开支。

惩罚性赔偿自 2013 年由《商标法》首次引入以来，受到学界的一致追捧，随着以“司法主导，严格保护”，我国加强知识产权保护力度，营造公平竞争的市场环境的知识产权大保护格局的推动，迫切地尝试将惩罚性赔偿推广适用于所有的知识产权领域。2020 年 10 月 17 日《专利法》第四次修正，

---

❶ U. S. v. Griffith, Gornall & Carman, Inc., 210 F. 2d 11, 13 (1954).

❷ Black's Law Dictionary [M]. 5thed. West Publishing Co., 1979: 354.

2020年11月11日《著作权法》第三次修正，均增加了惩罚性赔偿制度，并明确规定惩罚性赔偿为1倍以上5倍以下。随后2021年3月3日最高人民法院公布《关于审理侵害知识产权民事案件适用惩罚性赔偿的解释》，对知识产权民事案件中惩罚性赔偿的适用范围，故意、情节严重的认定，计算基数、倍数的确定等作出具体规定，为司法实践提供了更为细致和具体的依据。

我国司法实践中，侵害商业秘密案件中对惩罚性赔偿的适用的法律依据主要为《民法典》《反不正当竞争法》《最高人民法院关于审理侵害知识产权民事案件适用惩罚性赔偿的解释》等。2021年“香兰素”商业秘密侵权案以赔偿技术秘密权利人1.59亿元，成为至今判赔金额最高的侵害商业秘密案，而广州天赐公司、九江天赐公司与华某、刘某、安徽纽曼公司等侵害“卡波”技术秘密纠纷一案则成为继《反不正当竞争法》规定商业秘密惩罚性赔偿制度以来国内商业秘密惩罚性赔偿第一案，在该案中法院对安徽纽曼公司是否适用惩罚性赔偿重点考虑是否存在恶意侵权、情节是否严重，该案为人民法院在商业秘密侵权案件中适用惩罚性赔偿提供了有效的指引。（1）行为人主观上心理状态为“故意”，而我国《反不正当竞争法》将商业秘密惩罚性赔偿适用的主观要件规定为“恶意”，两者除了术语表述问题，其实本质上并无差别。《美国统一商业秘密法》规定，对于侵权人故意（willful）或恶意（malicious）的侵占商业秘密行为，法院可以判决被告给予原告不超过两倍于补偿性损害赔偿的惩罚性赔偿。由此可见，美国法上对故意和恶意采相并列做法，实际上是对故意的主观状态采分立态度，故有学者认为，恶意应体现为行为人的“直接故意”而非“间接故意”，在道德上相比较于间接故意更具有可责难性。[1]（2）在客观上行为人需达到情节严重，而这也是所有知识产权适用惩罚性赔偿的客观要件。在司法实践中，通常以造成严重的损害后果，侵权获利数额巨大或者多次实施侵犯他人商业秘密或侵犯他人多项商业秘密等认定为情节严重。在《最高人民法院关于审理专利纠纷案件适用法律问题的若干规定》则有针对侵权人是否以侵权为业，来侧面印证其主观故意程度，而这也被商

[1] 徐卓斌，张钟月．商业秘密侵权案件惩罚性赔偿的适用［EB/OL］．［2023-12-24］．https：//enipc. court. gov. cn/zh-cn/news/view-1235. html.

业秘密适用惩罚性赔偿所采用。而法官在评判情节严重时主要根据案件事实进行自由裁量，具有较大的主观性，应当综合考虑案件的整体情况，对侵权行为的手段、方式、侵权持续时间，主观故意状态以及是否采取了补救措施等方面进行综合分析判断。

典型案例：广州天赐高新材料股份有限公司、九江天赐高新材料有限公司诉安徽纽曼精细化工有限公司等侵害技术秘密纠纷案❶

（一）阅读导引

在侵害商业秘密纠纷案件中，如何计算权利人因侵权遭受到的损害，以及惩罚性赔偿适用中应基于什么标准？

（二）案件基本情况

1. 卡波、两天赐公司及安徽纽曼公司的基本情况

卡波也称卡波姆，化学上的别名有聚丙烯酸等，经过中和后的卡波可以作为较好的凝胶基质，多应用于化妆品乳液、护肤膏霜中。

广州天赐公司登记成立于2000年。2007年，广州天赐公司独资成立九江天赐公司。两天赐公司声称两者之间具有卡波技术的许可使用关系并提交了文书证据对此予以证明，分别为两份《授权书》（其中第一份文书仅存复印件）。第一份授权书的内容记载于2008年9月30日，记载内容为卡波姆产品生产技术及知识产权的授予，由广州天赐公司授予九江天赐公司，时间为10年，自2008年10月1日始。授权期间内，九江天赐公司具有使用卡波生产技术的权利，包括生产、制造、销售等。未经广州天赐公司同意，不得转授予或允许非九江天赐公司以外的第三人使用。2018年9月15日，广州天赐公司开出第二份授权书，授权时间为2018年10月1日始，内容同前一授权书。

安徽纽曼公司登记成立于2011年，成立时法定代表人是刘某，股东是刘某、彭某、吴某。现法定代表人变更为吴某，股东变更为刘某、吴某。

❶　最高人民法院（2019）最高法知民终562号判决书。

2. 案件审理诉讼情况

2007年12月30日，华某与广州天赐公司签订劳动合同，双方形成实质的劳动关系。除签订劳动合同，双方还签订了保密协议、竞业限制协议，并且双方均知悉了员工手册的内容，上述文件均对华某提出了商业秘密的保密要求以及离职后的竞业限制要求。2013年11月8日，华某离职，双方的劳动关系终止。经查明，2012—2013年，华某任广州天赐公司卡波产品的研发负责人，在此期间，其利用职务便利索取了九江天赐公司卡波生产工艺技术的反应釜和干燥机设备图纸，并违反公司管理制度，擅自将相关技术信息与图纸拷贝至自身携带的非公司介质中。不仅如此，华某在获取信息之后，通过物理拷贝的方式或电子传输方式，将相关资料复制给安徽纽曼公司等主体。与此同时，华某还将朱某、胡某介绍给安徽纽曼公司，后安徽纽曼公司安排两人在公司担任技术工艺设计、环保专家等岗位。在这期间，华某与刘某等人曾对卡波产品的生产技术进行商讨，为避免与广州天赐公司的生产技术毫无差异，他们按要求对相关图纸内容进行了部分修改，并委托相关专业主体设计生产产品的制造设备。

2017年10月，两天赐公司向广州知识产权法院提起诉讼，主张华某等上述主体侵犯两天赐公司的技术秘密，要求华某等主体立即停止实施商业秘密侵权行为，并对其侵权行为给两天赐公司造成的经济损失予以赔偿。在本案之前，江西省湖口县人民法院与江西省九江市中级人民法院经过一审、二审两级审理，认定华某、刘某等人实施的违法行为系侵犯商业秘密的行为，依法构成侵犯商业秘密罪。

一审法院在本案审理期间，根据天赐公司提供的初步证据，以及天赐公司的申请，法院向海关调取了安徽纽曼公司在2016—2019年出口卡波产品的相关情况，并责令安徽纽曼公司提供2014年之后对于销售、出口卡波产品的收入情况，并提供相关文书资料的原始凭证。安徽纽曼公司向法院提供了2014年之后公司的会计报表等三表，但由于原始文件数量庞大且不便运输，并未提供材料原件。经过审理，广州知识产权法院认为涉案卡波工艺、流程、设备的技术信息满足不为公众所知悉、具有一定商业价值且权利人已经采取保密措施，构成反不正当竞争法规定的商业秘密。安徽纽曼公司等主体的行为系侵犯商业秘密的行为，判决华某、刘某、安徽纽曼公司等立即停止侵权行为并销毁涉案技术秘密的工艺资料，同时赔偿两天赐公司经济损失3000万元及合理开支40万元。

广州天赐公司、九江天赐公司以及安徽纽曼公司、华某、刘某都对一审判决不满，并向最高人民法院提起上诉。最高人民法院知识产权法庭在二审中认为，被诉侵权行为构成对涉案技术秘密的侵害。然而，一审判决在确定侵权赔偿数额时未充分考虑涉案技术秘密的贡献程度，在确定惩罚性赔偿时也未充分考虑侵权行为人的主观恶意程度和举证妨碍行为等因素。因此，最高人民法院知识产权法庭在维持一审判决关于停止侵权的判项基础上，决定以顶格的5倍倍数计算并适用惩罚性赔偿，改判安徽纽曼公司需要向广州天赐公司、九江天赐公司赔偿3000万元的经济损失以及40万元的合理开支，华某、刘某、胡某和朱某则需要在500万元、3000万元、100万元和100万元的范围内承担连带责任来赔偿上述金额。总的来说，二审在赔偿金额上与一审基本一致，但具体分明上有所调整。

（三）争议焦点及分析

1. 广州天赐公司与九江天赐公司主张的技术信息是否是技术秘密？

（1）涉案技术信息是否具备保密性的问题。在江西法院经过两级审理的关联刑事案件程序中，公诉机关已委托鉴定机构进行评定，确认卡波工艺、流程和设备的技术信息属于不为公众所熟知的技术信息，具有保密性。就两天赐公司提出的卡波配方是否属于技术秘密的主张而言，在相关案件生效裁判文书及本案一审阶段，由于检索范围不符合规定，未将广州天赐公司主张的卡波配方认定为技术秘密。而在本案二审中，两天赐公司也未进一步提交足够证明卡波配方属于技术秘密的证据。因此，在结合在案证据和已查明事实的基础上，法院认定卡波配方在本案中不属于技术秘密。对于广州天赐公司关于卡波配方属于技术秘密的主张，目前尚缺乏充分的依据。

（2）涉案技术信息是否拥有经济价值的问题。根据两天赐公司在原审阶段提交的审计报告、年度报表等证据，可以得出结论：基于涉案技术信息所生产的卡波产品带来了经济效益，这意味着涉案技术信息具备符合《最高人民法院关于审理不正当竞争民事案件应用法律若干问题的解释》第10条和

《最高人民法院关于审理侵犯商业秘密民事案件适用法律若干问题的规定》第7条中所定义的商业秘密的价值性。因此，根据相关证据，可以认定涉案技术信息具备商业价值。

(3) 涉案技术信息是否具有保密性的问题。经过对已查明事实的综合考量，可以得出以下结论：华某与广州天赐公司签订的《劳动合同》《专项保密协议》《商业秘密、竞业限制协议》等文件约定了对技术信息保守秘密的要求。胡某、朱某与广州天赐公司签订的《劳动合同》《商业秘密、竞业限制协议》《商业秘密技术协议》等文件也包含保密条款。这表明广州天赐公司已采取多种方式来确保技术信息的保密，并符合司法解释中关于保密性的情形。综合考虑了技术信息的特性、权利人对保密性的意愿、保密措施的可识别程度以及他人通过正当途径获得技术信息的难易程度等因素，在本案中认定广州天赐公司已经采取了合理的保密措施。

根据综合分析，可以得出结论，涉案的广州天赐公司和九江天赐公司主张的卡波工艺、流程和设备的技术信息具备以下特征：不为公众所知悉、能为权利人带来经济利益、具有商业价值并且已经采取了保密措施。因此，这些技术信息符合反不正当竞争法对商业秘密的规定。

2. 损害赔偿以及惩罚性赔偿数额应该如何确定?

第一，关于损害赔偿数额。《反不正当竞争法》第17条第3款规定了损害赔偿数额的计算方式。在本案中，两天赐公司的实际损失无法查清，原审法院根据已查明的安徽纽曼公司的部分销售情况进行计算得出其侵权获利，这种认定方式符合反不正当竞争法的相关规定。安徽纽曼公司声称其并非以侵权为业，并认为原审法院在计算获利金额时错误地以其所有卡波产品销售收入进行了计算。然而，安徽纽曼公司并未提供充分证据来支持该主张。实际上，2012—2013年，安徽纽曼公司并没有其他产品的销售记录，其生产的卡波产品是其公司最主要的产品。因此，安徽纽曼公司的主张缺乏支持。对于确定行为人是否以侵权为业，可以从客观和主观两个方面进行评判。在客观方面，行为人实际实施了侵权行为，并且这些行为构成了其公司的主营业务和主要利润来源；在主观方面，行为人包括公司的实际控制人和管理层等，在明知其行为构成侵权的情况下仍然实施了这些行为。故而，根据目前提供的信息，无法支持安徽纽曼公司主张的不以侵权为业的抗辩意见。

同时，在计算侵权损害赔偿金额时，应考虑以下因素：侵权人因侵权行为获得的利益与侵权行为之间的因果关系，以及其他权利和生产要素导致的利润应合理扣减。换句话说，在确定侵权损害赔偿额时，需要考虑涉案技术秘密在被诉侵权产品生产中所占的技术比重以及对销售利润的贡献。根据已查明的事实，安徽纽曼公司在生产卡波系列产品时侵害了两天赐公司的工艺、流程和部分设备的涉案技术秘密，但其卡波配方并未被认定为侵害了两天赐公司的技术秘密。然而，原审法院在确定侵权获利时没有充分考虑涉案技术秘密在整体卡波工艺流程中的作用，并未充分考虑除涉案技术秘密外的其他生产要素在卡波产品生产过程中的影响，存在一定不当之处，应该进行纠正。

第二，关于惩罚性赔偿。其一，恶意实施侵权行为为惩罚性赔偿的主观要件。惩罚性赔偿作为一种对侵权行为的加重处罚措施，对侵权人的可责性要求较高。在此背景下，惩罚性赔偿应主要针对故意侵权行为。故意侵权行为的特点在于行为人明知其行为会侵犯他人权益，却仍然选择实施。这种主观恶意性体现了行为人对他人权益的忽视和对法律秩序的挑衅。因此，在侵权案件中，只有当侵权人具备故意心态时，才能考虑适用惩罚性赔偿。具体而言，侵权人的恶意表现为以下几点：（1）明知故犯，即行为人明明知道自己的行为会侵犯他人的合法权益，却依然故意实施，这种行为反映出行为人对法律秩序的无视和对他人权益的漠视与不尊重；（2）忽视他人权益，即行为人在实施侵权行为时，对他人的合法权益表现出冷漠的态度，毫无顾忌地侵犯他人权益；（3）挑衅法律秩序，即行为人明知其行为违反了法律规定，却仍然大胆行事，对法律秩序产生挑衅意味；（4）反复侵权，即在曾经因侵权行为受到处罚的情况下，仍然不思悔改，再次实施侵权行为。主观故意虽然是一种主观的心理状态，非侵权人以外的其他主体无法知晓侵权人的心理状态，但是该主观状态必然会通过侵权人的侵权行为展现出来，故可以通过侵权人的外在行为去推知其主观的心理状态。本案中，综合现有事实来看，华某、安徽纽曼公司、刘某、朱某、胡某均知晓安徽纽曼公司生产的产品系侵权产品，其技术信息均源自两天赐公司，因此，上述主体在主观上系恶意实施侵权行为。

其二，情节严重为惩罚性赔偿的客观要件。在判断是否适用惩罚性赔偿时，还需考虑侵权行为的情节是否严重。我国民法典以及各知识产权单行法都将“情节严重”作为惩罚性赔偿适用的客观要件。这一要件的设置旨在对侵权行为进行适度限制，避免对一般侵权行为轻易适用惩罚性赔偿，从而维护公平正义。情节严重的具体表现包括：(1) 侵权行为的持续时间，侵权行为持续时间较长，表明行为人长时间侵犯他人权益，主观恶意更加明显；(2) 侵权范围，侵权行为涉及范围广泛，影响较多人的合法权益，对社会秩序造成较大破坏；(3) 侵权所得利益，行为人通过侵权行为获取的利益较大，表明其侵权行为具有较高的可责性；(4) 侵权手段恶劣，行为人采用恶劣手段实施侵权行为，如暴力、威胁、贿赂等，凸显其主观恶意；(5) 侵权后果严重，侵权行为导致他人合法权益受到严重损害，或者对社会公共利益造成严重损害。本案中，法院经过综合考量，认定被告安徽纽曼公司以侵权为业，生产并销售卡波产品，数量及涉及金额巨大，给权利人造成巨大的经济损失。且侵权行为持续数年，并无停止侵权的意思。同时，安徽纽曼公司等拒绝提供相应证据，导致侵权获利难以全部查明。据此，法院认为侵权行为严重。

此外，侵权人安徽纽曼公司主张，其并非以生产销售侵权产品为业，除了卡波产品外，其公司还生产其他产品。但是，在界定某商事主体是否以侵权为业时，需要侵权人提供相应证据证明其除生产侵权产品外还生产其他产品。在具体的判断上，需要从主客观两个角度进行，主观上至少要求侵权人明知，即以社会一般人为视角，认定其明知自己的行为是侵犯他人权益的，客观上也要求实际实施侵害行为。从安徽纽曼公司提供的证据来看，现有证据并无法证明公司还生产非卡波产品，即便部分产品名称与卡波产品有区别，但在实际生产上依然出自卡波产品生产设备，故而纽曼公司并非以生产销售侵权产品为业，进而赔偿数额认定不合理的主张并不能得到支持。

惩罚性赔偿数额的确定，并非简单地考虑侵权行为本身的情况，而应着眼于整体，进行综合界定，包括考虑侵权的规模、侵权的影响、被侵权人遭遇的损失、侵权人的获利情况、侵权行为持续的时间等。在本案中，安徽纽曼公司提供的证据证明，其销售额近4000万元，生产规模较为巨大，且在一审判决之后依然未停止侵权行为，侵权行为持续时间长。综合这些因素，均可证明侵权行为十分严重。

（四）评论与思考

在卡波案中，法院首先对技术信息是否为技术秘密进行了界定，进而根据侵权人的侵权行为认定其需要进行损害赔偿的数额，并对其适用了商业秘密侵权惩罚性赔偿的规则。实际上，确定商业秘密侵权赔偿的数额是一个复杂的问题。在赔偿数额的确定上，商业秘密的权利人可以获得实际的损害赔偿，并且侵权人应当返还因侵权行为而获得的不当利益。如果存在证据证明侵权人有故意或恶意的行为，法院可能会对赔偿数额进行进一步调整。卡波案的判决表明法院在惩罚性赔偿数额的确定方面，进行了较为周全的考虑，并着眼于案件的整体。在商业秘密侵权的赔偿问题上，需要考虑多个因素：(1) 实际损失，即广州天赐公司和九江天赐公司由于侵权遭受到的直接经济损失，例如市场份额的减少、销售额的下降等。(2) 不当得利，即侵权人因侵权行为而非法获得的利益。(3) 如果能够证明侵权人有故意或恶意的行为，法院可能会对赔偿数额进行进一步调整。

总而言之，在商业秘密侵权案件中，惩罚性赔偿可以帮助补偿权利人因侵权行为所遭受的损失，并惩罚侵权方获得的不当利益。同时，高额的赔偿金额也起到威慑作用，能够警示其他潜在侵权人，降低侵权行为的发生频率，从而维护市场竞争秩序。在商业秘密侵权案件中，判断是否适用惩罚性赔偿需要满足一定条件。主观要件为故意，表示侵权人明知或应当明知其行为构成侵权，但仍故意实施侵权行为。客观要件为情节严重，则需要对整体案件事实进行综合考量，包括侵权行为的性质、侵权程度、影响范围等因素。在确定赔偿金额时，惩罚性赔偿的倍数应与侵权行为的情节严重程度相对应。另外，商业秘密侵权案件往往涉及共同侵权，此时需要合理界定各侵权人在侵权活动中的作用，并以此确定连带责任的承担。这样可以确保每个侵权方按照其实际参与和贡献程度分担相应的赔偿责任。总之，惩罚性赔偿制度在商业秘密侵权案件中发挥着重要的作用，能够有效打击恶意侵权行为、保护商业秘密产生的竞争优势，并维护市场竞争秩序。在具体应用中，需要综合考量相关要素，确保赔偿金额的合理确定。

典型案例：嘉兴市中华化工有限责任公司、上海欣晨新技术有限公司与王龙集团有限公司、宁波王龙科技股份有限公司、喜孚狮王龙香料（宁波）有限公司、傅某、王某因侵害技术秘密纠纷案[1]

（一）阅读导引

嘉兴中华化工公司与上海欣晨新技术有限公司主张的技术信息是否属于商业秘密？本案中，商业秘密侵权赔偿数额计算标准与依据是什么？

（二）基本情况

“香兰素”是全球广泛使用的香料，本案权利人嘉兴中华化工公司与上海欣晨新技术有限公司（以下简称上海欣晨公司）共同研发出生产香兰素的新工艺，并作为技术秘密加以保护。嘉兴中华化工公司和上海欣晨公司的香兰素相关生产技术和工艺获得了业界的认可，该技术工艺曾获浙江省科学技术奖二等奖、中国轻工业联合会科学技术进步一等奖等奖项，嘉兴中华化工公司被中国轻工业联合会评为“2009年度中国轻工业香料香精行业十强企业”第一名。在本案侵权行为发生前，嘉兴中华化工公司是全球最大的香兰素制造商，占据全球香兰素市场约60%的份额。

嘉兴中华化工公司前员工傅某长期在该公司从事香兰素车间设备维修工作，他能够接触到嘉兴中华化工公司的技术机密信息。2010年，在接受王龙集团有限公司（以下简称王龙集团公司）的“好处”后，他与王龙集团公司签订《香兰素技术合作协议》，将“香兰素”的相关技术秘密披露给王龙集团监事、宁波王龙科技股份有限公司（以下简称王龙科技公司）董事长王某。傅某从嘉兴中华化工公司辞职后立即加入王龙科技公司，为该公司的香兰素生产提供帮助，使王龙科技公司在短时间内完成香兰素生产线建设并进行工业化生产，并逐渐成为全球第三大香兰素制造商。2017年，喜孚狮王龙香料

[1] 最高人民法院（2020）最高法知民终1667号判决书。

（宁波）有限公司（以下简称喜孚狮王龙公司）成立，持续使用王龙科技公司作为股权出资的香兰素生产设备生产香兰素。王龙集团公司和王龙科技公司非法获取了“香兰素”的技术秘密后，从2011年6月开始生产香兰素，实际年生产的香兰素数量至少达到2000吨，并占据全球市场份额的10%。同时，这些侵害涉案技术秘密的香兰素产品销售地域覆盖美洲、欧洲、亚洲等全球主要市场，并与嘉兴中华化工公司竞争客户和市场份额。这种侵权行为对嘉兴中华化工公司的国际和国内市场造成较大冲击，导致其在全球香兰素市场份额从原本的60%下滑至50%。

2018年，嘉兴中华化工公司和上海欣晨公司向浙江省高级人民法院提起诉讼，声称王龙集团公司、王龙科技公司、喜孚狮王龙公司、傅某和王某侵犯了他们享有的“香兰素”技术秘密，并请求法院判令被告停止侵权行为并赔偿5.02亿元。一审法院认定王龙集团公司、王龙科技公司、喜孚狮王龙公司和傅某构成对部分涉案技术秘密的侵权，判决要求他们停止侵权并赔偿经济损失300万元以及合理维权费用50万元。同时，一审法院裁定王龙科技公司和喜孚狮王龙公司停止使用涉案技术秘密生产香兰素，然而这两家公司实际上并未停止使用该技术。除王某之外，本案的各方当事人均对一审判决表示不服，向最高人民法院提出上诉。

最高人民法院经审查认为，其所涉及的商业秘密载体为287张设备图和25张工艺管道及仪表流程图。最高人民法院对该技术信息从“是否不为公众所知悉”“具有商业价值”“是否采取保密措施”三个方面进行了具体分析，首先最高人民法院认为这些设备图的参数信息承载着特定结构和能够完成特定生产步骤的功能，因此这些参数信息形成相对独立的技术单元，属于技术信息。对于这些流程图是否属于不为公众所知悉的技术信息，最高人民法院认为嘉兴中华化工公司的相关流程图的材料、结构、大小等信息是根据自身工艺进而作出的选择，需要经过一定的研发筛选才能得出，无法通过其表面信息获得，并且其主要为计算机应用软件绘制、表达的工程图形信息，现有的证据也不能证明其已在先公开。最高人民法院调查发现，嘉兴中华化工公司是香兰素行业的领军企业。该公司在研发生产设备和工艺流程方面投入了大量时间和成本，并已成功将其投入实际生产中，提高了香兰素产品的生产效率。这些努力为企业带来了市场优势、可观的利润以及经济利益和竞争优势。因此，涉案技术信息具有极高的商业价值。同时，嘉兴中华化工公司采取了一系列管理性文件，如文件控制程序和记录控制程序，用于对公司重要文件和设备进行管理。该公司指定专人负责文件的发放和回收，并规定通过培训等方式向员工公开相关信息，以表明其具有保密意愿并采取了保密措施。综上，最高人民法院认为涉案技术信息系不为公众所知悉、具有商业价值并经权利人采取相应保密措施的技术信息，符合技术秘密的法定构成要件，依法应受法律保护。

对于后者而言，最高人民法院认为王龙集团公司等被诉侵权人已经实际建成香兰素的生产型并进行了规模化的生产，而香兰素的生产设备和工艺建设方面通常具有高度的匹配度，因此被诉侵权人必然具备香兰素产品的完整工艺流程和相应装备设置。并且，王龙集团等被诉侵权人的香兰素生产从启动到量产仅用时一年左右；与此相比，嘉兴中华化工公司的相关技术从研发到建成生产线至少用时四年之久。综合考虑技术秘密案件的特点和本案的实际情况，结合王龙集团公司等被诉侵权人未提供有效相反证据的情况，可以认定王龙集团公司等被诉侵权人使用了其非法获取的全部技术秘密。最高人民法院认定王龙集团公司等被诉侵权人非法窃取并实际使用了从嘉兴中华化工公司非法获取的涉案技术秘密。

最终，最高人民法院判决被上诉人王龙集团有限公司、宁波王龙科技股份有限公司、喜孚狮王龙公司、傅某、王某立即停止侵害嘉兴市中华化工有限责任公司、上海欣晨新技术有限公司技术秘密的行为，即停止以不正当手段获取、披露、使用、允许他人使用涉案设备图和工艺管道及仪表流程图记载的技术秘密，并连带赔偿嘉兴市中华化工有限责任公司、上海欣晨新技术有限公司经济损失155829455.20元，合理维权费用3492216元，共计159321671.20元，喜孚狮王龙公司对其中7%即11152516.98元承担连带赔偿责任。值得一提的是，本案是截至目前判决赔偿额最高的侵害商业秘密案件。

（三）争议焦点及分析

本案经浙江省高级人民法院初审后，进入最高人民法院进行二审终审，二审法院所涉及的争议焦点包括本案适用法律问题、上诉人提起诉讼的主体资格、诉讼时效、涉案技术信息是否构成技术秘密等共七个问题，以下主要针对涉案技术信息是否构成技术秘密及赔偿责任的确定问题两个焦点展开论述，以期了解最高人民法院在商业秘密侵权损害赔偿计算方面所秉承的标准与适用条件。

1. 嘉兴中华化工公司与上海欣晨公司主张的香兰素的技术信息是否构成商业秘密？

一般来说，构成商业秘密需要满足三个条件，分别是“不为公众所知悉”“具有商业价值”“经权利人采取相应保密措施”。“不为公众所知悉”表示相关领域的人员普遍不知道或难以获得相关信息。“具有商业价值”通常指相关信息在现实或潜在的商业环境中具备价值，并能为权利人提供竞争优势。商业秘密的商业价值并不仅限于已经实际产生的价值，还包括其可能带来的潜在价值。“保密措施”一般指权利人根据商业秘密及其载体的性质、商业秘密的商业价值等因素所采取的合理保护措施，旨在防止信息泄露。权利人是否采取了相应的保密手段需综合考虑商业秘密的特性和商业价值等因素进行评估。

本案中，对于该商业秘密是否不为公众所知悉，现有证据并不能予以证明其已经在先公开，并为相关公众所普遍知悉。两原告的设备图承载了具有特定结构、能够完成特定生产步骤的非标设备，构成相对独立的技术单元，属于技术信息。该设备图纸及仪表流程图主要为计算机应用软件绘制、表达的工程图形信息，现有证据不能证明其已经在先公开。并且，嘉兴中华化工公司提供了2008—2017年产品销售毛利数据、嘉兴中华化工公司2008—2017年产品销售明细账等相关证据，以证明其所主张的涉案商业秘密已实际投产，并为原告带来极高的经济利益，来证实其具有一定的商业价值。不仅如此，其制定了文件控制程序、记录控制程序等管理文件，用于对重要文件和设备进行受控管理。嘉兴中华化工公司与上海欣晨公司签署的涉案商业秘密技术开发协议明确约定了保密义务。嘉兴中华化工公司还有《档案与信息化管理安全保密制度》。此外，两原告还进行了员工保密教育培训和考核等措施，表明其已采取适当的保密措施来保护涉案商业秘密。因此，应当认定嘉兴中华化工公司与上海欣晨公司主张的香兰素的技术信息构成商业秘密。

2. 本案的侵权赔偿数额如何计算？

本案终审判决王龙集团有限公司、宁波王龙科技股份有限公司、傅某、王某连带赔偿两原告经济损失包括合理维权费用共计159321671.20元，喜孚狮王龙香料（宁波）有限公司对上述赔偿总金额的7%承担连带赔偿责任。作为国内商业秘密判赔数额最高的案件，本案在计算赔偿数额时，充分体现了最高人民法院在审理商业秘密侵权损害赔偿过程中适用《反不正当竞争法》及相关司法解释的基本审判思路。

本案基于法不溯及既往原则，根据被诉侵害技术秘密行为持续时间及原告主张的损害赔偿责任计算期间，适用2017年《反不正当竞争法》以确定基本的赔偿计算依据。根据2017年《反不正当竞争法》第17条规定，因不正当竞争行为受到损害的经营者的赔偿数额，按照其因被侵权所受到的实际损失确定；实际损失难以计算的，按照侵权人因侵权所获得的利益确定，赔偿数额还应当包括经营者为制止侵权行为所支付的合理开支。《最高人民法院关于审理不正当竞争民事案件应用法律若干问题的解释》（2007年施行）第17条规定："确定反不正当竞争法第十条规定的侵犯商业秘密行为的损害赔偿额，可以参照确定侵犯专利权的损害赔偿额的方式进行。"《最高人民法院关于审理专利纠纷案件适用法律问题的若干规定》（2015年第二次修正）第20条第2款规定："专利法第六十五条规定的侵权人因侵权所获得的利益可以根据该侵权产品在市场上销售的总数乘以每件侵权产品的合理利润所得之积计算。侵权人因侵权所获得的利益一般按照侵权人的营业利润计算，对于完全以侵权为业的侵权人，可以按照销售利润计算。"而根据侵权行为的情节，一般侧重考虑商业秘密的性质、商业价值、研究开发成本、创新程度、所带来的竞争优势以及侵权人的主观过错、侵权行为的性质、具体行为、后果等因素。

本案中两原告提供了三种赔偿数额计算方式，即按营业额利润计算、按销售利润计算和按价格侵蚀计算。在一审中，两原告以2011—2017年抽样年平均销售单价与三被告生产和销售的香兰素产品数量计算营业利润，在二审中即以此为基数，乘以1.5倍为惩罚性赔偿。在第二种按销售利润计算中，两原告根据2011—2017年香兰素每年的销售利润率乘以三被告生产和销售的香兰素产品数量，而计算出总获利金额。而第三种则是按两原告二审提交的新证据及原一审中采用的计算方法，计算2011—2017年因被告的侵权及不正当竞争行为对原告香兰素产品的价格侵蚀导致的损失。二审期间，两原告向法院提交了嘉兴中华化工公司2008—2017年产品销售毛利数据、香兰素销售明细账、“关于中华化工等诉王龙集团等侵害商业秘密案的损害赔偿的经济分析报告”、2009—2017年香兰素产品每月两笔销售转账凭证及所附发票、平均单价统计表等证据，并对上述证据逐一进行公证，用于支持上述三种计算方法及因被告因侵害涉案技术秘密生产同样的产品导致其所遭受的损失。

本案中，法院认为第一种和第二种计算方式采用的嘉兴中华化工公司原审相关证据真实可靠，计算出的赔偿数额均有一定合理性，而第三种计算方式中相关数据和计算方法的准确性受制于多种因素，仅作判案参考。而在本案中，法院认为被告侵权恶意较深，侵权情节恶劣，在诉讼中存在妨碍举证和不诚信诉讼情节，以及认定被告王龙科技公司、喜孚狮王龙公司实际上系以侵权为业的公司等因素，决定按照香兰素产品的销售利润计算本案侵权损害赔偿数额。由于被告拒不提交与侵权行为有关的账簿和资料，法院无法直接依据其实际销售香兰素产品的数据计算其销售利润，因此确定以原告提交的香兰素产品的销售价格及销售利润率来计算最后的损害赔偿数额，即以2011—2017年王龙集团公司、王龙科技公司以及喜孚狮王龙公司生产和销售的香兰素产量乘以嘉兴中华化工公司香兰素产品的销售价格及销售利润率计算赔偿数额。

关于惩罚性赔偿的适用，本案法院判决中明确提出，从其查明的事实上涉案侵权行为可适用惩罚性赔偿，但因当事人的诉讼请求及新旧法律适用衔接的原因，即惩罚性赔偿是2019年《反不正当竞争法》规定的，该法于2019年4月23日施行，而本案原告所主张的计算损害赔偿数额的侵权行为期间为2019年之前，因此该案不适用惩罚性赔偿。

（四）评论与思考

本案是截至目前我国判决赔偿额最高的商业秘密侵权案件。本案的二审判决在解决商业秘密司法保护方面提出了新的观点和规则，成为商业秘密司法保护的典范，并对司法实践具有重要的指导意义。本案判决充分彰显了我国法院严格商业秘密保护以及对商业秘密恶意侵权行为的严厉打击态度。

根据《关于审理侵犯商业秘密民事案件适用法律若干问题的规定》第 1 条之规定，技术秘密主要包括与技术有关的结构、原料、组分、配方、材料、样品、样式、植物新品种繁殖材料、工艺、方法或其步骤、算法、数据、计算机程序及其有关文档等信息。商业秘密案件一直存在举证困难的问题，在技术秘密侵权案件中尤为明显。由于生产工艺、方法、步骤等信息与实际侵权产品无直接关联，因此在涉及生产工艺的技术秘密侵权纠纷中，权利人往往难以直接证明侵权人使用了技术秘密的侵权事实。特别是在证明侵权损害赔偿计算方面，在被告拒不提供相应营业额数据的情况下，如何提供有效的证据证明其所遭受的损失，以及可以有效地证明自己的利润率及营业额，这也是司法实践中权利人维权所面临的困难。

本案中，最高人民法院充分运用了举证责任制度和证据规则，将“盖然性占优势”证明标准与“日常生活经验法则”相结合，最终裁定被上诉人实际使用了所获得的图纸。在损害赔偿数额确定上，法院对于原告利用销售转账凭证、发票、单价统计表等财务凭证及其公证书形成的证据用于证明营业额及利润率，进行客观分析并认可其真实性，这种论证思路对司法实践产生了重大启示。以后的司法裁判可以借鉴这种做法，在类似的案件中以此为根据，做到“同案同判”。

第二节　侵犯商业秘密的行政救济

一、行政救济及其特点

综观世界各国，对于侵犯商业秘密的救济，主要采用民事与刑事的救济方式。在我国，基于效率高、成本低的优势，还为权利人设置有行政救济途径。商业秘密的行政救济是指商业秘密受到侵犯时，权利人请求行政机关给予的救济。我国市场监督管理部门有权作为侵犯商业秘密的执法机关，经权利人的申请，对侵犯商业秘密行为进行认定查处，并责令侵权人承担相应的行政责任。❶ 市场监督管理部门亦可在进行行政处罚的同时，就行政赔偿问题进行调解。调解不成的，权利人或侵权人可另行向人民法院起诉。商业秘密的行政救济与民事救济、刑事救济相得益彰、相互支撑，共同构筑起我国商业秘密的救济体系。

行政救济在我国发挥着民事救济和刑事救济无法替代的作用，在商业秘密保护中具有非常重要的地位。具而言之，相较于其他救济方式，行政救济具有以下比较优势：（1）效率更高。由于司法程序较为复杂，适用民事或刑事救济方式处理侵犯商业秘密纠纷案件的时间可能历经数年。而利用行政救济方式处理案件的时间则较短。根据《市场监督管理行政处罚程序规定》第64条规定："适用普通程序办理的案件应当自立案之日起九十日内作出处理决定。因案情复杂或者其他原因，不能在规定期限内作出处理决定的，经市场监督管理部门负责人批准，可以延长三十日。"故此，行政救济能够更加及时、高效地制止商业秘密侵害行为，控制局面，保护商业秘密权人的利益。（2）成本更低。虽然根据原国家工商行政管理局发布的《关于禁止侵犯商业秘密行为的若干规定》第5条第1款的规定"权利人（申请人）认为其商业秘密受到侵害，向工商行政管理机关申请查处侵权行为时，应当提供商业秘密及侵权行为存在的有关证据"，但相较于司法程序对于诉讼证据的要求，行政救济所需权利人提交的程序文件以及证据形式没那么严格，并且申请人（权利人）一般不需要专门支出相应费用，用于聘请专家或者委托鉴定机构对侵权行为进行分析、鉴定。权利人能够以较低成本维护自身合法权益。（3）举证压力较小。在通过民事或者刑事救济解决的诉讼程序中，遵循"谁主张、谁举证"的一般举证原则，证据基本由权利人自行收集或提供，而在行政救济过程中，行政机关可以自行依职权主动调取、收集和固定相关证据。根据《市场监督管理行政处罚程序规定》第21条的规定："办案人员应当全面、客观、公正、及时进行案件调查，收集、调取证据，并依照法律、法规、规章的规定进行检查。"行政机关更加主动地参与侵犯商业秘密证据的收集与固定，一定程度上可以减缓权利人的举证压力。

---

❶ 王博．商业秘密法律风险与防范手册［M］．北京：金城出版社，2014：211.

尽管具有以上比较优势，行政救济也有自身固有的局限性，主要体现在解决纠纷的非终局性方面。行政救济的非终局性体现在以下两方面：（1）对行政机关作出的行政处罚决定，当事人如果不服，既可以申请行政复议，还可以以提起行政诉讼方式予以纠正；（2）行政机关在行政救济过程中作出的关于商业秘密构成以及侵权行为成立的认定，对于相关商业秘密民事案件的审理，没有任何约束力，法院仍应对案件事实进行全面审查。正是基于行政救济的非终局性，一定程度消解了该救济具有的如上文所述比较优势。

二、行政救济主体与管辖

根据《反不正当竞争法》第4条规定："县级以上人民政府履行工商行政管理职责的部门对不正当竞争行为进行查处。"《关于禁止侵犯商业秘密行为的若干规定》第4条规定："侵犯商业秘密行为由县级以上工商行政管理机关认定处理。"按照2018年中共中央印发的《深化党和国家机构改革方案》，我国在原有工商行政管理部门的基础上组建了市场监督部门，并由其承继工商行政管理部门的相关工作职能。据此，目前我国处理侵犯商业秘密案件的行政救济主体是县级以上市场监督管理部门。具体而言，国家层面，国家市场监督管理总局成立的价格监督检查和反不正当竞争局，负责组织指导查处包括侵犯商业秘密行为在内的价格收费违法违规行为和不正当竞争行为。地方层面，省级、设区市和县级市场监督管理局也都建立有价格监督检查和反不正当竞争部门，负责本地区侵犯商业秘密案件行政执法的业务指导工作，执法稽查部门则具体负责商业秘密案件的行政执法工作。

对于侵犯商业秘密案件行政救济的管辖，根据《市场监督管理行政处罚程序规定》的规定，一般由违法行为发生地的县级以上市场监督管理部门认定查处。级别管辖方面，县级、设区的市级市场监督管理部门依职权管辖本辖区内发生的行政处罚案件，法律、法规或规章另有规定省级以上市场监督管理部门管辖的除外。对于跨区域的违法行为，两个以上市场监督管理部门都有管辖权的，由最先立案的市场监督管理部门管辖。如果两个市场监督管理部门对管辖权有异议的，应当在7个工作日之内先行协商，协商不成的，报请共同上级市场监督管理部门指定管辖。两个发生争议的市场监督管理部门也可以直接由上一级市场监督管理部门指定管辖。市场监督管理部门如果发现对于已经立案的案件没有管辖权的，应将案件移送给有管辖权的市场监督管理部门。受移送的市场监督管理部门对移送案件存有异议的，不得退回或者再行移送，而应当报请上级市场监督管理部门由其指定管辖。在办理案件过程中，市场监督管理部门如果发现案件应由其他行政部门或者司法机关处理的，也应当及时将案件予以移送，并办理好案件材料的交接工作。上级市场监督管理部门认为有必要时，可以直接查处下级市场监督管理部门的案件，也可以将下级市场监督管理部门的案件指定给其他下级市场监督管理部门进行审理。下级市场监督管理部门出于特殊原因，对有管辖权案件难以处理的，也可以报请上级市场监督管理部门管辖或者指定管辖。

三、行政责任形式

根据《反不正当竞争法》《关于禁止侵犯商业秘密行为的若干规定》相关规定，我国确立的侵犯商业秘密行政救济形式，主要包括责令停止违法行为与罚款（没收违法所得）两种类型。

（1）责令停止违法行为。责令停止违法行为的主要目的是通过阻止、纠正行政违法行为，恢复被侵害的管理秩序。[1] 在经营者以及其他自然人、法人和非法人组织非法获取、披露、使用或者允许他人使用商业秘密，可能会给权利人带来无法挽回的经济损失时，或者在根据权利人的法律要求，并向其提供了对采取相应的措施或者可能造成的损失承担民事责任的书面承诺时，市场监督管理部门可以责成侵权人立即停止侵害商业秘密行为。对于相关侵权物品，市场监督管理机关还可以责令侵权人将有关商业秘密的图纸、软件及其他资料返回给权利人，并监督侵权人销毁一旦流入市场可能造成商业秘密公开的产品。

（2）罚款。罚款是指行政机关对被处罚人让其作出承担金钱支付义务的

[1] 张耕．商业秘密法律保护研究［M］．重庆：重庆出版社，2002：341.

行政处罚方式。[1] 市场监督管理部门对于商业秘密侵权行为，并非必须处以罚款，而是可以根据情节，决定与责令停止违法行为同时并用，或者不予适用。关于侵犯商业秘密行为的罚款数额确定，市场监督管理部门应根据侵权人侵犯权利人手段的程度、商业秘密商业价值大小、侵害后果程度以及侵权人是否采取了相应补救措施等方面进行综合判定，对侵权人处以 10 万元以上 100 万元以下的罚款。如果情节严重的，可处 50 万元以上 500 万元以下的罚款。

侵权人对于行政机关作出的以上行政处罚决定，如果拒不执行，继续实施商业秘密侵权行为的，将被视为新的违法行为，予以从重处罚。

四、行政责任与民事、刑事责任的竞合

侵犯商业秘密行为不仅会使商业秘密权利人的合法权利受到侵害，与此同时，还会扰乱正常的市场竞争秩序，损害社会公众以及国家利益，情节严重的，还可能涉及刑事犯罪。因此，当权利人选择不同的方式对同一侵犯商业秘密行为进行救济时，侵权人的法律责任承担就涉及行政责任与民事、刑事责任的竞合问题。

行政责任与民事责任的适用并不具有冲突性。商业秘密权利人通过行政救济途径，由行政机关对侵权人作出相应行政处罚后，并不影响权利人再向法院提起民事诉讼，要求侵权人承担相应的民事责任，不能以行政处罚替代民事责任的承担。相反，权利人在先通过民事救济进行了维权，也不影响在后请求行政机关对侵权人作出行政处罚，以民事责任免除行政责任。值得注意的是，行政责任与民事责任存在并行适用的可能，并不意味着行政救济与民事救济两者并行、互不干涉就具有绝对合理性。这一“双轨并行模式”虽然能够最大限度保障权利人的合法权益，但同时也极易造成行政机关与司法机关案件认定处理结果的冲突，由此导致司法权威受损。基于此，应加强行政机关与司法机关在侵犯商业秘密救济中的协调与衔接，具体措施可包括：

---

[1] 唐青林，黄民欣．商业秘密保护实务精解与百案评析［M］．北京：中国法制出版社，2017：86.

（1）应统一行政与司法机关的商业秘密侵权认定标准。法院应通过司法建议、通报会方式，加强与行政机关的对接与协商，出台能够为各方所认可的法律文本，就商业秘密侵权判定的原则、理念、方法从内部形成统一标准。（2）建立常态化、定期的案件通报协商机制。通过定期召开案件通报研讨会的形式，以点带面，推进行政机关与司法机关商业秘密案件认定处理标准的统一。❶

行政责任与刑事责任之间的竞合主要存在于以下情况：（1）在行政机关已对侵权人进行行政处罚后，移送至司法机关追究其刑事责任；（2）相关违法行为被司法机关追究刑事责任后，行政机关再追究该违法行为的行政责任。对于以上两种情况行政责任与刑事责任的竞合处理，应遵循以下两个原则：（1）“同质罚相折抵”原则。侵权人的侵权行为已被在先处理的司法或行政机关，判处刑事罚金或者以行政罚款处罚后，由于行政罚款与刑事罚金为“同质刑”，可以相互折抵，在后处理的行政或司法机关不得再处以同质化处罚，进行多次的金钱罚，但可以选择适用罚款数额高的规定处罚。根据《行政处罚法》第29条的规定：“同一个违法行为违反多个法律规范应当给予罚款处罚的，按照罚款数额高的规定处罚。”（2）“不同法各自适用”原则。基于行政责任与刑事责任针对的是不同类型的违法行为，行政机关在处理侵犯商业秘密案件过程中，如果发现情节严重，给权利人造成重大损失，涉嫌构成侵犯商业秘密罪，需要追究刑事责任的，《行政执法机关移送涉嫌犯罪案件的规定》第11条规定：“行政执法机关对应当向公安机关移送的涉嫌犯罪案件，不得以行政处罚代替移送。”即便在判处侵权人相关刑事处罚后，行政机关如果认为有必要继续追究其行政责任的，仍可以处以侵权人非同质化的其他行政责任。

---

❶ 李骏，苏强．知识产权行民交叉保护模式的冲突与解决［N］．中国知识产权报，2018-12-05（3）．

典型案例：鑫龙晨公司员工非法披露公司 GSM 技术秘密案[1]

（一）阅读导引

侵害商业秘密的侵权人除可能承担民事责任、刑事责任之外，还可能同时需要承担行政责任。本案的被申请人是否需要承担相应的行政责任？

（二）基本情况

鑫龙晨公司于 2003 年 3 月在太原市工商局注册成立，主要从事电子防盗产品的研发、生产及销售，并于 2004 年 8 月通过国际质量管理认证。该公司于 2005 年 1 月开始自主研发新型的汽车防盗器即 GSM 智能短信汽车防盗报警器，由公司总工程师冯某负责整体设计开发，2005 年 5 月设计定型，并投入小批量生产及销售，鑫龙晨公司取得这些产品的知识产权；于 2005 年 1 月制定了保密制度，并与主要负责人签订保密协议。

鑫龙晨公司研发设计的产品由深圳某公司负责生产制造。当事人浩翔伟业公司股东赵某、苏某原为鑫龙晨公司的高级管理人员，知晓鑫龙晨公司新型产品研发情况，并且知道 GSM 智能短信汽车防盗报警器是由冯某开发。2005 年 9 月 11 日，赵某、苏某、冯某在鑫龙晨公司任职期间，秘密签订了三人合作协议，商定三人共同成立公司，进行同型智能短信汽车防盗报警器的生产、销售及技术升级维护，并协商确定了各自的利润分配，由冯某以书面证明形式证明其在鑫龙晨公司研发的技术归其本人所有，苏某同时披露了鑫龙晨公司的商业秘密给赵某、苏某，并继续由深圳某公司负责电路板的生产。2005 年 10 月 13 日，由赵某、苏某共同出资入股成立浩翔伟业公司，并陆续以优厚待遇将鑫龙晨公司的工程师助理及主要技术人员蒙某、李某挖到浩翔伟业公司，帮助其完成产品的生产、包装。经对当事人及相关人员的询问调查证实，当事人所使用的设计、调试软件均是由冯某提供，所使用的电路板也和鑫龙晨公司的电路板属于同一厂家、同型号产品，由李某负责打磨涂改后加工成成品进行包装销售。

2005 年 11 月 14 日，太原市工商局经检处接到鑫龙晨公司对于以上行为

[1] 齐爱民，李仪．商业秘密保护法体系化判解研究［M］．武汉：武汉大学出版社，2008：251-256.

的举报。太原市工商局执法人员当即到浩翔伟业公司的生产现场进行检查，在其汽车防盗器生产车间内当场发现印有“鑫龙晨”字样的汽车防盗器电路主板 4 块，已经用绿漆涂改过的电路板 19 块，以及用于设计、调试的电脑主机两台。鑫龙晨公司认为，他们的产品都是自主开发，并且拥有知识产权，浩翔伟业公司利用不正当的竞争手段获取了鑫龙晨公司研发生产汽车 GSM 电子智能短信防盗器技术的商业秘密。因此，鑫龙晨公司请求有关执法部门对公司予以保护，并追究浩翔伟业公司的法律责任。

浩翔伟业公司法定代表人赵某承认他们三人都是从鑫龙晨公司跳槽而来，但他认为自己公司的行为只是不够道德，但并不违法。赵某说目前在全国做这一行当的公司 120 家左右，市场竞争激烈，公司要发展就必须拥有人才，在国外和国内一些城市广泛存在的猎寻高级人才的猎头公司，自己所做的工作和猎头公司的工作无异。赵某认为，他们所使用的技术并不是专利技术，而且进行了进一步的研发工作，因此属于正常的商业行为。冯某也告诉赵某在鑫龙晨公司研发的技术归其本人所有，因此，即使违法也是冯某个人违法，与浩翔伟业公司无关。

（三）争议焦点及分析

1. 赵某、苏某、冯某的相关行为是否侵犯了鑫龙晨公司的商业秘密？

商业秘密是不为大众所知悉，能为权利人带来经济利益、具有实用性并经权利人采取保密措施的技术信息和经营信息。太原市工商局经过严密的调查，认为鑫龙晨公司自主研发的 GSM 智能短信汽车防盗器技术未向公众公开披露，并能为公司带来潜在的经济利益和市场竞争优势，而且鑫龙晨公司为该项技术也采取了相应合理的保密措施，此技术已经成为鑫龙晨公司的商业秘密。而赵某、苏某为了窃取鑫龙晨公司的商业秘密，利用高额回报手段，诱使冯某将鑫龙晨公司的 GSM 智能短信防盗技术信息主观故意披露给浩翔伟业公司使用，使浩翔伟业公司在开发研制产品中少走了弯路，节约了资金，并在短时间内生产出成品并换成自己品牌的外包装进行销售，取得了巨大市场竞争优势。赵某、苏某、冯某的上述行为均属主观故意行为，符合《反不正当竞争法》，已构成侵犯商业秘密行为。

2. 鑫龙晨公司自主研发的 GSM 智能短信汽车防盗器技术是否属于商业

秘密？

首先，经过该公司证实，这一技术在当时不为国内电子防盗行业其他生产者与经营者掌握，不能从公开渠道取得，因此符合秘密性的要求。其次，虽然该项技术并未正式投入生产，但该技术根据质量监测局以及技术部门认定，该技术一经投入生产即能够提高生产效率，因而足以证明其可以实际应用并能够为权利人带来潜在的竞争优势与经济利益，因此符合商业价值性的要件。最后，鑫龙晨公司为保持该技术制定了保密措施，并且与主要负责人签订了保密协议，符合保密性的要件。因此，鑫龙晨公司所持有的自主研发的GSM智能短信汽车防盗器技术应当作为商业秘密被我国现行法保护。

3. 赵某、苏某、冯某以及浩翔公司的行为是否侵犯了鑫龙晨公司的商业秘密，从而应当承担相应的行政责任？

本案中，赵某、苏某、冯某与鑫龙晨公司签订了保密协议，而浩翔公司属于市场经营者，因此符合主体要件；而赵某等人明知GSM智能短信汽车防盗器技术而予以披露和非法使用，属于基于主观上具有故意实施了侵犯商业秘密的行为；另外，鑫龙晨公司已经证明以上行为人所使用的技术即为该公司所持有的GMS技术，而且行为人也承认其系从鑫龙晨公司非法取得。因此，赵某、苏某、冯某以及浩翔公司因其侵害商业秘密的行为满足根据我国现行法律的要求而应当承担行政责任。

（四）评论与思考

商业秘密权利人如果通过民事救济维权，遵循“谁主张、谁举证”的举证原则，往往存在举证难的问题，具体原因包括：（1）现代社会中侵害商业秘密的行为呈现出多样化的特点。行为人既可以利用诸如盗窃、贿赂、胁迫等传统方式，也可以通过高新技术手段如侵入计算机系统和安装窃听器等方式侵害商业秘密。在后一种情况下，权利人往往难以就行为人实施的侵害商业秘密行为提供证据。（2）当权利人在需要提供商业秘密区别于公知信息，具有秘密性的构成证据时，往往不可避免地涉及商业秘密的内容，这无疑会增加商业秘密泄露风险，受到二次侵害的可能性，这也是商业秘密权利人顾虑利用诉讼维权的重要原因之一。而通过行政救济途径，行政机关可以依职权，主动采取执法措施进行证据的收集工作，一定程度上可以减缓权利人的举证压力，有利于权利人合法利益的及时保障。

第三节　侵犯商业秘密的刑事救济

一、侵犯商业秘密罪

1997年我国《刑法》修订前，并没有专门规定侵犯商业秘密罪，对侵犯商业秘密的行为一般按盗窃罪或泄露国家重要机密罪论处。从表面上看，传统盗窃罪与盗窃商业秘密的犯罪都是侵犯他人财产权的犯罪，但在保护目的、构成要件上存在很大不同，前者主要为对有形财产权客体的侵犯，法律禁止的是他人对其有形财产的直接剥夺，后者限于对具有一定价值的秘密信息禁止他人的不当获取、披露和使用行为，对商业秘密的侵犯不仅在于剥夺权利人对秘密信息的占有和利用，更在于对这种保密性的破坏导致其有竞争优势的价值的丧失。

（一）侵犯商业秘密罪的刑事责任认定

我国1997年修订的《刑法》在第219条引入“侵犯商业秘密罪”，规定“有下列侵犯商业秘密行为之一，给商业秘密的权利人造成重大损失的，处三年以下有期徒刑或拘役，并处或单处罚金；造成特别严重后果的，处三年以上七年以下有期徒刑，并处罚金：（一）以盗窃、利诱、胁迫或者其他不正当手段获取权利人的商业秘密的；（二）披露、使用或者允许他人使用以前项手段获取的权利人的商业秘密的；（三）违反约定或者违反权利人有关保守商业秘密的要求，披露、使用或者允许他人使用其所掌握的商业秘密的。明知或者应知前款所列行为，获取、使用或者披露他人的商业秘密的，以侵犯商业秘密论。本条所称商业秘密，是指不为公众所知悉，能力权利人带来经济利益，具有实用性并经权利人采取保密措施的技术信息和经营信息。本条所称权利人，是指商业秘密的所有人和经商业秘密所有人许可的商业秘密使用人。”并在第220条规定单位犯上述规定之罪的，“对单位判处罚金，并对其直接负责的主管员和其他直接责任人员，依据本节各该条的规定处罚”。

2020年12月26日《刑法修正案（十一）》对上述条文进行修改，主要涉及罪名构成与刑罚处罚。经过修订，将原来不正当手段中的利诱修改为贿赂，增加欺诈和电子侵入两种不正当手段，将量刑情节特别严重的提高至三年以上十年以下有期徒刑，并将入刑及量刑情形由造成“重大损失”“特别严重后果”修改为“情节严重”“情节特别严重”。规定：“有下列侵犯商业秘密行为之一，情节严重的，处三年以下有期徒刑，并处或单处罚金；情节特别严重的，处三年以上十年以下有期徒刑，并处罚金：（一）以盗窃、贿赂、欺诈、胁迫、电子侵入或者其他不正当手段获取权利人的商业秘密的；（二）披露、使用或者允许他人使用以前项手段获取的权利人的商业秘密的；（三）违反保密义务或者违反权利人有关保守商业秘密的要求，披露、使用或者允许他人使用其所掌握的商业秘密的。明知前款所列行为，获取、披露、使用或允许他人使用该商业秘密的，以侵犯商业秘密论。本条所称权利人，是指商业秘密的所有人和经商业秘密所有人许可的商业秘密使用人。”

根据法律规定，侵犯商业秘密的行为可以分为以下几种：（1）不正当手段获取商业秘密行为，不正当行为包括盗窃、贿赂等传统形式，也包括电子侵入等信息化手段，新法的立法目的在于削弱不正当手段的限定，以应对信息化社会层出不穷的犯罪手段，从而扩大保护范围。在盗窃的定义上，一般采用与反不正当竞争法中盗窃相同的含义，即以非法占有为目的，以秘密窃取的方式占有商业秘密。在国际上，工业或商业间谍行为一般列为侵犯商业秘密的首要行为，诸如美国法、德国法无不将盗窃类的经济间谍行为作为刑事犯罪而加以制裁。❶ 对以黑客侵入计算机系统盗取商业秘密行为，2020 年 9 月 13 日最高人民法院、最高人民检察院《关于办理侵犯知识产权刑事案件具体应用法律若干问题的解释（三）》指出，盗窃是指采取非法复制、未经授权或超越授权使用计算机信息系统等方式窃取商业秘密的，应当认定为盗窃。有学者认为，未经授权或超越授权使用计算机信息系统窃取商业秘密是否属于电子侵入窃取商业秘密，两者是否存在重叠，如果犯罪嫌疑人未经授权使用计算机信息系统窃取商业秘密是属于盗窃还是电子侵入的不正当手段，对该司法解释的适用存有疑虑。（2）滥用先前提及的非正当手段获取的商业秘

❶ 吴汉东．知识产权法［M］．北京：法律出版社，2021：678.

密，包括泄露、使用或允许他人使用。非正当手段通常是为了追求个人利益或打击竞争对手等不当目的而获取商业秘密。因此，法律对于通过非正当手段获得的秘密进行二次利用的行为进行规制，扩大了适用主体的范围。（3）滥用合法方式获取的商业秘密，合法方式指的是通过合同、劳务、商务磋商、业务关系等形式接触到商业秘密。与通过非正当手段获取商业秘密相比，通过合法手段获取秘密是更常见的情况，但在利用商业秘密时进行不正当行为的情况也有所存在。法律对此作出相应规定。如前所述，虽然违反保密义务并以不当方式利用商业秘密属于违约行为，但从非正当竞争理论的角度看，此类行为严重损害社会利益，应纳入刑事规范范畴。（4）共同侵犯商业秘密，包括教唆、引诱、帮助已经合法获得或接触到商业秘密的人滥用商业秘密。（5）间接侵犯商业秘密被视为侵犯商业秘密，包括明知他人滥用商业秘密，仍然获取并利用商业秘密的行为。在刑事责任上，一般构成间接正犯。

从上述规定可以看出，《刑法》所规定的侵犯商业秘密罪与《反不正当竞争法》的侵犯商业秘密行为在构成要件上基本一致。披露和使用作为不正当获取商业秘密的继续行为情节，在刑法里表现为不正当获取为行为犯，只要行为人有不正当获取他人商业秘密的行为，达到情节严重的，即构成侵犯商业秘密罪。而对非法获取后的披露或使用的结果行为与不正当获取行为一样，只要达到情节严重的，即构成侵犯商业秘密罪。在量刑幅度范围内，以情节严重和情节特别严重分别判处不同的刑期。

关于“情节严重”及“情节特别严重”的判定标准，我国法律并未作出明确规定。在 2020 年 12 月 26 日《刑法修正案（十一）》颁布之前，侵犯商业秘密罪的量刑标准为给权利人造成“重大损失”与“特别严重后果”两种认定标准。2020 年 9 月 13 日最高人民法院、最高人民检察院《关于办理侵犯知识产权刑事案件具体应用法律若干问题的解释（三）》第 4 条规定，实施《刑法》第 219 条规定的行为，具有下列情形之一的，应当认定为“给商业秘密的权利人造成重大损失”：（1）给商业秘密的权利人造成损失数额或因侵犯商业秘密违法所得数额在 30 万元以上的；（2）直接导致商业秘密权利人因重大经营困难而破产、倒闭的；（3）其他给商业秘密权利人造成重大损失的情形。给商业秘密的权利人造成损失数额或因侵犯商业秘密违法所得数额在 250

万元以上的，应当认定为《刑法》第219条规定的“造成特别严重后果”。因2020年12月26日刑法修正案将给权利人造成“重大损失”、造成“特别严重后果”修改为“情节严重”“情节特别严重”，因此，新修订的“情节严重”是否适用于司法解释关于“重大损失”的规定？有学者认为，虽然立法对侵犯商业秘密入罪的范围作出了扩张，但“给商业秘密的权利人造成重大损失”仍应当是“情节严重”的最主要情形。❶

侵犯商业秘密的刑事责任认定中，“情节严重”作为判断罪与非罪最重要的标准，可以参考2020年9月17日最高人民检察院、公安部《关于修改侵犯商业秘密刑事案件立案追诉标准的决定》关于立案标准的规定进行认定，其中侵犯商业秘密，涉嫌下列情形之一的，应立案追究：（1）给商业秘密权利人造成损失数额在30万元以上的；（2）因侵犯商业秘密违法所得数额在30万元以上的；（3）直接导致商业秘密的权利人因重大经营困难而破产、倒闭的；（4）其他给商业秘密权利人造成重大损失的情形。而在国家市场监督管理总局《商业秘密保护规定（征求意见稿）》将认定“情节严重”的行为提高到50万元以上，包括：（1）因侵害商业秘密造成权利人损失超过50万元的；（2）因侵害商业秘密获利超过50万元的；（3）造成权利人破产的；（4）拒不赔偿权利人的损失的；（5）电子侵入方式造成权利人办公系统网络和电脑数据被严重破坏的；（6）造成国家、社会重大经济损失，或具有恶劣社会影响；（7）其他情节严重的行为。当然该保护规定只是针对行政查处侵犯商业秘密的判定标准，并不适合引入作为侵犯商业秘密罪对情节严重的认定标准。

2020年9月17日最高人民检察院、公安部《关于修改侵犯商业秘密刑事案件立案追诉标准的决定》规定的造成损失数额或违法所得数额，可以按下列方式认定：“（一）以不正当手段获取权利人的商业秘密，尚未披露、使用或允许他人使用的，损失数额可以根据该项商业秘密的合理许可使用费确定；（二）以不正当手段获取权利人的商业秘密后，披露、使用或者允许他人使用的，损失数额可以根据权利人因被侵权造成销售利润的损失确定，但该损失

❶ 马一德．商业秘密法学［M］．北京：高等教育出版社，2023：191.

数额低于商业秘密合理许可使用费的，根据合理许可使用费确定；（三）违反约定、权利人有关保守商业秘密的要求，披露、使用或者允许他人使用其所掌握的商业秘密的，损失数额可以根据权利人因被侵权造成销售利润的损失确定；（四）明知商业秘密是不正当手段获取或者是违反约定、权利人有关保守商业秘密的要求披露、使用、允许使用，仍获取、使用或披露的，损失数额可以根据权利人因被侵权造成销售利润的损失确定；（五）因侵犯商业秘密行为导致商业秘密已为公众所知悉或者灭失的，损失数额可以根据该项商业秘密的商业价值确定。商业秘密的商业价值，可以根据该项商业秘密的研究开发成本、实施该项商业秘密的收益综合确定；（六）因披露或允许他人使用商业秘密而获得的财物或其他财产利益，应当认定为违法所得。……商业秘密的权利人为减轻对商业运营、商业计划的损失或重新恢复计算机信息系统安全、其他系统安全而支出的补救费用，应当计入给商业秘密权利人造成的损失。”

上述规定中，第一项关于获取但尚未公开参照许可费确定损失数额，一般来说并未造成权利人损害，此时的处罚，数额可以参照被获取的商业秘密许可给他人使用收取的合理许可使用费计算。如果没有许可给他人使用如何确定，法律并未作出规定。第四项损失数额可以根据权利人因被侵权造成销售利润的损失确定，一般可以按照利润损失=销售量减少的总数×每件产品的合理利润；销售量减少总数无法确定的，利润损失=侵权产品销售量×权利人每件产品的合理利润；上述都无法确定，利润损失=侵权产品销售量×每件侵权产品的合理利润；商业秘密如用于服务等，损失数额根据权利人因被侵权而减少的合理利润确定。

（二）侵犯商业秘密罪的构成要件

构成侵犯商业秘密罪应当符合下列的条件：（1）犯罪行为参与者必须是普通参与者，即达到刑责年限、具备完全负责意识的自然人均可以组成本罪的行为参与者，企业个人也可以组成本罪的行为参与者。（2）犯罪客体必须是商业秘密利益和正常秩序的市场秩序。（3）在犯罪客体方面，则体现了触犯有关反不正当竞争法律法规中的条款，严重侵害商业秘密，或者给商业秘密权益人带来重大损失的犯罪行为。（4）主观上的故意，指犯罪分子有意识地采取不同方式损害权利人的商业秘密，过失不构成本罪。（5）客观上给权利人带来一定损害，情节严重。《刑法修正案（十一）》将原来“造成重大损失”修改为“情节严重”，意味着在入罪的方式上侵犯商业秘密罪不仅属于客观结果犯，还属于情节犯，即不仅限于行为人的行为已经给商业秘密权利人造成“重大损失”，还要结合具体情节来判断是否存在这种必要性。在“重大损失”的认定上，根据最高人民检察院、公安部《关于修改侵犯商业秘密刑事案件立案追诉标准的决定》关于立案标准的规定，对侵犯商业秘密，涉嫌下列情形之一的，应立案追究：（1）给商业秘密权利人造成损失数额在30万元以上的；（2）因侵犯商业秘密违法所得数额在30万元以上的；（3）直接导致商业秘密的权利人因重大经营困难而破产、倒闭的；（4）其他给商业秘密权利人造成重大损失的情形。对情节的具体考量，在司法实践中存在以下几种情形：（1）没有给权利人造成重大损失但具有其他严重情节的，比如多次实施本罪行为；（2）虽然造成了一定的损失但没有达到司法解释规定的定罪数额标准，但影响特别恶劣的；（3）损失数额难以认定、商业利益的损失（如权利人的信誉和商誉、运营状况、市场占有率等的损失）根本无法量化，也无法用经济损失的尺度评价。❶

二、民事责任与刑事责任的关系

刑事责任与民事责任是侵犯商业秘密行为人应当承担法律责任中的两种重要形式。二者都以行为人实施了侵犯商业秘密的行为为前提，以承担一定后果为表现形式，这是二者的共同点。但二者的差异也是显而易见的：（1）就目的而言，刑事责任的设置旨在制裁行为人的犯罪行为，而民事责任的设置主要是为了弥补权利人的损失。（2）就承担的条件而言，根据我国刑事诉讼法的证明要求，公诉人应当对行为人具有主观过错举证，否则根据无罪推定原则行为人应被判无罪。而根据商业秘密保护法的法理，行为人需要对自己无过错举证，否则推定其具有过错从而承担民事责任。（3）从承担责

❶ 潘莉．侵犯商业秘密罪：如何界定“情节严重”［N］．检察日报，2020-11-25（3）．

任的形式看，侵犯商业秘密罪的责任承担方式为有期徒刑、拘役与罚金，而对权利人承担民事责任的方式主要为行为保全、停止侵害、排除妨害以及损害赔偿等。（4）从承担的顺序看，刑事责任中的罚金与民事责任中的损害赔偿都具有财产给付的内容。问题是，当责任承担者的财产不足以同时缴纳罚金以及赔偿金时，应当怎样处理呢？根据民事赔偿先行原则，应当首先向权利人给付赔偿金。

商业秘密由于其特殊性，其刑民交叉问题十分常见。即当一个商业案件同时牵涉刑事和民事案件时，人民法院如何解决的问题。因为我国刑法并没有明文规定，所以我国司法实务中出现分歧意见：一个意见主张，在刑事案件的实施过程中，双方同时仍拥有提起民事诉讼的权利，即同时都应该向拥有权限的司法机关提起民事诉讼。但最高人民法院在审判后不得不按照“先刑后民”的原理，决定停止进行民事诉讼，在刑事诉讼的审判终结时才恢复对民事案件的审判。另一个观点则指出，按照我国《刑法》的有关条款，对于犯罪嫌疑人的不法收益，依法可以追缴或是要求退赔，即对于行为人的经济损失虽然能够在刑事诉讼时经过退赔程序进行赔偿，但仍然无法另行申请提起民事诉讼的法律关系。所以对刑事案件被害人所提出的民事诉讼，一般法庭都应当判决为不审理或撤销起诉，但只有当在刑事诉讼中的撤赔仍无法挽回被害人损失时，其才可以另行申请提起民事诉讼。针对以上二种意见，笔者比较赞成第一种的解决方法，即“先刑后民”，在接受当事人的控告之后再中止进行民事诉讼，等刑事处理程序完成之后再进行判决，刑事判决的依据也可以用作进行民事诉讼时的依据。该措施节约了庭审资源，并确保了庭审结论的统一性；另外，又可减轻双方的举证负担，从而便于对知识产权人的商业秘密的维护。但需要注意的是，由于犯罪、民事案件的证明标准之间存在差异，对于刑事犯罪采取了优势证明的原理，在刑事案件中则应采用了排除合理嫌疑的原理，故在证据的采信上也应当注意区别对待；❶ 同时，对于如何利用启动刑法来调整侵害商业秘密的行为也需要对公诉部门加以谨慎的考量，而不能单纯地强调“刑事优先”原理，以防止刑罚被滥用，有悖于刑

---

❶ 陈有西．反不正当竞争法律适用概论［M］．北京：人民法院出版社，1994：73.

法的基本保护机能。对于当事人之间进行的侵权行为，双方可能需要共同负担行政责任、刑事责任和侵权民事责任，而侵权人的全部财产又不能共同负担以上三项民事责任的，则应当首先履行的就是侵权民事责任。故，当一项商业秘密案件同样包括刑事和民事二种责任时，侵权者首先要履行的就是民事补偿责任，其后才是对行政责任、刑事责任的补偿。

典型案例：上海市人民检察院第二分院诉周某某等侵犯商业秘密案❶

（一）阅读导引

亚恒公司生产“刺孔型干爽网面”的工艺技术是否应属于商业秘密？周某某等人的行为是否侵犯亚恒公司的商业秘密权？侵犯商业秘密罪的损失数额直接关系定罪量刑，在侵犯商业秘密罪的认定过程中具有重要意义，如若周某某等人侵犯亚恒公司商业秘密，其直接经济损失应该如何计算？

（二）基本情况

“刺孔型干爽网面”的生产技术和设备是上海亚恒网面材料有限公司（以下简称亚恒公司）的商业秘密，系该公司法定代表人龚某自行研制的“刺孔型干爽网面”生产工艺技术。亚恒公司对该商业秘密采取了一定的保护措施，如在《员工手册》《保密制度》以及与员工签订的劳动合同中表明公司商业秘密的范围。

周某某是亚恒公司的员工，掌握该公司关于“刺孔型干爽网面”的商业秘密资料及相关情况。2000 年 10 月，为了谋取更大的利益，周某某违反公司关于商业秘密保护的要求，与同伙陈某、密谋，利用周某某所掌握的有关“刺孔型干爽网面”生产技术和设备的信息，注册成立伟隆公司，并开始生产与亚恒公司相同的产品。在此期间，周某某向伟隆公司提供了亚恒公司研制的“刺孔型干爽网面”模片样品，并通过他人进行复制加工。周某某还唆使同在亚恒公司工作的陶某一同实施该行为，陶某禁不住诱惑，同意违反保守商业秘密的要求，利用自己所掌握的该公司专有生产技术，负责验收压花机、

❶ 上海市第二中级人民法院（2003）沪二中刑初字第 150 号刑事判决书。

分切机等生产设备的安装、调试和检测工作。周某某还与陈某、陶某等人一起前往浙江的万方公司和杰森机床厂，分别购买了亚恒公司所使用的主要生产设备，包括 YH-600 型压花机 2 台、FQH-600 型分切机 1 台和 YY32-50A 型四柱液压机 1 台。从 2001 年 7 月到 2003 年 3 月 24 日，伟隆公司利用亚恒公司的商业秘密，开始生产与亚恒公司相同的“刺孔型干爽网面”，并以低价销售给天津依依卫生用品厂等多家单位。伟隆公司共计销售 101.705 吨产品，获利 20 万余元。亚恒公司的同期销售量减少 96.495 吨，直接造成损失达 108 万余元。

公诉机关认为，周某某、陈某、陶某的上述行为违反了《刑法》第 219 条第 1 款第（3）项和第 2 款的规定，并且造成特别严重的后果。因此，公诉机关以侵犯商业秘密罪向法院提起诉讼。

公诉机关提交了相关证据材料，包括：国家知识产权局于 2000 年 1 月 22 日颁发的《实用新型专利证书》、实用新型专利《说明书》及亚恒公司的《协议书》，证实龚某将其“具有良好渗透性能的干爽网面”的专有技术使用权，包括生产该产品的模具、加工工艺、专有生产设备等专有技术的使用权转让亚恒公司。同时，上海专利商标事务所也于 2001 年 8 月 9 日出具《专有技术分析报告》，结论为：亚恒公司专有技术采用上、下两个带刺滚筒，相向滚动刺穿塑料薄膜的工艺，采用金属齿轮片叠加拼合成上、下滚筒，在解决了上、下齿距对齐咬合问题的基础上，形成具有较好渗透性、返湿性低的漏斗微孔形状塑膜产品，所查领域内未发现采用相同生产工艺制造该专有生产设备的方法。以及亚恒公司的《员工手册》《保密制度》等，表明亚恒公司对该商业秘密采取了相应保护措施。

被告周某某、陈某、陶某辩称自己不知道什么是商业秘密，也没有侵犯亚恒公司的商业秘密，因此他们的行为不应构成侵犯商业秘密罪。(1) 他们指出亚恒公司的主要生产设备 YH-600 型压花机和 FQH-600 型分切机的图纸制作方是万方轻工机械有限公司，并且双方没有达成排他性的生产订购许可约定和保密约定。根据他们的观点，这些设备的技术信息不能被视为商业秘密。(2) 他们辩称模片样品是周某某在加入亚恒公司之前获得的，当时的技术信息已经进入公众领域。他们表示伟隆公司的“刺孔型干爽网面”技术是参照张某某的专利技术进行开发的，并且伟隆公司对这些样品进行了创造性加工，使其具备了新的技术信息，而这些信息并非源于亚恒公司。(3) 他们质疑亚恒公司所声称的经济损失数额的准确性，认为相关数额应该是 18 万余元。根据被告人的辩解，他们并不知晓商业秘密的概念，主观上不存在侵权的故意，同时提出了相关证据和观点来支持自己的观点，认为他们的行为并未构成侵犯商业秘密罪。

法院经审理查明，2001 年 7 月至 2003 年 3 月，三名被告成立的伟隆公司生产与亚恒公司相同的“刺孔型干爽网面”，并以低于亚恒公司的价格展开销售，非法获利 17 万余元，并造成亚恒公司直接经济损失 100 余万元。法院最终支持了控方意见，认定亚恒公司所涉及的相关技术构成商业秘密，周某某、陈某、陶某三名被告的行为侵犯了亚恒公司的商业秘密，裁定三名被告赔偿原告因此遭受的经济损失。

（三）争议焦点及分析

1. 亚恒公司的相关技术是否应认定为商业秘密？

商业秘密是指不为公众所知悉，能为权利人带来经济利益，具有实用性并经权利人采取保密措施的技术信息和经营信息。关于商业秘密的认定，需要考虑以下两个方面：是否为公众所知悉以及是否采取了保密措施。(1) 商业秘密要求不为公众所知悉，即无法从公开渠道直接获取。公开渠道包括出版物公开和公开销售、使用、反向工程以及口头泄密等方式的公开。本案中，尽管龚某申请的专利文献公开了一小部分与亚恒公司生产“刺孔型干爽网面”工艺技术相关的信息，但大部分具体而且关键的信息并未公开，因此不能认定亚恒公司的技术信息已进入公知领域。(2) 商业秘密要求采取了保密措施。权利人可以通过订立保密协议、建立保密制度和采取其他合理的保密措施来保护商业秘密。在本案中，亚恒公司建立了相关的保密制度，并在劳动合同中明确规定了职工离职后的保密义务。被告人周某某和陶某在签订劳动合同时，都确认已学习并遵守了亚恒公司的保密制度，因此周某某和陶某关于不知道商业秘密或亚恒公司没有采取保密措施的辩解不能成立。综上所述，根据本案中亚恒公司的技术信息不为公众所知悉，并且亚恒公司采取了保密措施的事实，可以认定亚恒公司的技术信息属于商业秘密。

2. 周某某、陈某、陶某三名被告人是否构成共同侵权？

根据法律规定，对于有保密义务的被告人，要认定本案是否侵犯商业秘密，需要主观上存在故意，并且客观上有披露和使用的行为。对于没有保密义务的被告人，则除了主观上明知或应知，还必须具有获取并使用的行为。如果被告人之间在主观上有共同的故意，在客观上有共同的行为，则构成共同侵权。

在本案中，被告人周某某明知生产“刺孔型干爽网面”的工艺技术是亚恒公司的商业秘密，在离职后违反了该公司关于保守商业秘密的要求，与被告人陈某商议并成立伟隆公司来生产与亚恒公司相同的产品。周某某向伟隆公司提供了亚恒公司为生产“刺孔型干爽网面”而研制的模片样品进行加工复制，并拉拢被告人陶某为其提供技术帮助。此后，陈某被亚恒公司明确告知侵犯了其商业秘密权，因此陈某的辩护人关于陈某不知道周某某接触过他人商业秘密的辩护意见与事实不符。陶某擅自离职，在周某某和陈某的要求下，违反了亚恒公司保守商业秘密的规定，利用其掌握的该公司生产“刺孔型干爽网面”的技术信息，对伟隆公司定制的与亚恒公司相同的主要设备和加工复制的模片进行验收，并负责核心部件滚筒模具的装配、调试以及设备的维护等工作。陶某的辩护人关于陶某的行为不属于侵犯他人商业秘密的辩护意见，陈某辩称伟隆公司的生产技术是参照张某某的专利技术的辩解均与事实不符。陈某在明知伟隆公司的主要设备和模具源于亚恒公司，并在被明确告知侵犯了亚恒公司商业秘密的情况下，仍然利用陶某掌握的亚恒公司生产“刺孔型干爽网面”的技术信息继续进行生产。因此，三名被告人共同侵犯了亚恒公司的商业秘密权。

3. 如何计算原告的直接经济损失？

认定侵犯商业秘密的行为应追究刑事责任以侵权人给商业秘密权利人造成 50 万元以上的直接经济损失作为数额标准。在本案中，公诉机关提交的审计报告采用了两种方法来计算亚恒公司所遭受的直接经济损失：一是将侵权人侵权产品的销售吨数乘以权利人因被侵权而被迫降价前的平均销售利润；二是将权利人被侵权后销售量的减少吨数乘以权利人因被侵权而被迫降价前的平均销售利润。虽然有其他企业也生产卫生巾、尿不湿网面材料，但亚恒公司的“刺孔型干爽网面”技术具有竞争优势。考虑到市场竞争的不确定性，亚恒公司销售量的减少并非完全由伟隆公司的侵权造成；而侵权人侵权产品的销售数量不仅反映了侵权事实，也能反映权利人因侵权而遭受的直接损失。因此，以第一种计算方法即“侵权产品的销售吨数乘以权利人因被侵权而被迫降价前的平均销售利润”来计算亚恒公司的直接经济损失更为公平合理。

亚恒公司的法定代表人龚某独立研制了一种生产“刺孔型干爽网面”的工艺技术需要专门的技术人员进行装配和调试以确保正常生产。因此，亚恒公司对这些非公开的工艺技术采取了保密措施，并受到法律的保护。被告人周某某离职后与被告人陈某共同策划成立伟隆公司，为了生产与亚恒公司相同的“刺孔型干爽网面”，他们拉拢被告人陶某，并违反亚恒公司关于保守商业秘密的要求，披露和使用他们所掌握的商业秘密，侵犯了亚恒公司的商业秘密权。虽然周某某于 2001 年 10 月离开伟隆公司，但他没有阻止陈某和陶某继续侵权行为，因此他应对侵权结果承担共同责任。三名被告人共同侵犯了亚恒公司的商业秘密，并给亚恒公司造成了 100 万元以上的重大损失，构成侵犯商业秘密罪，并且属于共同犯罪，根据法律应予以处罚。

（四）评论与思考

商业秘密侵权行为是商业交易中的“高压线”，经营者通过不正当的方式获取交易机会，不仅自身会受到相应的处罚，更是对整体的营商环境造成了破坏，因此对于严重的商业秘密侵权行为，相关侵权人可能承担刑事责任。本案中，亚恒公司所拥有的生产“刺孔型干爽网面”投入生产后会形成正常的生产力，需要掌握这方面工艺技术的技术人员进行装配和调试。因此，该工艺技术属于商业秘密，并受法律保护。被告人周某某离职后与被告人陈某共同策划成立伟隆公司，并违反了亚恒公司有关保守商业秘密的规定，披露和使用了所掌握的商业秘密，侵犯了亚恒公司的权益。陈某明知周某某、陶某的侵权行为并指使陶某使用了亚恒公司的商业秘密，应以侵犯商业秘密论。尽管周某某于 2001 年 10 月离开了伟隆公司，但他未能阻止陈某和陶某继续侵权行为，因此对侵权结果应承担共同责任。三被告人共同侵犯亚恒公司的商业秘密，并给权利人造成了 100 余万元的重大损失，且属于共同犯罪，应按《刑法》第 219 条规定的侵犯商业秘密罪予以处罚。

参考文献

一、著作类

[1] 陈有西．反不正当竞争法律适用概论［M］．北京：人民法院出版社，1994.

[2] 卡尔·拉伦茨．德国民法通论（上册）［M］．王晓晔，邵建东，程建英，等译．北京：法律出版社，2013.

[3] 德国商法典［M］．杜景林，译．北京：中国政法大学出版社，2000.

[4] 意大利民法典［M］．费安玲，丁玫，译．北京：中国政法大学出版社，1997.

[5] 冯晓青，杨利华．知识产权法热点问题研究［M］．北京：中国人民公安大学出版社，2004.

[6] 冯晓青．知识产权法哲学［M］．北京：中国人民公安大学出版社，2003.

[7] 冯晓青．知识产权利益平衡理论［M］．北京：中国政法大学出版社，2006.

[8] 郭存庆．知识产权法［M］．上海：上海人民出版社，2002.

[9] 黄武双．知识产权法研究［M］．北京：知识产权出版社，2013.

[10] 孔祥俊．反不正当竞争法新论［M］．北京：人民法院出版社，2001.

[11] 孔祥俊．商业秘密保护法原理［M］．北京：中国法制出版社，1999.

[12] 孔祥俊．商业秘密司法保护实务［M］．北京：中国法制出版

社，2012.
[13] 李扬．知识产权法基本原理（Ⅰ）：基础理论［M］．修订版．北京：中国社会科学出版社，2013.
[14] 李杨．知识产权的合理性、危机及其未来模式［M］．北京：法律出版社，2003.
[15] 李颖怡．知识产权法［M］．广州：中山大学出版社，2002.
[16] 梁慧星．民法总论［M］．北京：法律出版社，2001.
[17] 刘德权．最高人民法院司法观点集成：知识产权卷［M］．2版．北京：人民法院出版社，2014.
[18] 刘鹏．云计算［M］．3版．北京：电子工业出版社，2015.
[19] 龙卫球．民法总论［M］．北京：中国法制出版社，2002.
[20] 理查德·A. 波斯纳．法律的经济分析［M］．蒋兆康，译．北京：中国大百科全书出版社，1997.
[21] 罗伯特·考特，托马斯·尤伦．法和经济学［M］．张军，译．上海：上海三联书店，1991.
[22] 威廉·M. 兰德斯，理查德·A. 波斯纳．知识产权法的经济结构［M］．金海军，译．北京：北京大学出版社，2005.
[23] 齐爱民，李仪．商业秘密保护法体系化判解研究［M］．武汉：武汉大学出版社，2008.
[24] 史尚宽．物权法论［M］．北京：中国政法大学出版社，2000.
[25] 史尚宽．债法总论［M］．北京：中国政法大学出版社，2000.
[26] 王利明．民法总则研究［M］．北京：中国人民大学出版社，2003.
[27] 王利明．王利明学术文集·人格篇［M］．北京：北京大学出版社，2020.
[28] 王云五．台湾云五社会科学大辞典（第六册）：法律学［M］．台北：台湾商务印书馆，1971.
[29] 吴汉东，胡开忠．走向知识经济时代的知识产权法［M］．北京：法律出版社，2002.
[30] 吴汉东，刘剑文．知识产权法学［M］．北京：北京大学出版

社，2002.
[31] 吴汉东．知识产权多维度解读［M］．北京：北京大学出版社，2008.
[32] 吴汉东．知识产权基本问题研究：分论［M］．2版．北京：中国人民大学出版社，2009.
[33] 谢晓尧．在经验与制度之间：不正当竞争司法案例类型化研究［M］．北京：法律出版社，2010.
[34] 虚拟化与云计算小组．虚拟化与云计算［M］．北京：电子工业出版社，2009.
[35] 薛波．元照英美法词典［M］．北京：北京大学出版社，2003.
[36] 颜祥林，许华安，朱庆华，等．知识产权保护权利与策略［M］．北京：中国人民公安大学出版社，2001.
[37] 杨力．商业秘密侵权认定研究［M］．北京：法律出版社，2016.
[38] 克里斯托弗·米勒德．云计算法律［M］．陈媛媛，译．北京：法律出版社，2019.
[39] 张耕．商业秘密法［M］．厦门：厦门大学出版社，2006.
[40] 张广良．知识产权侵权民事救济［M］．北京：法律出版社，2003.
[41] 张广兴．债法总论［M］．北京：法律出版社，1997.
[42] 张今．知识产权新视野［M］．北京：中国政法大学出版社，2000.
[43] 张民安．美国当代隐私权研究［M］．广州：中山大学出版社，2013.
[44] 张五常．经济解释——张五常论文选［M］．北京：商务印书馆，2000.
[45] 张玉瑞．商业秘密·商业贿赂：法律风险与对策［M］．北京：法律出版社，2005.
[46] 张玉瑞．商业秘密法学［M］．北京：中国法律出版社，1999.
[47] 郑璇玉．商业秘密的法律保护［M］．北京：中国政法大学出版社，2009.
[48] Melvin F. Jager. Trade Secret Law Hand Book［M］. New York：Clark

Board Company Ltd. , 1983.

[49] Robert P. Merges, Jane C. Ginsburg. Foundations of Intellectual Property [M]. Goleta: Foundation Press, 2004.

二、论文类

[1] 白云飞，贾玉平．论商业秘密及其法律保护［J］．法学家，1997（2）．

[2] 常前发．谈人才流动与企业知识产权保护措施［J］．科技进步与对策，1998（5）．

[3] 程琼章．论商业秘密的构成要件［J］．洛阳工学院学报（社会科学版），2000（4）．

[4] 戴磊．论商业秘密的秘密性［J］．山东审判，2005（1）．

[5] 邓恒．论商业秘密保护中竞业禁止协议的法律性质［J］．西南民族大学学报（人文社科版），2018，39（2）．

[6] 丁卫红，曹虎．涉网络科技类侵犯商业秘密犯罪的司法认定——黄某某等侵犯商业秘密案［J］．法治论坛，2021（1）．

[7] 杜子馨．有关知识产权保护边界问题浅析——以美国公共利益抗辩原则为例［J］．法制与社会，2017（34）．

[8] 樊晓霞．试论商业秘密的预防性保护［J］．商场现代化，2007（4）．

[9] 范晓波，孙红玲．美国不可避免披露原则的适用及其启示［J］．电子知识产权，2010（5）．

[10] 付慧姝，陈奇伟．论商业秘密权的性质［J］．南昌大学学报（人文社会科学版），2005（2）．

[11] 桂菊平．竞业禁止若干法律问题研究［J］．法商研究（中南政法学院学报），2001（1）．

[12] 胡滨斌．言语行为理论视角下的保密协议［J］．交大法学，2022（3）．

[13] 胡滨斌．质疑“商业秘密法益论”——兼论商业秘密权的具体内容［J］．上海交通大学学报（哲学社会科学版），2010，18（5）．

[14] 胡良荣，冯涛．全球视域：我国商业秘密保护中竞业禁止制度的审视［J］．江苏大学学报（社会科学版），2009，11（5）．
[15] 黄武双，戴芳芳．论技术秘密构成要件的认定——以定作产品技术秘密为视角［J］．科技与法律（中英文），2022（4）．
[16] 黄武双．商业秘密的理论基础及其属性演变［J］．知识产权，2021（5）．
[17] 蒋志培，孔祥俊，王永昌．《关于审理不正当竞争民事案件应用法律若干问题的解释》的理解与适用［J］．法律适用，2007（3）．
[18] 黎聪．中国商业秘密立法发展及反思［J］．中国专利与商标，2019（2）．
[19] 李婕妤．商业秘密侵权行为探讨［J］．湖北警官学院学报，2005（6）．
[20] 李岩．民事法益的界定［J］．当代法学，2008（3）．
[21] 李扬，马更新．试论缔约过失责任与侵权责任的竞合［J］．电子知识产权，2002（10）．
[22] 梁志文．云计算、技术中立与版权责任［J］．法学，2011（3）．
[23] 林婧，陈琳．数据抓取行为的反不正当竞争法规制［J］．电子科技大学学报（社科版），2021，23（6）．
[24] 刘文鹏．商业秘密“不为公众所知悉”认定若干问题研究［J］．科技与法律，2012（3）．
[25] 刘彦勇．商业秘密行政救济制度研究［J］．河南工程学院学报（社会科学版），2012，27（2）．
[26] 马斌．商业秘密权利基础与边界——基于保密义务的理论转化为视角［J］．科技与法律（中英文），2021（3）．
[27] 梅夏英．企业数据权益原论：从财产到控制［J］．中外法学，2021，33（5）．
[28] 奥德丽·R. 查普曼．将知识产权视为人权：与第 15 条第 1 款第 3 项有关的义务［J］．刘跃伟，译．版权公报，2001（3）．
[29] 聂鑫．云计算环境下商业秘密保密措施的合理性认定［J］．上海财

经大学学报，2022（5）.
[30] 聂鑫．商业秘密不可避免披露原则的制度发展与移植设想 [J]．知识产权，2016（9）.
[31] 彭学龙．商业秘密善意取得与动产善意取得制度之比较 [J]．政法论丛，2001（4）.
[32] 邵燕．人才流动与商业秘密的法律保护 [J]．江海学刊，1995（6）.
[33] 宋建宝．商业秘密保护中秘密性判断标准问题研究——以世界贸易组织 TRIPs 协议为中心 [J]．科技与法律，2012（3）.
[34] 汪东升．论侵犯商业秘密罪的立法扩张与限缩解释 [J]．知识产权，2021（9）.
[35] 王靖．企业人才流动与商业秘密保护的法律思考 [J]．商场现代化，2005（22）.
[36] 王利民．论知识产权是单一财产权 [J]．辽宁师范大学学报，1999（3）.
[37] 王瑜．人才流动与企业商业秘密的保护 [J]．中国市场，2006（19）.
[38] 王志远．侵犯商业秘密罪保护法益的秩序化界定及其教义学展开 [J]．政治与法律，2021（6）.
[39] 吴汉东．试论知识产权限制的法理基础 [J]．法学杂志，2012，33（6）.
[40] 吴汉东．知识产权的私权与人权属性——以《知识产权协议》与《世界人权公约》为对象 [J]．法学研究，2003（3）.
[41] 吴汉东．试论“实质性相似 + 接触”的侵权认定规则 [J]．法学，2015（8）.
[42] 徐瑞．商业秘密的保护与限制 [J]．知识产权，2015（1）.
[43] 徐卓斌，张钟月．商业秘密侵权案件惩罚性赔偿的适用 [J]．法律适用，2021（4）.
[44] 张成立．论商业秘密的行政保护 [J]．探索与争鸣，2002（5）.
[45] 郑瑞琨，王芳．竞业禁止协议效力若干问题研究 [J]．北京科技大

学学报（社会科学版），2007（1）.
［46］郑友德，胡承浩，万志前．论反不正当竞争法的保护对象——兼评“公平竞争权”［J］．知识产权，2008（5）.
［47］郑友德，钱向阳．论我国商业秘密保护专门法的制定［J］. 电子知识产权，2018（10）.
［48］周作斌．商业秘密保护理论的价值审视［J］. 理论导刊，2009（12）.
［49］祝磊．不可避免披露原则的证明标准与适用限制——以美国商业秘密判例法为中心展开［J］. 电子知识产权，2007（9）.
［50］祝磊．美国商业秘密法不可避免披露原则研究［J］. 社会科学辑刊，2008（4）.
［51］A. Arthur Schiller. Trade Secrets and the Roman Law：The Actio Servi Corrupti［J］. Columbia Law Review，1930，30.
［52］Alexis Salerno. Protection “Crown Jewel” Trade Secrets in the Cloud though Voluntary Industry- Government Collabarations and Federal legislation［J］. University of Pennsylvania Journal of Business Law，2018（2）.
［53］Gordon L. Doerfer. The Limits of Trade Secret Law Imposed by Federal Patent and Antitrust Supremacy［J］. Harvard Law Review，1967（7）.
［54］Paul A. Samuelson. The Pure Theory of Public Expenditure［J］. The Review of Economics and Satistics，1954（4）.
［55］Victoria A. Cundiff. Reasonable Measures to Protect Trade Secrets in a Digital Environment［J］. Idea，2009（3）.